全国社会工作者职业水平考试辅导系列

社会工作法规与政策(中级)
过关必做1000题(含历年真题)
(第6版)

主编：圣才学习网
www.100xuexi.com

中国石化出版社

内 容 提 要

本书是全国社会工作者职业水平考试中级科目《社会工作法规与政策（中级）》的过关必做习题集。本书遵循最新指定教材的章目编排，共分为14章，根据最新考试大纲的考试内容和要求精心编写了约1000道习题，其中包括了部分**历年真题**。所选习题基本涵盖了考试大纲规定需要掌握的知识内容，侧重于选用常考重难点习题，并对所有习题的答案进行了详细的分析和说明。

圣才学习网（www.100xuexi.com）提供社会工作者等各种职业资格类考试辅导方案【视频课程、3D电子书、3D题库等】。购书享受大礼包增值服务【本书电子书（含视频讲解）+专业答疑+考前押题】。手机扫码（本书封面的二维码）免费领取本书大礼包。

图书在版编目（CIP）数据

社会工作法规与政策（中级）过关必做1000题：含历年真题/圣才学习网主编．—6版．—北京：中国石化出版社，2017.5

全国社会工作者职业水平考试辅导系列

ISBN 978-7-5114-4486-8

Ⅰ．①社…　Ⅱ．①圣…　Ⅲ．①社会工作-法规-中国-水平考试-习题集②社会政策-中国-水平考试-习题集　Ⅳ．①D922.11-44②D601-44

中国版本图书馆CIP数据核字（2017）第116261号

中国石化出版社出版发行

地址：北京市朝阳区吉市口路9号

邮编：100020　电话：（010）59964500

发行部电话：（010）59964526

http://www.sinopec-press.com

E-mail：press@sinopec.com

武汉市新华印刷有限责任公司印刷

全国各地新华书店经销

*

787×1092毫米16开本13.5印张337千字

2017年9月第6版　2017年9月第1次印刷

定价：52.00元

全国社会工作者职业水平考试辅导系列
编　委　会

序　言

为了帮助考生顺利通过全国社会工作者职业水平考试，我们根据最新考试大纲和指定教材编写了全国社会工作者职业水平考试中级辅导系列：

1. 社会工作综合能力(中级)历年真题与模拟试题详解
2. 社会工作法规与政策(中级)历年真题与模拟试题详解
3. 社会工作实务(中级)历年真题与模拟试题详解
4. 社会工作综合能力(中级)过关必做1000题(含历年真题)
5. 社会工作法规与政策(中级)过关必做1000题(含历年真题)
6. 社会工作实务(中级)过关必做习题集(含历年真题)

本书是全国社会工作者职业水平考试中级科目《社会工作法规与政策(中级)》的过关必做习题集。本书遵循最新指定教材的章目编排，共分为14章，根据最新考试大纲的考试内容和要求精心编写了约1000道习题，其中包括了部分**历年真题**。所选习题基本涵盖了考试大纲规定需要掌握的知识内容，侧重于选用常考重难点习题，并对所有习题的答案进行了详细的分析和说明。

购买本书享受大礼包增值服务！手机扫码(本书封面的二维码)免费领取本书大礼包。具体包括：①本书3D电子书【视频讲解】；②专业答疑；③考前押题。

与本书相配套，圣才学习网提供社会工作者职业水平考试网络课程、3D电子书、3D题库(免费下载，送手机版)。

圣才学习网(www.100xuexi.com)是一家为全国各类考试和专业课学习提供名师网络课程、3D电子书、3D题库(免费下载，送手机版)等全方位教育服务的综合性学习型视频学习网站，拥有近100种考试(含418个考试科目)、194种经典教材(含英语、经济、管理、证券、金融等共16大类)，合计近万小时的面授班、网授班课程。

资格考试：www.100xuexi.com(圣才学习网)

考研辅导：kaoyan.100xuexi.com(圣才考研网)

圣才学习网编辑部

目　录

第一章　社会工作法规与政策概述

第一节　社会工作法规与政策体系

一、单项选择题(每题的备选项中，只有1个最符合题意)

1. 根据《规章制定程序条例》，下列词语中，可用作国务院部门规章名称的是(　　)。[2016年真题]

　A. 法　　B. 条例　　C. 暂行条例　　D. 办法

　【解析】国务院部门规章，是指国务院有关部门，根据法律和国务院的行政法规、决定、命令，在部门的职权范围内依法按照《规章制定程序条例》制定的规章。国务院部门规章的名称一般称“规定”“办法”等，但不得称“条例”。

2. 下列关于社会政策的说法，正确的是(　　)。[2014年真题]

　A. 社会政策是价值中立的

　B. 社会政策是政府为实现社会目标而采取的社会行动的总和

　C. 公共政策是社会政策的重要领域之一

　D. 社会政策由经济政策、环境政策等各种具体的政策组成

　【解析】B项，社会政策是政府和政党为实现其目标而制定的总体方针、行动准则和具体行动的总和。AC两项，社会政策是公共政策体系中重要的方面之一，是政府为了满足民生需求、维护社会公平、解决各种社会问题而通过各种方式调动公共资源、促进各项社会事业发展、为民众提供福利性社会服务的政策体系。D项，在我国，社会政策的主要领域包括社会保障政策、医疗卫生政策、劳动就业政策、公共教育政策、住房保障政策，以及促进公益慈善事业发展、激发社会组织活力的相关政策。

3. 政府调动社会政策运行所需财力资源的主要方式是(　　)。[2008年真题]

　A. 公共募捐　　B. 发行债券　　C. 私人捐赠　　D. 征税

　【解析】社会政策的资源调动方式主要有：①政府公共财政对各项社会事业的投入；②各类社会力量对社会服务和公益事业的投入；③政府与社会力量合作的社会政策资源模式和运行方式。其中，政府公共财政的投入是主渠道。公共财政是指国家(政府)通过税收等方式集中财政资源，用于为民众提供各种公共服务，以满足社会共同需要以及部分困难群体的特殊需要。

4. (　　)是由全国人民代表大会及其常务委员会制定的各种法律的总称。

　A. 部门规章　　B. 国家法律　　C. 行政法规　　D. 部门法规

　【解析】国家法律是由全国人民代表大会及其常务委员会制定的各种法律的总称。相比其他法规，国家法律在民主性和权威性方面具有突出的优势。

5. 行政法规的制定主体是(　　)。

1D　2B　3D　4B　5C

A. 全国人民代表大会　　B. 全国人民代表大会常务委员会

C. 国务院　　D. 国务院总理

【解析】在我国，行政法规是指国务院根据宪法和法律制定的有关行政管理等方面的规范性文件。制定与发布行政法规，是宪法赋予国务院的一项重要职权。

6. 下列各项中，属于公共政策的是(　　)。

A. 惠普公司制定的中国市场营销策略

B. 柯达公司制定的大中华区慈善捐助行动方案

C. 国际援助行动提出的反贫困策略

D. 英国政府制定的社会保障法案

【解析】公共政策是指政府或政党为了维护经济与社会正常的运行与发展、处理公共事务和解决社会问题而制定的行动方案和行为准则的总和。公共政策是政府对社会中各种公共事务的干预，它以带有明确目的性和规划性的行动体系去调节经济与社会的运行，引导社会的长期健康发展，以实现其经济与社会发展的目标。

7. 民间个人和组织常常自愿利用自己的业余时间无偿地向社会提供服务，以帮助各种有需要的人，并服务于社会公益事项，这类服务行动被称为(　　)。

A. 慈善事业　　B. 志愿服务

C. 社会公益行动　　D. 社会捐赠活动

【解析】民间个人和组织常常自愿利用自己的业余时间无偿地向社会提供服务，以帮助有需要的人，并服务于社会公益事项。这类服务行动被称为“志愿服务”，从事这类服务的人被称为“志愿者”或“志愿服务者”。

二、多项选择题(每题的备选项中，有 2 个或 2 个以上符合题意，至少有 1 个错项)

1. 根据《立法法》，下列法规与政策中，属于行政法规的有(　　)。[2017 年真题]

A.《社会救助暂行办法》

B.《老年人权益保障法》

C.《浙江省志愿服务条例》

D.《城市居民最低生活保障条例》

E.《社会工作专业人才队伍建设中长期规划(2011—2020 年)》

【解析】在我国，行政法规是指国务院根据宪法和法律制定的有关行政管理等方面的规范性文件。按照国务院《行政法规制定程序条例》的规定，行政法规的名称一般称“条例”，也可以称“规定”“办法”等。国务院根据全国人民代表大会及其常务委员会的授权制定的行政法规称“暂行条例”或“暂行规定”。B 项属于国家法律；C 项属于地方性法规；E 项属于政策文件。

2. 根据《立法法》，下列关于立法权限的说法，正确的有(　　)。[2012 年真题]

A. 全国人大及其常务委员会可以制定法律

B. 国务院可以制定行政法规

C. 省级人大及其常务委员会可以制定地方性法规

6D　7B　┃　1AD　2ABCD

D. 省级人民政府可以制定规章

E. 国务院有权撤销地方性法规

【解析】A 项，根据《立法法》规定，全国人民代表大会和全国人民代表大会常务委员会行使国家立法权。即全国人大及其常务委员会具有制定法律的权力，除此之外的其他任何机构都不具备制定全国性法律的权力。B 项，国务院根据宪法和法律，制定行政法规。C 项，地方性法规是指根据《宪法》和《立法法》等有关法律的规定，省、自治区、直辖市和较大的市的人民代表大会及其常委会，根据本行政区域的具体情况和实际需要，在不与宪法、法律、行政法规相抵触的前提下制定的规范性文件，以及自治州、自治县的人民代表大会及其常务委员会依照法定职权和程序制定的自治条例和单行条例。D 项，地方政府规章是指省、自治区、直辖市和较大的市的人民政府，根据法律、行政法规和本省、自治区、直辖市的地方性法规，依照《规章制定程序条例》制定的规章。E 项，国务院有权改变或者撤销不适当的部门规章和地方政府规章。

3. 公共政策的基本特点包括(　　)。

A. 公共性　　B. 权威性　　C. 价值性　　D. 全面性

E. 公平性

【解析】公共政策是指政府或政党为了维护经济与社会正常的运行与发展、处理公共事务和解决社会问题而制定的行动方案和行为准则的总和。公共政策是政府对社会中各种公共事务的干预，它以带有明确目的性和规划性的行动体系去调节经济与社会的运行，引导社会的长期健康发展，以实现其经济与社会发展的目标。概括起来看，政府的公共政策具有公共性、权威性、价值性以及阶级性与社会性的统一等基本特点。

4. 社会政策的对象中，专门人群包括(　　)。

A. 儿童　　B. 病人　　C. 老年人　　D. 残疾人

E. 青年

【解析】在我国，社会政策的主要领域包括社会保障政策(含社会保险、社会救助和社会福利)、医疗卫生政策、劳动就业政策、公共教育政策、住房保障政策，以及针对老年人、残疾人、儿童、流动人口等专门对象的权利保护和社会服务政策，促进公益慈善事业发展、激发社会组织活力的相关政策。

第二节　社会工作法规与政策的主要内容

一、单项选择题(每题的备选项中，只有 1 个最符合题意)

1. 根据《中共中央关于全面深化改革若干重大问题的决定》，下列说法中，属于激发社会组织活力举措的是(　　)。[2015 年真题]

A. 行业协会商会类社会组织可免登记直接成立

B. 限期实现事业单位与政府行政主管机关真正脱钩

C. 适合由社会组织提供的公共服务交由社会组织承担

D. 所有依法登记成立的社会组织均纳入政府购买服务的对象

【解析】十八届三中全会《中共中央关于全面深化改革若干重大问题的决定》提出，要激

3ABC　4ACD　‖　1C

发社会组织活力，适合由社会组织提供的公共服务和解决的事项，交由社会组织承担；提出了限期实现行业协会、商会与行政机关真正脱钩；行业协会商会类、科技类、公益慈善类、城乡社区服务类社会组织成立时直接依法申请登记的政策原则。

2. 十八届三中全会《中共中央关于全面深化改革若干重大问题的决定》采用新的“社会治理”概念，提出社会治理的基本目标是(　　)。

A. 确保社会既充满活力又和谐有序　　B. 维护社会和谐发展

C. 维护社会发展活力　　D. 维护社会稳定有序

【解析】十八届三中全会《中共中央关于全面深化改革若干重大问题的决定》采用了新的“社会治理”概念，提出社会治理的基本目标是“确保社会既充满活力又和谐有序”；社会治理的主要方向是以人民利益为基础，以维护社会和谐、社会发展活力、平安中国、国家安全、社会安定有序为基本方向。

3. 社会救助的法规与政策包括城乡居民最低生活保障、医疗救助、住房救助、教育救助等各种(　　)以及临时救助等方面的法规与政策。

A. 专项救助　　B. 特殊救助　　C. 长期救助　　D. 普惠救助

【解析】社会救助领域的法规与政策属于我国社会工作主要业务领域中相关的法规与政策，帮助贫困家庭是社会工作的主要任务之一。社会救助的法规与政策包括城乡居民最低生活保障、医疗救助、住房救助、教育救助、就业救助、受灾人员救助、法律援助等各种专项救助，以及临时救助等方面的法规与政策。

二、多项选择题(每题的备选项中，有2个或2个以上符合题意，至少有1个错项)

1. 根据党的十六届六中全会《中央关于构建社会主义和谐社会若干重大问题决定》，构建社会主义和谐社会的目标的三个基本维度包括(　　)。

A. 人民安康　　B. 百姓富足　　C. 社会安定　　D. 国家充满活力

E. 民主法治

【解析】十六届六中全会《中央关于构建社会主义和谐社会若干重大问题决定》指出，到2020年，构建社会主义和谐社会的目标和主要任务是：①社会主义民主法制更加完善；②城乡、区域发展差距扩大的趋势逐步扭转；③社会就业比较充分；④基本公共服务体系更加完备；⑤全民族的思想道德素质、科学文化素质和健康素质明显提高；⑥全社会创造活力显著增强；⑦社会管理体系更加完善；⑧资源利用效率显著提高；⑨实现全面建设惠及十几亿人口的更高水平的小康社会的目标。概括起来看，构建社会主义和谐社会的目标有三个基本维度：人民安康、社会安定、国家充满活力。

2. 我国社会工作的主要业务领域中，社会保险方面的法规与政策包括(　　)等方面的法规与政策。

A. 医疗保险　　B. 职业保险　　C. 工伤保险　　D. 生育保险

E. 失业保险

【解析】社会保险方面的法规与政策包括养老保险、医疗保险、失业保险、工伤保险、生育保险等方面的法规与政策。

2A　3A　▎　1ACD　2ACDE

第三节　社会工作法规与政策和社会工作实践的关系

一、单项选择题(每题的备选项中，只有1个最符合题意)

1. 社会工作者以(　　)身份参与到社会政策过程中。

A. 普通公民　　B. 社会政策的主体

C. 社会政策的对象　　D. 专业化的职业人员

【解析】社会工作者参与社会政策的实施过程有以下几个方面的特点：①与一般工作人员相比，社会工作者是专业人才，具有"专家"的特点，能够提供专业化的服务，解决复杂的问题；②社会工作者服务领域较为广泛，几乎在社会政策所有领域的政策实施中都需要社会工作者的参与，即使在一些以其他专业人才为主的领域中(如医院、学校等)，也需要社会工作者的参与。

2. 从当代社会工作比较发达的国家的情况来看，(　　)是从政府的社会政策向具体的社会服务转化过程中重要的行动者。

A. 社会工作者　　B. 志愿者　　C. 慈善机构　　D. 社会团体

【解析】从当代社会工作比较发达的国家的情况看，社会工作者在社会政策及法规的实施过程中都发挥着重要作用，是从政府的社会政策向具体的社会服务转化过程中重要的行动者。

二、多项选择题(每题的备选项中，有2个或2个以上符合题意，至少有1个错项)

1. 社会工作人才队伍建设和社会工作实践的发展需要有良好的社会环境，主要包括(　　)。

A. 各级政府的重视　　B. 统一的规范

C. 文化的影响　　D. 民众的理解和支持

E. 良好的制度环境和社会参与

【解析】社会工作人才队伍建设和社会工作实践的发展需要有良好的社会环境，主要包括各级政府的重视、民众的理解和支持以及具有良好的制度环境和社会参与。在我国，党和政府常常通过各种法规与政策文件来促进社会工作实践的发展。

2. 政府的法规与政策主要通过下列(　　)方式对社会工作提供资源支持。

A. 营造安定有序的社会环境

B. 大力促进慈善事业的发展

C. 通过政府购买服务等方式为社会工作机构提供资金支持

D. 为社会工作机构提供必要的硬件条件

E. 通过规定各种优惠政策(如减免相关税费等)支持社会工作机构的发展

【解析】各级政府通过相关的法规与政策为社会工作人才队伍建设和社会工作实践提供必要的资源支持。政府的法规与政策主要通过以下几种方式对社会工作提供资源支持：①通过规定各种优惠政策支持社会工作机构的发展；②为社会工作机构提供必要的硬件条件；③通过政府购买服务等方式为社会工作机构提供资金支持；④大力促进慈善事业的发展。

1D　2A　▎　1ADE　2BCDE

第二章　社会工作专业人才队伍建设法规与政策

第一节　加强社会工作专业人才队伍建设的法规与政策

一、单项选择题(每题的备选项中，只有 1 个最符合题意)

1. 根据《关于加强社会工作专业人才队伍建设的意见》，下列事业单位中，可将社会工作专业岗位明确为主体专业技术岗位的是(　　)。[2015 年真题]

A. 学校　　B. 医院

C. 老年人福利机构　　D. 人口计生服务机构

【解析】《关于加强社会工作专业人才队伍建设的意见》提出，要根据事业单位社会功能、职责任务、工作性质、人员结构等因素，分类设置社会工作专业岗位。具体来讲，对老年人福利机构、残疾人福利和服务机构、儿童福利机构、收养服务机构、妇女儿童援助机构、困难职工帮扶机构、婚姻家庭服务机构、青少年服务机构、社会救助服务和管理机构、优抚安置服务保障机构等以社会工作服务为主的事业单位，可将社会工作专业岗位明确为主体专业技术岗位。

2. 社会工作专业岗位是社会工作专业人才发挥作用的舞台，研究制定社会工作专业岗位开发设置的政策措施需要遵守的原则包括精简效能、按需设置以及(　　)。

A. 党管人才　　B. 以用为本　　C. 规范管理　　D. 循序渐进

【解析】社会工作专业岗位是社会工作专业人才发挥作用的舞台，要研究制定社会工作专业岗位开发设置的政策措施。要按照精简效能、按需设置、循序渐进的原则，研究社会工作专业岗位设置范围、数量结构、配备比例、职责任务和任职条件，建立健全社会工作专业岗位开发设置的政策措施和标准体系。

3. 建立社会工作专业人才和志愿者队伍联动服务机制，要通过社会工作专业人才的引领，规范志愿者招募注册与管理，(　　)，丰富社会工作专业人才资源，拓展社会工作专业服务范围，增强社会工作专业服务效果。

A. 增加志愿者总量　　B. 提高志愿者的学历门槛

C. 提升志愿者服务水平　　D. 削减志愿者总量

【解析】志愿者队伍是社会建设的一支重要力量，是社会工作专业人才开展服务的重要补充力量。建立健全社会工作专业人才和志愿者相互协作、共同开展服务的机制，通过社会工作专业人才的引领，规范志愿者招募注册与管理，提升志愿者服务水平，丰富社会工作专业人才资源，拓展社会工作专业服务范围，增强社会工作专业服务效果。

二、多项选择题(每题的备选项中，有 2 个或 2 个以上符合题意，至少有 1 个错项)

1. 《关于加强社会工作专业人才队伍建设的意见》提出，要积极开展社会工作专业人才队伍

1C　2D　3C　|　1ABC

职业道德教育，加强社会工作专业人才队伍作风建设，促使他们践行(　　)的工作理念。

A. 以人为本　　B. 为民解困　　C. 为民服务　　D. 注重实践
E. 扎根基层

【解析】《关于加强社会工作专业人才队伍建设的意见》提出，要积极开展社会工作专业人才队伍职业道德教育，强化社会工作专业人才的社会责任感和职业认同感。加强社会工作专业人才队伍作风建设，促使他们践行以人为本、为民解困、为民服务的工作理念，培养扎根基层、注重实践、务实进取、甘于奉献、诚信友爱的良好作风。

2. 人才评价激励是社会工作专业人才队伍建设的重点，《关于加强社会工作专业人才队伍建设的意见》从(　　)等方面对人才评价激励提出了具体要求。

A. 建立健全社会工作专业人才评价制度
B. 做好社会工作专业人才薪酬保障工作
C. 建立社会工作专业人才表彰奖励制度
D. 做好社会工作专业人才就业保障工作
E. 做好社会工作专业人才教育培训工作

【解析】《关于加强社会工作专业人才队伍建设的意见》从以下三个方面提出了具体要求：①建立健全社会工作专业人才评价制度；②做好社会工作专业人才薪酬保障工作；③建立社会工作专业人才表彰奖励制度。

3. 在建立健全社会工作专业人才评价制度方面，要建立以岗位职责要求为基础，以(　　)为导向，科学化、社会化的社会工作专业人才评价机制。

A. 品德　　B. 态度　　C. 能力　　D. 业绩
E. 专业化水平

【解析】人才评价激励是社会工作专业人才队伍建设的重点，其中，在建立健全社会工作专业人才评价制度方面，要建立以岗位职责要求为基础，以品德、能力和业绩为导向，科学化、社会化的社会工作专业人才评价机制；同时也要完善社会工作专业人才职业水平评价制度，将取得职业水平证书的社会工作专业人才纳入专业技术人员管理范围。

第二节　社会工作专业人才队伍建设中长期规划

一、单项选择题(每题的备选项中，只有1个最符合题意)

1. 社会工作专业人才队伍包括社会工作服务人才、(　　)以及教育与研究人才。

A. 实践人才　　B. 管理人才　　C. 创新人才　　D. 培训人才

【解析】《社会工作专业人才队伍建设中长期规划(2011—2020年)》在《关于加强社会工作专业人才队伍建设的意见》基础之上首次明确了社会工作专业人才队伍包括社会工作服务人才、管理人才和教育与研究人才三类人才。

2. 《社会工作专业人才队伍建设中长期规划(2011—2020年)》提出了建立健全社会工作专业人才使用政策的原则是(　　)。

2ABC　3ACD　❙　1B　2A

A. 以用为本　　B. 党管人才　　C. 按需设置　　D. 循序渐进

【解析】《社会工作专业人才队伍建设中长期规划（2011—2020年）》对建立健全社会工作专业人才使用政策的目标要求是：坚持以用为本原则，着眼于发挥社会工作专业人才作用、推动社会工作专业人才合理流动需要，以开发专职岗位和培育服务载体为重点，以畅通人才流动渠道为保障，逐步完善社会工作专业人才使用政策。

二、多项选择题（每题的备选项中，有2个或2个以上符合题意，至少有1个错项）

1. 根据《社会工作专业人才队伍建设中长期规划（2011—2020年）》，到2020年社会工作教育与研究人才培养引进工程的目标包括（　　）。［2014年真题］

A. 建立500家社会工作专业重点实训基地

B. 培养和引进3万名社会工作硕士专业学位研究生

C. 培养和引进300名社会工作专业博士

D. 培养和引进3000名“双师型”专业教师

E. 培育发展1万家民办社会工作教育机构

【解析】社会工作教育与研究人才培养引进工程的目标是：到2020年，依托现有资源，建立500家社会工作专业重点实训基地。加快推进社会工作硕士专业学位教育发展，到2020年培养和引进3万名社会工作硕士专业学位研究生，300名社会工作专业博士，3000名“双师型”专业教师。

2. 社会工作专业人才队伍建设的主要任务包括（　　）。

A. 大规模开发社会工作服务人才

B. 加快满足专业化社会服务需求

C. 大力培养社会工作管理人才

D. 制定高层次社会工作服务人才培养计划

E. 加快培养社会工作教育与研究人才

【解析】《社会工作专业人才队伍建设中长期规划（2011—2020年）》在《关于加强社会工作专业人才队伍建设的意见》基础之上首次明确了社会工作专业人才队伍包括社会工作服务人才、管理人才和教育与研究人才三类人才，并从发展目标和主要举措两个方面对这三类人才队伍建设的主要任务提出了要求：①大规模开发社会工作服务人才；②大力培养社会工作管理人才；③加快培养社会工作教育与研究人才。

3. 《社会工作专业人才队伍建设中长期规划（2011—2020年）》确立的大规模开发社会工作服务人才的最终发展目标是培养造就一支（　　）的社会工作服务人才队伍。

A. 数量足　　B. 结构优　　C. 能力强　　D. 素质高

E. 心态好

【解析】《社会工作专业人才队伍建设中长期规划（2011—2020年）》确立的大规模开发社会工作服务人才的发展目标是以整合、提升、转化现有社会工作从业人员为基础，统筹推进各类社会工作服务人才队伍建设，培养造就一支数量足、结构优、能力强、素质高的社会工作服务人才队伍。

1ABCD　2ACE　3ABCD

第三节　政府购买社会工作服务的法规与政策

一、单项选择题(每题的备选项中，只有 1 个最符合题意)

1. 根据《民政部、财政部关于政府购买社会工作服务的指导意见》，具体负责本级政府购买社会工作服务的统筹规划、组织实施和绩效评估的部门是(　　)。[2016 年真题]

A. 审计部门　　　　B. 财政部门

C. 民政部门　　　　D. 人力资源和社会保障部门

【解析】《民政部、财政部关于政府购买社会工作服务的指导意见》对政府购买社会工作服务的主体做出了明确规定，各级政府是购买社会工作服务的主体。各级民政部门具体负责本级政府购买社会工作服务的统筹规划、组织实施和绩效评估；各级财政部门具体负责本级政府购买社会工作服务规划计划审核、经费安排与监督管理；各有关部门和群团组织负责本系统、本行业社会工作服务需求评估，向同级民政部门申报社会工作服务计划并具体实施。

2. 某市拟通过政府购买方式为失独老人开展社会工作服务，在当地只有一家社会工作服务机构符合条件。根据《民政部、财务部关于政府购买社会工作服务的指导意见》，若该市民政部门采取单一来源采购方式组织采购，则应事先向社会公示并经过同级(　　)部门批准。[2017 年真题]

A. 财政　　B. 审计　　C. 纪检　　D. 发展改革

【解析】政府购买社会工作服务，原则上应通过公开招标方式进行。但在以下两种特殊情况下可以酌情处理：①对只能从有限范围服务机构购买，或因技术复杂、性质特殊而不能确定具体服务要求、不能事先计算出价格总额的社会工作服务项目，经同级财政部门批准，可以采用邀请招标、竞争性谈判方式购买。②对只能从唯一服务提供机构购买的，向社会公示并经同级财政部门批准后，可以采取单一来源采购方式组织采购。

3. 《民政部、财政部关于政府购买社会工作服务的指导意见》规定，政府购买社会工作服务的对象不包括(　　)。

A. 基金会　　　　B. 社会团体

C. 民办非企业单位　　　　D. 社会工作者

【解析】《民政部、财政部关于政府购买社会工作服务的指导意见》规定，政府购买社会工作服务的对象主要为社会团体、民办非企业单位和基金会及企事业单位。社会团体、民办非企业单位和基金会须具有独立法人资格。

4. 政府购买社会工作服务，要针对不同人群实施不同计划。具体来讲，实施老年人、残疾人(　　)计划，为老年人和残疾人提供生活照料、精神慰藉、社会参与、代际沟通等服务，构建系统化、人性化、专业化的养老助残服务机制。

A. 社会融入　　B. 社会保护　　C. 社会照顾　　D. 社会关爱

【解析】《民政部、财政部关于政府购买社会工作服务的指导意见》把政府购买社会工作服务的范围重点放在城市流动人口、农村留守人员、困难群体、特殊人群和受灾群众等人群的个性化、多样化社会服务需求上。具体来讲，实施老年人、残疾人社会照顾计

1C　2A　3D　4C

划，为老年人和残疾人提供生活照料、精神慰藉、社会参与、代际沟通等服务，构建系统化、人性化、专业化的养老助残服务机制。

二、多项选择题(每题的备选项中，有 2 个或 2 个以上符合题意，至少有 1 个错项)

1. 《民政部、财政部关于政府购买社会工作服务的指导意见》规定，各级民政部门具体负责本级政府购买社会工作服务的(　　)和绩效评估。

A. 统筹规划　　B. 沟通协调　　C. 组织实施　　D. 监督管理

E. 需求评估

【解析】《民政部、财政部关于政府购买社会工作服务的指导意见》对政府购买社会工作服务的主体做出了明确规定，即各级政府是购买社会工作服务的主体。各级民政部门具体负责本级政府购买社会工作服务的统筹规划、组织实施和绩效评估；各级财政部门具体负责本级政府购买社会工作服务规划计划审核、经费安排与监督管理；各有关部门和群团组织负责本系统、本行业社会工作服务需求评估，向同级民政部门申报社会工作服务计划并具体实施。

2. 关于政府购买社会工作服务的监督管理，《民政部、财政部关于政府购买社会工作服务的指导意见》要求，建立由(　　)组成的综合性评审机制，及时组织对已完成社会工作服务项目的结项验收。

A. 购买方　　B. 服务对象　　C. 第三方　　D. 社会工作机构

E. 社会工作者

【解析】《民政部、财政部关于政府购买社会工作服务的指导意见》对政府购买社会工作服务的监督管理提出了六点要求，其中之一是：建立由购买方、服务对象及第三方组成的综合性评审机制，及时组织对已完成社会工作服务项目的结项验收。积极推进第三方评估，发挥专业评估机构、行业管理组织、专家等方面的作用，对服务机构承担的项目管理、服务成效、经费使用等内容进行综合考评。

第四节　推进民办社会工作服务机构发展的法规与政策

一、单项选择题(每题的备选项中，只有 1 个最符合题意)

1. 根据《民政部关于进一步加快推进民办社会工作服务机构发展的意见》，成立民办社会工作服务机构的专职工作人员中取得社会工作者职业水平证书或社会工作专业本科以上学历的应达到(　　)以上。[2017 年真题]

A. 1/3　　B. 1/4　　C. 1/5　　D. 1/6

【解析】根据《民政部关于进一步加快推进民办社会工作服务机构发展的意见》，成立民办社会工作服务机构，除要求应当符合《民办非企业单位登记管理暂行条例》规定的条件外，还要求专职工作人员中应有 1/3 以上取得社会工作者职业水平证书或社会工作专业本科及以上学历，章程中应明确社会工作服务宗旨、范围和方式。

2. 《民政部关于进一步加快推进民办社会工作服务机构发展的意见》提出的加快推进民办社会工作服务机构发展的总体目标是有效承接政府社会服务职能，满足人民群众专业化、

1AC　2ABC　▎　1A　2B

(　　)的社会工作服务需求。

A. 规范化　　B. 个性化　　C. 多样化　　D. 统一化

【解析】《民政部关于进一步加快推进民办社会工作服务机构发展的意见》提出，加快推进民办社会工作服务机构发展的主要目标涉及四个具体目标和一个总体目标。其中，总体目标是：到 2020 年，在全国发展 8 万家管理规范、服务专业、作用明显、公信力强的民办社会工作服务机构，有效承接政府社会服务职能，满足人民群众专业化、个性化的社会工作服务需求。

3. 《民政部关于进一步加快推进民办社会工作服务机构发展的意见》提出，要进一步增强民办社会工作服务机构内部治理能力，其中要恪守的三原则不包括(　　)。

A. 民间性　　B. 公益性　　C. 非营利性　　D. 服务性

【解析】《民政部关于进一步加快推进民办社会工作服务机构发展的意见》提出，要进一步增强民办社会工作服务机构内部治理能力，督促民办社会工作服务机构建立健全以章程为核心的各项规章制度，健全理事会、监事会制度，完善法人治理结构，恪守民间性、公益性、非营利性原则。

二、多项选择题(每题的备选项中，有 2 个或 2 个以上符合题意，至少有 1 个错项)

1. 《民政部关于进一步加快推进民办社会工作服务机构发展的意见》提出通过(　　)等措施来完善民办社会工作服务机构管理制度。

A. 改进登记方式　　B. 强化监督管理
C. 推动信息公开　　D. 提高专业化服务水平
E. 加强能力型人才引进

【解析】《民政部关于进一步加快推进民办社会工作服务机构发展的意见》提出通过改进登记方式、强化监督管理和推动信息公开三个措施来完善民办社会工作服务机构管理制度，广泛争取社会各界对民办社会工作服务机构的认可与支持。

2. 针对发挥社会上作行业组织的功能作用，《民政部关于进一步加快推进民办社会工作服务机构发展的意见》提出了下列(　　)要求。

A. 支持社会工作行业组织发展
B. 推进民办社会工作服务机构行业自律
C. 积极做好民办社会工作服务机构行业服务
D. 大力提升民办社会工作服务机构服务水平
E. 加强民办社会工作服务机构党群组织建设

【解析】行业组织在民办社会工作服务机构发展中具有重要作用，《民政部关于进一步加快推进民办社会工作服务机构发展的意见》针对发挥社会工作行业组织的功能作用提出了以下三点要求：①支持社会工作行业组织发展；②推进民办社会工作服务机构行业自律；③积极做好民办社会工作服务机构行业服务。

3D　▌　1ABC　2ABC

第三章　我国社会救助法规与政策

第一节　社会救助法规与政策的一般规定

一、单项选择题（每题的备选项中，只有1个最符合题意）

1. 根据《社会救助暂行办法》，社会救助制度坚持（　　）、救急难、可持续，与其他社会保障制度相衔接，社会救助水平与经济社会发展水平相适应。［2015年真题］

A. 广覆盖　　B. 低水平　　C. 托底线　　D. 稳增长

【解析】根据《社会救助暂行办法》，社会救助制度坚持托底线、救急难、可持续，与其他社会保障制度相衔接，社会救助水平与经济社会发展水平相适应。社会救助工作应当遵循公开、公平、公正、及时的原则。

2. 国务院（　　）统筹全国社会救助体系建设。

A. 民政部门　　B. 教育部门

C. 住房城乡建设部门　　D. 人力资源社会保障部门

【解析】国务院民政部门统筹全国社会救助体系建设，国务院民政、卫生计生、教育、住房城乡建设、人力资源社会保障等部门按照各自职责负责相应的社会救助管理工作。

3. 李某对国家政策了解很少，他听说自己符合社会救助的条件，因此想试着申请社会救助。但是由于缺少相关知识，他难以确定社会救助管理部门。他可以先向（　　）求助。

A. 社会救助经办机构或者县级人民政府民政部门

B. 市级人民政府民政部门

C. 区级人民政府民政部门

D. 省级人民政府民政部门

【解析】按照《社会救助暂行办法》规定，申请人难以确定社会救助管理部门的，可以先向社会救助经办机构或者县级人民政府民政部门求助。社会救助经办机构或者县级人民政府民政部门接到求助后，应当及时办理或者转交其他社会救助管理部门办理。

二、多项选择题（每题的备选项中，有2个或2个以上符合题意，至少有1个错项）

1. 根据《社会救助暂行办法》，下列关于社会力量参与社会救助的说法，正确的有（　　）。［2017年真题］

A. 社会力量参与社会救助，按照国家有关规定享受财政补贴、税收优惠、费用减免等政策

B. 县级以上人民政府可以将社会救助中审批事项通过委托、承包、采购等方式，向社会力量购买服务

C. 国家鼓励单位和个人等社会力量通过捐赠、设立帮扶项目、创办服务机构、提供志愿服务等方式，参与社会救助

D. 县级人民政府应当发挥社会工作服务机构和社会工作者作用，为社会救助对象提供

1C　2A　3A　┃　1ACDE

社会融入、能力提升、心理疏导等专业服务

E. 社会救助管理部门及相关机构应当建立社会力量参与社会救助的机制和渠道，提供社会救助项目、需求信息，为社会力量参与社会救助创造条件、提供便利

【解析】B 项，根据《社会救助暂行办法》，县级以上地方人民政府可以将社会救助中的具体服务事项通过委托、承包、采购等方式向社会力量购买服务。

2. 根据《社会救助暂行办法》，县级以上地方人民政府应当发挥社会工作服务机构和社会工作者的作用，为社会救助对象提供(　　)等专业服务。[2016 年真题]

A. 法律救助　　B. 申请代理　　C. 社会融入　　D. 能力提升

E. 心理疏导

【解析】《社会救助暂行办法》第五十五条规定，县级以上地方人民政府应当发挥社会工作服务机构和社会工作者的作用，为社会救助对象提供社会融入、能力提升、心理疏导等专业服务。

第二节　最低生活保障及特困救助法规与政策

一、单项选择题(每题的备选项中，只有 1 个最符合题意)

1. 张某一家享受城市居民最低生活保障待遇。张某儿子最近参加工作，民政部门终止了张某一家的低保待遇。张某认为，虽然儿子已就业，但是家庭收入仍然很低，应继续享受低保待遇。根据《城市居民最低生活保障条例》，张某依法可以(　　)。[2017 年真题]

A. 直接向人民法院提起行政诉讼

B. 申请复查，如对复查结果不服，可越级上访

C. 申请仲裁，如对仲裁裁决不服，可依法提起行政诉讼

D. 申请行政复议，如对复议决定不服，可依法提起行政诉讼

【解析】根据《城市居民最低生活保障条例》第十五条规定，城市居民对县级人民政府民政部门作出的不批准享受城市居民最低生活保障待遇或者减发、停发城市居民最低生活保障款物的决定或者给予的行政处罚不服的，可以依法申请行政复议；对复议决定仍不服的，可以依法提起行政诉讼。

2. 根据《最低生活保障审核审批办法(试行)》，家庭经济状况主要指申请人及其家庭成员拥有的全部(　　)收入和家庭财产。[2016 年真题]

A. 可统计　　B. 可支配　　C. 可公开　　D. 可继承

【答案】B

【解析】《最低生活保障审核审批办法(试行)》将家庭经济状况界定为申请人及其家庭成员拥有的全部可支配收入和家庭财产。

3. 甲市吴某与妻子郑某都是残疾人。吴某为非农业户口，一直居住在市区。郑某为农业户口，嫁给吴某后未办理户籍变动，并以所在村村民身份每年享受村集体经济分红。吴某和郑某因生活困难拟申请最低生活保障。根据《最低生活保障审核审批办法(试行)》，下列关于吴某和郑某申请低保的说法，正确的是(　　)。[2015 年真题]

2CDE　┃　1D　2B　3D

A. 一般按吴某户籍类别共同申请城市低保

B. 一般按郑某户籍类别共同申请农村低保

C. 郑某须办理户籍变动，吴某方可申请城市低保

D. 一般按吴某和郑某户籍类别分别申请城市低保和农村低保

【解析】《最低生活保障审核审批办法(试行)》规定，在低保申请时，共同生活的家庭成员分别持有非农业户口和农业户口的，一般按户籍类别分别申请城市低保或农村低保。

4. 根据《最低生活保障审核审批办法(试行)》，对申请最低生活保障家庭经济状况调查结果的客观性、真实性进行民主评议时，村(居)民代表人数不得少于参加评议总人数的(　　)。[2015年真题]

A. 1/3　　B. 1/2　　C. 2/3　　D. 3/4

【解析】《最低生活保障审核审批办法(试行)》规定，家庭经济状况调查结束后，乡镇人民政府(街道办事处)应当在5个工作日内，在村(居)民委员会的协助下，以村(居)为单位对申请人家庭经济状况调查结果的客观性、真实性进行民主评议。民主评议由乡镇人民政府(街道办事处)工作人员、村(居)党组织和村(居)委会成员、熟悉村(居)民情况的党员代表、村(居)民代表等参加。村(居)民代表人数不得少于参加评议总人数的2/3。

5. 根据《国务院关于进一步加强和改进最低生活保障工作的意见》，审核最低生活保障申请的责任主体是(　　)。[2013年真题]

A. 村(居)民委员会　　B. 乡镇人民政府(街道办事处)

C. 县级人民政府民政部门　　D. 市级人民政府民政部门

【解析】根据《国务院关于进一步加强和改进最低生活保障工作的意见》，凡认为符合条件的城乡居民都有权直接向其户籍所在地的乡镇人民政府(街道办事处)提出最低生活保障申请；乡镇人民政府(街道办事处)无正当理由，不得拒绝受理。

6. 某县民政局对拟批准的10户低保家庭进行公示，公示期间收到多封来信反映王某家庭拥有多套住房。根据《最低生活保障审核审批办法(试行)》，下列做法中，正确的是(　　)。[2016年真题]

A. 对其余9户家庭在公示期满后5个工作日内作出审批决定，无须再公示

B. 对其余9户家庭在公示期满后10个工作日内作出审批决定，再公示7天

C. 对王某家庭重新组织调查核实，在30个工作日内作出审批决定，不批准无须再公示

D. 对王某家庭重新组织调查核实，在20个工作日内作出审批决定，拟批准则须重新公示

【解析】《最低生活保障审核审批办法(试行)》第二十九条规定，县级人民政府民政部门应当对拟批准的低保家庭进行公示。公示期为7天。公示期满无异议的，县级人民政府民政部门应当在3个工作日内作出审批决定，对批准给予低保的，发给低保证，并从批准之日下月起发放低保金。对公示有异议的，县级人民政府民政部门应当重新组织调查核实，在20个工作日内作出审批决定，并对拟批准的申请重新公示。

4C　5B　6D

7. 某县民政局在低保审批工作中，发现某低保申请人的家庭人均收入明显高于本县低保标准，因此做出不予批准的决定。根据《城市居民最低生活保障条例》，该民政局在决定作出后，应当(　　)，并说明理由。[2014 年真题]

A. 书面通知申请人　　B. 当面口头告知申请人

C. 通过街道办事处通知申请人　　D. 通过居委会通知申请人

【解析】《城市居民最低生活保障条例》第八条规定，县级人民政府民政部门经审查，对不符合享受城市居民最低生活保障待遇条件的，应当书面通知申请人，并说明理由。管理审批机关应当自接到申请人提出申请之日起的 30 日内办结审批手续。

8. 根据《最低生活保障审核审批办法(试行)》，县级人民政府民政部门在提出审批意见前，应当全面审查乡镇人民政府、街道办事处上报的申请材料、调查材料和审核意见，并按照不低于(　　)的比例入户抽查。[2015 年真题]

A. 10%　　B. 15%　　C. 20%　　D. 30%

【解析】《最低生活保障审核审批办法(试行)》规定，乡镇人民政府(街道办事处)应当根据家庭经济状况信息核对、入户调查、民主评议等情况，对申请家庭是否给予低保提出建议意见，并及时在村(居)民委员会设置的村(居)务公开栏公示入户调查、民主评议和审核结果。县级人民政府民政部门在提出审批意见前，应当全面审查乡镇人民政府(街道办事处)上报的申请材料、调查材料和审核意见，并按照不低于 30% 的比例入户抽查。不得将不经过调查核实的任何群体或者个人直接审批为低保对象。

9. 赵某，一家 3 口，人均月收入 300 元，其所在城市最低生活保障标准为每月 400 元。赵某一家每月应领取的最低生活保障金数额为(　　)。[2013 年真题]

A. 100 元　　B. 200 元　　C. 300 元　　D. 400 元

【解析】《最低生活保障审核审批办法(试行)》第二十七条规定，低保申请人获得的保障金额应当按照核定的申请人家庭人均收入与当地低保标准的差额乘以共同生活的家庭成员人数计算。本题中，赵某一家人均收入 300 元，最低生活保障标准为每月 400 元，差额 100 元，因此赵某一家 3 口每月应领取最低生活保障金：$100\times3=300$(元)。

10. 根据《社会救助暂行办法》，对获得最低生活保障后生活仍有困难的老年人、未成年人、重度残疾人和(　　)，县级以上地方人民政府应当采取必要措施给予生活保障。[2015 年真题]

A. 孕妇　　B. 失独人员　　C. 重病患者　　D. 多胞胎产妇

【解析】《社会救助暂行办法》第十二条规定，对批准获得最低生活保障的家庭，县级人民政府民政部门按照共同生活的家庭成员人均收入低于当地最低生活保障标准的差额，按月发给最低生活保障金。对获得最低生活保障后生活仍有困难的老年人、未成年人、重度残疾人和重病患者，县级以上地方人民政府应当采取必要措施给予生活保障。

11. 老李一家享受农村最低生活保障待遇。今年老李一家的总收入比去年增加了 200 元，但人均年纯收入仍低于当地最低生活保障标准。在当地最低生活保障标准未变的情况下，根据《最低生活保障审核审批办法(试行)》，乡镇人民政府和县级民政部门要及时

7A　8D　9C　10C　11D

按程序为老李一家办理(　　)最低生活保障金的手续。[2014 年真题]

A. 补发　　B. 增发　　C. 停发　　D. 减发

【解析】《最低生活保障审核审批办法(试行)》第三十二条规定，县级人民政府民政部门应当根据低保对象的年龄、健康状况、劳动能力以及家庭收入来源等情况对低保家庭实行分类管理。乡镇人民政府(街道办事处)应当根据低保家庭成员和其家庭经济状况的变化情况进行分类复核，并根据复核情况及时报请县级人民政府民政部门办理低保金停发、减发或者增发手续。本题中，老李一家总收入增加，相应人均年纯收入也增加。在当地最低生活保障标准未变的情况下，应该办理减发最低生活保障金的手续。

12. 某城市低保家庭夫妻两人均 40 岁，无固定收入来源，不定期外出打零工。根据《最低生活保障审核审批办法(试行)》，对其家庭经济状况变化情况的复核时限一般为(　　)。[2016 年真题]

A. 每年一次　　B. 每半年一次　　C. 每季度一次　　D. 每月一次

【解析】《最低生活保障审核审批办法(试行)》第三十三条规定，对城市"三无"人员和家庭成员中有重病、重残人员且收入基本无变化的低保家庭，可每年复核一次。对短期内家庭经济状况和家庭成员基本情况相对稳定的低保家庭，可每半年复核一次。对收入来源不固定、有劳动能力和劳动条件的低保家庭，原则上城市按月、农村按季复核。

13. 根据《社会救助暂行办法》，承担最低生活保障申请受理、调查审核职责的是(　　)。[2017 年真题]

A. 村民委员会、居民委员会　　B. 乡镇人民政府、街道办事处

C. 县级人民政府民政部门　　D. 县级人民政府人力资源社会保障部门

【解析】根据《社会救助暂行办法》第十一条规定，申请最低生活保障，按照下列程序办理：①由共同生活的家庭成员向户籍所在地的乡镇人民政府、街道办事处提出书面申请；②乡镇人民政府、街道办事处应当通过入户调查、邻里访问、信函索证、群众评议、信息核查等方式，对申请人的家庭收入状况、财产状况进行调查核实，提出初审意见，在申请人所在村、社区公示后报县级人民政府民政部门审批；③县级人民政府民政部门经审查，对符合条件的申请予以批准，并在申请人所在村、社区公布。

14. 根据《社会救助暂行办法》，乡镇人民政府、街道办事处在对特困人员供养申请人的家庭收入状况、财产状况进行调查核实，提出初审意见后，应当在(　　)进行公示。[2015 年真题]

A. 申请人所在村、社区　　B. 县级人民政府民政部门网站

C. 乡镇人民政府、街道办事处所在地　　D. 乡镇人民政府、街道办事处政务公开栏

【解析】参见第 13 题解析。

15. 根据《特困人员认定办法》，下列已依法办理特困人员供养的人员中，应当及时终止供养的是(　　)。[2017 年真题]

A. 小华，16 周岁，品学兼优，刚刚考入某市重点中学

B. 小丽，19 周岁，肢体残疾，刚刚到某福利企业就业

12D　13B　14A　15B

C. 老王，65 周岁，因盗窃罪被判缓刑 2 年

D. 老李，70 周岁，经过康复治疗恢复了生活自理能力

【解析】《特困人员认定办法》第二十四条规定，特困人员有下列情形之一的，应当及时终止救助供养：①死亡、被宣告失踪或者死亡；②经过康复治疗恢复劳动能力或者年满 16 周岁且具有劳动能力；③依法被判处刑罚，且在监狱服刑；④收入和财产状况不再符合本办法第 6 条规定；⑤法定义务人具有了履行义务能力或者新增具有履行义务能力的法定义务人。特困人员中的未成年人，满 16 周岁后仍在接受义务教育或者在普通高中、中等职业学校就读的，可继续享有救助供养待遇。B 项，19 周岁的小丽已有劳动能力，应当及时终止供养。

16. 老陈夫妇均为残疾人，无劳动能力，其唯一养子小陈已结婚单独立户，有固定收入，老陈夫妇申请享受城市低保待遇。下列关于管理审批机关对其家庭收入进行核算的说法，正确的是(　　)。

A. 老陈夫妇无劳动能力，应核定为没有家庭收入

B. 小陈是老陈的家庭成员，其收入应计入老陈一家的家庭收入

C. 小陈夫妇是老陈的家庭成员，其收入应计入老陈一家的家庭收入

D. 小陈不是老陈的家庭成员，但小陈应支付的赡养费应计入老陈一家的家庭收入

【解析】户籍状况、家庭收入和家庭财产是认定低保对象的三个基本要件。共同生活的家庭成员包括：配偶；父母和未成年子女；已成年但不能独立生活的子女，包括在校接受本科及以下学历教育的成年子女；其他具有法定赡养、扶养、抚养义务关系并长期共同居住的人员。家庭收入的转移性收入，是指国家、单位、社会团体对居民家庭的各种转移支付和居民家庭间的收入转移，包括赡养费、扶养费、抚养费，离退休金、失业保险金，社会救济金、遗属补助金、赔偿收入，接受遗产收入、接受捐赠(赠送)收入等。本题中，老陈夫妇的唯一养子小陈已结婚单独立户，不是老陈的家庭成员，但小陈应支付的赡养费应计入老陈一家的家庭收入。

17. 村民李某向乡政府申请享受农村低保待遇，乡政府在上报县级民政部门审批前应履行一定的职责。下列做法中，不属于乡政府履行职责范畴的是(　　)。

A. 确定实际补助水平　　B. 调查李某的家庭经济情况

C. 核查李某的收入　　D. 将民主评议和审核意见进行公示

【解析】《最低生活保障审核审批办法(试行)》第二十五条规定，乡镇人民政府(街道办事处)应当根据家庭经济状况信息核对、入户调查、民主评议等情况，对申请家庭是否给予低保提出建议意见，并及时在村(居)民委员会设置的村(居)务公开栏公示入户调查、民主评议和审核结果。公示结束后，乡镇人民政府(街道办事处)应当将申请材料、家庭经济状况调查结果、民主评议情况等相关材料报送县级人民政府民政部门审批。第二十六条规定，县级人民政府民政部门应当自收到乡镇人民政府(街道办事处)审核意见和相关材料 5 个工作日内提出审批意见。拟批准给予低保的，应当同时确定拟保障金额。

18. 老孙是农村五保供养对象，守着自己的老房子，平时种菜、喂鸡，感觉生活很安逸。

16D　17A　18D

县里推行农村五保集中供养后，镇人民政府工作人员动员老孙入住敬老院集中供养。根据《农村五保供养工作条例》，下列关于老孙供养形式的说法，正确的是(　　)。

A. 老孙应当在敬老院集中供养　　B. 老孙应当在家分散供养

C. 老孙应当放弃农村五保供养待遇　　D. 老孙可以自行选择供养形式

【解析】我国长期以来一直在农村中实行五保供养制度。新的《社会救助暂行办法》将此改为了“特困人员救助”制度，并从农村扩展到了城市。《社会救助暂行办法》第十九条规定，特困供养人员可以在当地的供养服务机构集中供养，也可以在家分散供养。特困供养人员可以自行选择供养形式。本题中，老孙可以自行选择供养形式。

二、多项选择题(每题的备选项中，有 2 个或 2 个以上符合题意，至少有 1 个错项)

1. 老张因生活困难，向所在地的街道办事处申请低保。根据《最低生活保障审核审批办法(试行)》，下列老张的家庭成员中，应计入共同生活家庭成员的有(　　)。[2016 年真题]

A. 老张的父母，与老张在外地的弟弟共同居住

B. 老张的配偶，46 岁，下岗失业，与老张共同居住

C. 老张的女儿，20 岁，本科在读，住学校宿舍

D. 老张的儿子，16 岁，正在服刑

E. 老张的大伯，72 岁，法院指定老张赡养，并与其共同居住

【解析】《最低生活保障审核审批办法(试行)》第五条规定，共同生活的家庭成员包括：①配偶；②父母和未成年子女；③已成年但不能独立生活的子女，包括在校接受本科及其以下学历教育的成年子女；④其他具有法定赡养、扶养、抚养义务关系并长期共同居住的人员。下列人员不计入共同生活的家庭成员：①连续 3 年以上(含 3 年)脱离家庭独立生活的宗教教职人员；②在监狱、劳动教养场所内服刑、劳动教养的人员；③省级人民政府民政部门根据本条原则和有关程序认定的其他人员。本题中，老张的父母不与老张共同居住，故其不应计入老张共同生活的家庭成员；老张的儿子正在服刑，也不属于老张共同生活的家庭成员范围。

2. 根据《最低生活保障审核审批办法(试行)》，下列收入中，应计入家庭可支配收入的有(　　)。[2016 年真题]

A. 劳动分红　　B. 种植收入　　C. 赔偿收入　　D. 储蓄存款利息

E. 优抚对象抚恤金

【解析】《最低生活保障审核审批办法(试行)》将家庭经济状况界定为申请人及其家庭成员拥有的全部可支配收入和家庭财产。家庭可支配收入是指扣除缴纳的个人所得税及个人按规定缴纳的社会保障性支出后的收入。主要包括：①工资性收入。指因任职或者受雇而取得的工资、薪金、奖金、劳动分红、津贴、补贴以及与任职或者受雇有关的其他所得等。②家庭经营净(纯)收入。指从事生产、经营及有偿服务活动所得。包括从事种植、养殖、采集及加工等农林牧渔业的生产收入，从事工业、建筑业、手工业、交通运输业、批发和零售贸易业、餐饮业、文教卫生业和社会服务业等经营及有偿服务活动的收入等。③财产性收入。包括动产收入和不动产收入。动产收入是指出让无形资产、特

1BCE　2ABCD

许权等收入，储蓄存款利息、有价证券红利、储蓄性保险投资以及其他股息和红利等收入，集体财产收入分红和其他动产收入等。不动产收入是指转租承包土地经营权、出租或者出让房产以及其他不动产收入等。④转移性收入。指国家、单位、社会团体对居民家庭的各种转移支付和居民家庭间的收入转移。包括赡养费、扶养费、抚养费，离退休金、失业保险金，社会救济金、遗属补助金、赔偿收入，接受遗产收入、接受捐赠(赠送)收入等。⑤其他应当计入家庭收入的项目。

3. 居民钱某申请低保，街道办事处对其家庭经济状况调查结束后即进入民主评议程序。根据《最低生活保障审核审批办法(试行)》，下列关于民主评议的说法，正确的是(　　)。[2017年真题]

A. 民主评议应当以居委会为单位进行

B. 居民代表人数不得少于参加评议总人数的1/2

C. 街道办事处应当在调查结束后10个工作日内进行民主评议

D. 县级人民政府民政部门可以派人参加民主评议

E. 民主评议由街道办事处工作人员、居委会党组织和居委会成员、熟悉钱某情况的党员代表、居民代表参加

【解析】《最低生活保障审核审批办法(试行)》规定，家庭经济状况调查结束后，乡镇人民政府(街道办事处)应当在5个工作日内，在村(居)民委员会的协助下，以村(居)为单位对申请人家庭经济状况调查结果的客观性、真实性进行民主评议。民主评议由乡镇人民政府(街道办事处)工作人员、村(居)党组织和村(居)委会成员、熟悉村(居)民情况的党员代表、村(居)民代表等参加。村(居)民代表人数不得少于参加评议总人数的2/3。有条件的地方，县级人民政府民政部门可以派人参加民主评议。

4. 村民王某一家一直享受低保待遇，近期家庭情况发生了变化。根据《国务院关于在全国建立农村最低生活保障制度的通知》，下列情形中，需要相关部门按程序办理变更王某一家低保待遇手续的有(　　)。[2012年真题]

A. 王某儿子出生

B. 王某外出打工且有收入

C. 王某一家迁入政府新建的住房

D. 王某女儿上小学

E. 王某妻子患病

【解析】《最低生活保障审核审批办法(试行)》第三十二条规定，县级人民政府民政部门应当根据低保对象的年龄、健康状况、劳动能力以及家庭收入来源等情况对低保家庭实行分类管理。乡镇人民政府(街道办事处)应当根据低保家庭成员和其家庭经济状况的变化情况进行分类复核，并根据复核情况及时报请县级人民政府民政部门办理低保金停发、减发或者增发手续。同时，低保家庭应当向乡镇人民政府(街道办事处)定期报告家庭人口、收入和财产状况的变化情况。A项属于家庭人口发生变化；B项属于家庭收入情况发生变化；CDE三项情形中，无法判断王某的家庭经济状况是否会发生变化。

5. 根据《最低生活保障审核审批办法(试行)》，乡镇人民政府、街道办事处应当根据低保家庭成员和其家庭经济状况的变化情况进行分类复核。下列关于分类复核的说法，正确的有(　　)。[2017年真题]

3DE　4AB　5ABCD

A. 对收入来源不固定、有劳动能力和劳动条件的城市低保家庭，原则上按月复核

B. 对收入来源不固定、有劳动能力和劳动条件的农村低保家庭，原则上按季复核

C. 对短期内家庭经济状况和家庭成员基本情况相对稳定的低保家庭，可每半年复核一次

D. 对家庭成员中有重病、重残人员且收入基本无变化的低保家庭，可每年复核一次

E. 对家庭成员中有高等院校就读的低保家庭，无需复核

【解析】考虑到低保家庭的各种情况不同，民政部政策规定：①对城市“三无”人员和家庭成员中有重病、重残人员且收入基本无变化的低保家庭，可每年复核一次；②对短期内家庭经济状况和家庭成员基本情况相对稳定的低保家庭，可每半年复核一次；③对收入来源不固定、有劳动能力和劳动条件的低保家庭，原则上城市按月、农村按季复核。

6. 根据《社会救助暂行办法》，国家给予特困人员供养，内容包括(　　)。[2015年真题]

A. 提供疾病治疗　　　　B. 办理丧葬事宜

C. 提供基本生活条件　　D. 提供经济适用住房

E. 对生活不能自理的给予照顾

【解析】国家对无劳动能力、无生活来源且无法定赡养、抚养、扶养义务人，或者其法定赡养、抚养、扶养义务人无赡养、抚养、扶养能力的老年人、残疾人以及未满16周岁的未成年人，定义为特困人员，由国家提供供养。特困人员供养的内容与方式包括：①提供基本生活条件；②对生活不能自理的给予照料；③提供疾病治疗；④办理丧葬事宜。

7. 城市居民孙某因病失业，妻子残疾，女儿正读初三，家庭生活困难，社会工作者小王了解到情况后，决定从协助孙家申请城市低保待遇入手提供帮助。根据有关政策，小王可提供的帮助包括(　　)。

A. 入户了解孙家的经济收入与实际生活水平

B. 协助孙家向街道办事处提出低保救助书面申请

C. 确定对孙家的救助金额和实物

D. 为孙家争取公益性岗位

E. 负责将低保金发给孙家

【解析】AB两项，《城市居民最低生活保障条例》第七条规定，申请享受城市居民最低生活保障待遇，由户主向户籍所在地的街道办事处或者镇人民政府提出书面申请。管理审批机关为审批城市居民最低生活保障待遇的需要，可以通过入户调查、邻里访问等方式对申请人的家庭经济状况和实际生活水平进行调查核实。CE两项，《最低生活保障审核审批办法(试行)》第二十六条规定，县级人民政府民政部门应当自收到乡镇人民政府(街道办事处)审核意见和相关材料5个工作日内提出审批意见。拟批准给予低保的，应当同时确定拟保障金额。第三十条规定，低保金原则上实行社会化发放，通过银行、信用社等代理金融机构，直接支付到低保家庭的账户。D项，《社会救助暂行办法》第四十二条规定，国家对最低生活保障家庭中有劳动能力并处于失业状态的成员，通过贷款贴息、社会保险补贴、公益性岗位安置等办法，给予就业救助。

8. 住在北京而户籍在河北的李强想给自己的家庭申请城市最低生活保障待遇，于2017年3

6ABCE　7ABD　8AE

月 10 日向所住地北京某街道办事处提出书面申请，并出具有关证明材料，填写《城市居民最低生活保障待遇审批表》。由街道办事处初审后，于 2017 年 3 月 28 日将有关材料和初审意见报送县级人民政府民政部门审批。县级人民政府民政部门于2017 年4 月5 日通过入户调查对李强的家庭经济状况和实际生活水平进行核实，并于 2017 年 4 月 15 日办结了审批手续。下列说法恰当的有(　　)。

A. 李强应向经常居住地的街道办事处申请城市最低生活保障待遇

B. 李强无权代表他的家庭申请城市最低生活保障待遇

C. 街道办事处应在 3 月 25 日之内将有关材料和初审意见报送县级人民政府民政部门审批

D. 应由街道办事处对李强的家庭经济状况和实际生活水平进行调查核实

E. 县级人民政府民政部门应于 4 月 10 日前办结审批手续

【解析】A 项，申请人经常居住地与户籍所在地不一致的，根据市县人民政府的规定，申请人凭户籍所在地县级人民政府民政部门出具的未享受最低生活保障的证明，可以向经常居住地乡镇人民政府(街道办事处)提出申请。B 项，申请低保应当以家庭为单位，由户主或者其代理人以户主的名义向户籍所在地乡镇人民政府(街道办事处)提出书面申请。C 项，法律未规定初审机构将材料和意见报送审批机构的时限。D 项，管理审批机关为审批城市低保待遇的需要，可以通过信息核对、入户调查、邻里访问以及信函索证等方式对申请人的家庭经济状况和实际生活情况进行调查核实。管理审批机关不限于街道办事处。E 项，管理审批机关应当自接到申请人提出申请之日起的 30 日内办结审批手续。

第三节　受灾人员救助与医疗救助法规与政策

一、单项选择题(每题的备选项中，只有 1 个最符合题意)

1. 根据《自然灾害救助条例》，负责全国自然灾害救助工作，承担国家减灾委员会具体工作的职能部门是(　　)。[2011 年真题]

A. 国务院应急办公室　　B. 国家民政部

C. 国家减灾中心　　D. 国家地震局

【解析】《自然灾害救助条例》第三条规定，自然灾害救助组织工作实行的是各级人民政府行政领导负责制。国家减灾委员会负责组织、领导全国的自然灾害救助工作，协调开展重大自然灾害救助活动。国务院民政部门负责全国的自然灾害救助工作，承担国家减灾委员会的具体工作。国务院有关部门按照各自职责做好全国的自然灾害救助相关工作。

2. 根据《自然灾害救助条例》，负责建立健全自然灾害救助应急指挥技术支撑系统，并为自然灾害救助工作提供必要的交通、通信等装备的是(　　)。[2012 年真题]

A. 国务院国防部门　　B. 国务院工业和信息化部门

C. 县级以上人民政府　　D. 乡(镇)人民政府

【解析】根据《自然灾害救助条例》第九条规定，县级以上人民政府应当建立健全自然灾害救助应急指挥技术支撑系统，并为自然灾害救助工作提供必要的交通、通信等装备。

3. 甲市发生特大山洪泥石流灾害，该市救灾办紧急征用有关单位和个人的 30 余辆卡车运送救灾日常生活类物资，并征用 7 家单位的场地用于存放、转运救灾帐篷。自然灾害救

1B　2C　3B

助应急工作结束后，对征用的卡车和场地，市救灾办应当(　　)。[2011 年真题]

A. 及时归还即可，因属应急征用无需付费

B. 及时归还，并按照国家有关规定给予补偿

C. 归还场地，保留卡车，待全部救灾工作结束后归还

D. 归还卡车，保留场地，待全部救灾工作结束后归还

【解析】《自然灾害救助条例》第十五条规定，在自然灾害救助应急期间，县级以上地方人民政府或者人民政府的自然灾害救助应急综合协调机构可以在本行政区域内紧急征用物资、设备、交通运输工具和场地，自然灾害救助应急工作结束后应当及时归还，并按照国家有关规定给予补偿。

4. 自然灾害危险消除后，受灾地区人民政府民政等部门应当及时核实本行政区域内居民住房恢复重建补助对象，给予资金、物资等救助。根据《自然灾害救助条例》，居民住房恢复重建补助对象由受灾人员本人申请或者由(　　)提名。[2016 年真题]

A. 村民小组、居民小组　　B. 村民委员会、居民委员会

C. 乡镇人民政府、街道办事处　　D. 住房建设部门、民政部门

【解析】《自然灾害救助条例》第二十条规定，居民住房恢复重建补助对象由受灾人员本人申请或者由村民小组、居民小组提名。

5. 自然灾害发生后的当年冬季、次年春季，受灾地区人民政府应当为生活困难的受灾人员提供基本生活救助。受灾地区县级人民政府民政部门应当在每年(　　)底前统计、评估本行政区域受灾人员当年冬季、次年春季的基本生活困难和需求，核实救助对象。[2013 年真题]

A. 8 月　　B. 9 月　　C. 10 月　　D. 12 月

【解析】《自然灾害救助条例》规定，自然灾害发生后的当年冬季、次年春季，受灾地区人民政府应当为生活困难的受灾人员提供基本生活救助。受灾地区县级人民政府民政部门应当在每年 10 月底前统计、评估本行政区域受灾人员当年冬季、次年春季的基本生活困难和需求，核实救助对象，编制工作台账，制定救助工作方案，经本级人民政府批准后组织实施，并报上一级人民政府民政部门备案。

6. 根据《城乡医疗救助基金管理办法》，城乡医疗救助基金年终结余资金可以结转下年度继续使用。基金累计结余一般应不超过(　　)。[2017 年真题]

A. 当年筹集基金总额的 20%　　B. 当年筹集基金总额的 15%

C. 累计筹集基金总额的 20%　　D. 累计筹集基金总额的 15%

【解析】《城乡医疗救助基金管理办法》第十四条规定，城乡医疗救助基金年终结余资金可以结转下年度继续使用。基金累计结余一般应不超过当年筹集基金总额的 15%。各地应进一步完善救助方案，确保基金均衡合理使用，确保救助对象最大程度受益。

7. 根据《城乡医疗救助基金管理办法》，县级以上人民政府建立城乡医疗救助基金。城乡医疗救助基金来源不包括(　　)。

A. 地方各级财政部门在年初公共财政预算和彩票公益金中安排的城乡医疗救助资金

4A　5C　6B　7D

B. 社会各界自愿捐赠的资金

C. 城乡医疗救助基金形成的利息收入

D. 地方各级财政部门在年初公共财政预算中安排的城乡最低生活保障资金

【解析】城乡医疗救助基金来源主要包括：①地方各级财政部门每年根据本地区开展城乡医疗救助工作的实际需要，按照预算管理的相关规定，在年初公共财政预算和彩票公益金中安排的城乡医疗救助资金；②社会各界自愿捐赠的资金；③城乡医疗救助基金形成的利息收入；④按规定可用于城乡医疗救助的其他资金。

二、多项选择题（每题的备选项中，有2个或2个以上符合题意，至少有1个错项）

1. 根据我国《自然灾害救助条例》，自然灾害救助工作应遵循的原则包括以人为本和（　　）。［2013年真题］

A. 政府主导　　B. 分级管理　　C. 社会互助　　D. 灾民自救

E. 分散安置

【解析】《自然灾害救助条例》是为了规范自然灾害救助工作，保障受灾人员基本生活而制定的条例，其中第二条规定，自然灾害救助工作遵循以人为本、政府主导、分级管理、社会互助、灾民自救的原则。

2. 启动自然灾害预警响应，需要告知居民前往应急避难场所。根据《自然灾害救助条例》，县级以上地方人民政府的自然灾害救助应急综合协调机构应当通过广播、电视等方式，及时公告应急避难场所的（　　）。［2011年真题］

A. 具体地址　　B. 水源状况　　C. 到达路径　　D. 所属单位

E. 容纳人数

【解析】《自然灾害救助条例》第十一条规定，启动自然灾害预警响应或者应急响应，需要告知居民前往应急避难场所的，县级以上地方人民政府或者人民政府的自然灾害救助应急综合协调机构应当通过广播、电视、手机短信、电子显示屏、互联网等方式，及时公告应急避难场所的具体地址和到达路径。

3. 城市低保户李某患病住院。根据《关于进一步完善城乡医疗救助制度的意见》，李某可申请医疗救助的项目包括（　　）。［2010年真题］

A. 住院救助　　B. 门诊救助

C. 医疗保险报销　　D. 参保医疗保险资助金

E. 所在单位报销

【解析】《关于进一步完善城乡医疗救助制度的意见》中指出，城乡医疗救助应实行多种方式救助。对城乡低保家庭成员、五保户和其他经济困难家庭人员，要资助其参加城镇居民基本医疗保险或新型农村合作医疗，并对其难以负担的基本医疗自付费用给予补助。同时，要完善救助服务内容，根据救助对象的不同医疗需求，开展医疗救助服务。要坚持以住院救助为主，同时兼顾门诊救助。各地要科学制定救助方案，合理设置封顶线，稳步提高救助水平。

4. 某地发生自然灾害后，大批捐献资金和物资被送到该地，县政府在处理捐助物资的下列

1ABCD　2AC　3AB　4ABC

行为中，符合法律规定的有(　　)。

A. 用捐款购买了大批医疗药品

B. 将接到的捐助物资分发给灾区群众

C. 将捐助的某些物资交给县慈善协会使用

D. 将捐赠的部分资金转移给企业恢复生产

E. 使用其中的部分资金垫付了政府人员的通讯补贴

【解析】《自然灾害救助条例》第二十五条规定，自然灾害救助款物应当用于受灾人员的紧急转移安置，基本生活救助，医疗救助，教育、医疗等公共服务设施和住房的恢复重建，自然灾害救助物资的采购、储存和运输，以及因灾遇难人员亲属的抚慰等项支出。DE 两项属于挪用救灾资金，不符合法律规定。

第四节　教育救助与住房救助法规与政策

一、单项选择题(每题的备选项中，只有 1 个最符合题意)

1. 根据《社会救助暂行办法》，国家对符合规定标准的住房困难最低生活保障家庭、分散供养的特困人员，给予住房救助。下列关于住房救助方式的说法，正确的是(　　)。［2016 年真题］

A. 配租经济适用房　　B. 帮助搭建临时住房

C. 发放住房租赁补贴　　D. 降低购房贷款首付比例

【解析】《社会救助暂行办法》第三十八条规定，住房救助通过配租公共租赁住房、发放住房租赁补贴、农村危房改造等方式实施。

2. 老王向街道办事处递交廉租住房书面申请，街道办事处经审核认为其符合条件。在提出初审意见并张榜公布后，街道办事处应将申请材料一并报送市(区)、县人民政府(　　)。［2011 年真题］

A. 建设(住房保障)主管部门　　B. 民政部门

C. 人力资源和社会保障部门　　D. 财政部门

【解析】城镇家庭申请住房救助的，应当经由乡镇人民政府、街道办事处或者直接向县级人民政府住房保障部门提出，经县级人民政府民政部门审核家庭收入、财产状况和县级人民政府住房保障部门审核家庭住房状况并公示后，对符合申请条件的申请人，由县级人民政府住房保障部门优先给予保障。

3. 对于持有农村五保供养证的未成年人，我国教育救助的目标是(　　)。

A. 基本实现普通中小学免费教育　　B. 基本实现高中教育阶段的免费教育

C. 完全免除书费和其他杂费　　D. 基本保障其学习和生活正常进行

【解析】各级民政、教育行政部门对城乡特殊困难未成年人教育救助工作的目标包括：①对持有农村五保供养证和属于城市“三无”对象的未成年人，基本实现普通中小学免费教育；②对持有城乡最低生活保障证和农村特困户救助证家庭的子女在义务教育阶段基本实现“两免一补”(免杂费、免书本费、补助寄宿生活费)，高中教育阶段要提供必要的学习和生活补助。

1C　2A　3A

4. 根据公共租赁住房和廉租住房并轨政策，公共租赁住房租金原则上按照(　　)水平确定。

A. 低于同地段、同类型住房市场租金　　B. 尽可能低廉

C. 适当低于本市区内市场平均租金　　D. 市场租金

【解析】各地结合本地区经济发展水平、财政承受能力、住房市场租金水平、建设与运营成本、保障对象支付能力等因素，进一步完善公共租赁住房的租金定价机制，动态调整租金。公共租赁住房租金原则上按照适当低于同地段、同类型住房市场租金水平确定。

二、多项选择题(每题的备选项中，有 2 个或 2 个以上符合题意，至少有 1 个错项)

1. 根据《社会救助暂行办法》，教育救助应当根据不同的教育阶段需求，采取多种方式保障教育救助对象基本学习、生活需求。下列方式中，属于教育救助的有(　　)。[2017 年真题]

A. 免除学杂费　　B. 安排勤工助学

C. 给予降分录取　　D. 补贴课外培训费

E. 减免住宿费

【解析】《社会救助暂行办法》第三十四条规定，教育救助根据不同教育阶段需求，采取减免相关费用、发放助学金、给予生活补助、安排勤工助学等方式，保障教育救助对象基本学习、生活需求。

2. 王某由于家里发生意外现在没有房子可以居住，因此他想申请住房救助，那么他应该(　　)。

A. 直接向县人民政府住房保障部门提出申请

B. 经由所在街道向县人民政府住房保障部门提出申请

C. 向小区居民委员会提出申请

D. 向县人民政府民政部门提出申请

E. 直接向所在的市人民政府住房保障部门提出申请

【解析】城镇家庭申请住房救助的，应当经由乡镇人民政府、街道办事处或者直接向县级人民政府住房保障部门提出，经县级人民政府民政部门审核家庭收入、财产状况和县级人民政府住房保障部门审核家庭住房状况并公示后，对符合申请条件的申请人，由县级人民政府住房保障部门优先给予保障。

第五节　就业救助、临时救助与法律援助法规与政策

一、单项选择题(每题的备选项中，只有 1 个最符合题意)

1. 国家对最低生活保障家庭中有劳动能力并处于失业状态的成员，给予就业救助。根据《社会救助暂行办法》，下列措施不属于就业救助的是(　　)。[2017 年真题]

A. 费用减免　　B. 岗位补贴

C. 培训补贴　　D. 发放失业保证金

【解析】国家对最低生活保障家庭中有劳动能力并处于失业状态的成员，通过贷款贴息、社会保险补贴、岗位补贴、培训补贴、费用减免、公益性岗位安置等办法，给予就业救助。

4A　▎　1AB　2AB　▎　1D

2. 根据《国务院关于全面建立临时救助制度的通知》，临时救助要着眼于解决基本生活困难、摆脱临时困境，既要尽力而为，又要量力而行。这一要求体现的是(　　)。[2016年真题]

A. 公开透明　　B. 适度救助　　C. 资源统筹　　D. 制度衔接

【解析】《国务院关于全面建立临时救助制度的通知》规定，临时救助工作要坚持应救尽救，确保有困难的群众都能求助有门，并按规定得到及时救助；坚持适度救助，着眼于解决基本生活困难、摆脱临时困境，既要尽力而为，又要量力而行；坚持公开公正，做到政策公开、过程透明、结果公正；坚持制度衔接，加强各项救助、保障制度的衔接配合，形成整体合力；坚持资源统筹，政府救助、社会帮扶、家庭自救有机结合。

3. 根据《城市生活无着的流浪乞讨人员救助管理办法》，救助站对流浪乞讨人员的救助是一项(　　)措施。[2012 年真题]

A. 长期性庇护　　B. 临时性管制

C. 长期性救助　　D. 临时性社会救助

【解析】《城市生活无着的流浪乞讨人员救助管理办法》指出，对流浪乞讨人员实行救助的形式主要为救助站救助，救助站对流浪乞讨人员的救助是一项临时性社会救助措施。《救助管理办法实施细则》则进一步规定，救助站应当根据受助人员的情况确定救助期限，一般不超过 10 天；因特殊情况需要延长的，报上级民政主管部门备案。

4. 甲、乙、丙、丁四人在某市流浪乞讨人员救助管理站接受救助。甲隐瞒了自己在该市还有一个哥哥；乙因为与父母争吵离家出走，其父母来到救助管理站寻找；丙在救助期满当天突患阑尾炎，需入院治疗；丁觉得在救助管理站受约束，私自离开。以上四人中，救助管理站应当继续实施救助的是(　　)。[2014 年真题]

A. 甲　　B. 乙　　C. 丙　　D. 丁

【解析】《救助管理办法实施细则》规定，救助站已经实施救助或者救助期满，受助人员应当离开救助站。对无正当理由不愿离站的受助人员，救助站应当终止救助。除此之外，在下列 3 种情况下，救助站也应中止救助：①救助站发现受助人员故意提供虚假个人情况的，应当终止救助；②受助人员自愿放弃救助离开救助站的，救助站不得限制；③受助人员擅自离开救助站的，视同放弃救助，救助站应当终止救助。流浪乞讨人员救助政策的对象是指因自身无力解决食宿，无亲友投靠，又不享受城市最低生活保障或者农村五保供养，正在城市流浪乞讨度日的人员。本题中，甲隐瞒了自己在该市还有一个哥哥的情况，救助站应当终止救助；乙的父母已来到救助管理站寻找，救助管理站不需要继续实施救助；丁擅自离开救助站，视同放弃救助，救助站应当终止救助。而根据《救助管理办法》规定，救助站应对在站内突发急病的流浪乞讨人员，及时送医院救治。故本题中，救助管理站应当继续对丙实施救助。

5. 根据《法律援助条例》的规定，下列公民因经济困难没有委托代理人的，可以申请法律援助的是(　　)。[2009 年真题]

A. 甲，在工作中被同事打伤。向人民法院提起诉讼，要求同事给予民事赔偿

B. 乙，应聘某企业，并与之签订劳动合同。后该企业得知其学历系伪造，遂申请确认

2B　3D　4C　5D

劳动合同无效，但乙主张合同有效

C. 丙，在一次城市改造过程中，其住房被强制拆迁。丙因此向人民法院提起诉讼

D. 丁，被怀疑与一桩杀人案有关，被公安机关关押6个月，后被证明无辜。丁因此请求国家赔偿

【解析】《法律援助条例》第十条规定，公民对下列需要代理的事项，因经济困难没有委托代理人的，可以向法律援助机构申请法律援助：①依法请求国家赔偿的；②请求给予社会保险待遇或者最低生活保障待遇的；③请求发给抚恤金、救济金的；④请求给付赡养费、抚养费、扶养费的；⑤请求支付劳动报酬的；⑥主张因见义勇为行为产生的民事权益的。

6. 小王，家庭生活困难，在某工地打工，工地老板拖欠其半年工资。经劳动争议仲裁后，小王对仲裁裁决不服，决定提起诉讼，为此申请法律援助。该法律援助类型应当为(　　)。[2011年真题]

A. 代理　　B. 委托辩护　　C. 指定辩护　　D. 法律顾问

【解析】《法律援助条例》规定的法律援助类型有代理、刑事辩护和公诉。其中，公民对下列需要代理的事项，因经济困难没有委托代理人的，可以向法律援助机构申请法律援助：①依法请求国家赔偿的；②请求给予社会保险待遇或者最低生活保障待遇的；③请求发给抚恤金、救济金的；④请求给付赡养费、抚养费、扶养费的；⑤请求支付劳动报酬的；⑥主张因见义勇为行为产生的民事权益的。本题中，小王因请求支付拖欠工资而申请法律援助，所以该法律援助类型应当为代理。

7. 根据《法律援助条例》，公诉人出庭公诉的案件，被告人因经济困难或者其他原因没有委托辩护人，人民法院为被告人指定辩护时，法律援助机构应当提供法律援助。下列被告人中，人民法院为其指定辩护时，法律援助机构应当提供法律援助，无须进行经济状况审查的是(　　)。[2012年真题]

A. 被告人是未成年人而没有委托辩护人的

B. 被告人肢体残疾而没有委托辩护人的

C. 被告人可能被判处无期徒刑而没有委托辩护人的

D. 被告人可能被判处10年以上有期徒刑而没有委托辩护人的

【解析】公诉人出庭公诉的案件，被告人因经济困难或者其他原因没有委托辩护人，人民法院为被告人指定辩护时，法律援助机构应当提供法律援助。被告人是视力、听力、语言有障碍的残疾人或者未成年人而没有委托辩护人的，或者被告人可能被判处死刑而没有委托辩护人的，人民法院为被告人指定辩护时，法律援助机构应当提供法律援助，无须对被告人进行经济状况的审查。

8. 根据《法律援助条例》，公民就国家赔偿事项申请法律援助，应当向(　　)所在地的法律援助机构提出。[2014年真题]

A. 赔偿义务机关　　B. 赔偿义务机关上级机关

C. 申请人户籍　　D. 申请人居住

【解析】《法律援助条例》第十四条第一项规定，公民因经济困难没有委托代理人即代理

6A　7A　8A

申请法律援助时，请求国家赔偿的，向赔偿义务机关所在地的法律援助机构提出申请。

9. 企业退休职工黄某要求社会保险经办机构给予退休待遇遭拒，欲向法院提起诉讼，因生活困难没有委托代理人，特申请法律援助。根据我国《法律援助条例》，黄某应向(　　)的法律援助机构提出申请。［2013 年真题］

A. 提供其社会保险待遇的义务机关所在地

B. 其户籍所在地

C. 其现居住地

D. 其退休前企业所在地

【解析】《法律援助条例》第十四条第二项规定，请求给予社会保险待遇、最低生活保障待遇或者请求发给抚恤金、救济金的，向提供社会保险待遇、最低生活保障待遇或者发给抚恤金、救济金的义务机关所在地的法律援助机构提出申请。

10. 王大娘年老体弱，在甲县独居，一直由儿子赡养。近年来，王大娘感到儿子支付的赡养费无法满足生活需要，要求居住在乙县的女儿也支付赡养费，但女儿以没有义务为由拒绝支付。王大娘欲通过诉讼程序解决，但无力支付诉讼费用。如果王大娘寻求法律援助，她应当向(　　)提出申请。［2010 年真题］

A. 甲县法律援助中心　　B. 乙县法律援助中心

C. 甲县人民法院　　D. 乙县人民法院

【解析】《法律援助条例》第十四条第三项规定，请求给付赡养费、抚养费、扶养费的，因经济困难没有委托代理人的，向给付赡养费、抚养费、扶养费的义务人住所地的法律援助机构提出申请。题中，王大娘应向女儿所居住的乙县法律援助中心提出申请。

11. 赵某在外地出差途中，遇见钱某、孙某和李某殴打一游客，上前制止，被三人打伤，花去医疗费 5000 元。赵某的行为被认定为见义勇为。赵某欲向法院起诉三人支付医疗费，但因生活困难无钱聘请律师，准备申请法律救援。根据《法律援助条例》，应当受理赵某法律援助申请的是(　　)的法律援助机构。［2017 年真题］

A. 赵某所住地　　B. 赵某户籍地

C. 事件发生地　　D. 钱某、孙某或李某住所地

【解析】《法律援助条例》第十四条第五项规定，主张因见义勇为行为产生的民事权益的，向被请求人住所地的法律援助机构提出申请。

12. 连续两年以来，田某的家庭享受着最低生活保障，当地人力资源社会保障部门考虑到田某具有劳动能力的情况，连续四次为田某介绍符合他的情况的工作，均遭到田某的拒绝，下列关于该状况的处理，正确的是(　　)。

A. 人力资源保障部门应当尊重田某的意愿，不再为他介绍工作

B. 人力资源保障部门应当坚持为田某找工作，必要时可采取强制手段

C. 县级人民政府民政部门应当在田某接受工作之前继续为田某提供其最低生活保障金

D. 县级人民政府民政部门应当决定减发或者停发其本人的最低生活保障金

【解析】《社会救助暂行办法》第四十五条规定，最低生活保障家庭中有劳动能力但未就

9A　10B　11D　12D

业的成员，应当接受人力资源社会保障等有关部门介绍的工作；无正当理由，连续3次拒绝接受介绍的与其健康状况、劳动能力等相适应的工作的，县级人民政府民政部门应当决定减发或者停发其本人的最低生活保障金。

13. 王某因在北京流浪乞讨于2017年8月10日被送进北京市大兴区救助管理站，根据规定，王某到(　　)就过了救助期限。

A. 2017年8月15日　　B. 2017年8月21日

C. 2017年8月26日　　D. 2017年9月10日

【解析】《救助管理办法实施细则》第十二条规定，救助站应当根据受助人员的情况确定救助期限，一般不超过10天；因特殊情况需要延长的，报上级民政主管部门备案。王某于2017年8月10日被救助站救助，根据规定，王某到2017年8月21日就过了救助期限。

二、多项选择题(每题的备选项中，有2个或2个以上符合题意，至少有1个错项)

1. 乙县赵大娘因与儿媳不和，赌气到甲县寻亲未果，身无分文，流落街头，遂向甲县救助站求助，并要求到甲县社会福利机构养老。甲县救助站对赵大娘采取的正确救助方式有(　　)。[2008年真题]

A. 提供符合卫生标准的食物　　B. 提供符合基本条件的住处

C. 帮助联系亲属　　D. 安置到社会福利院

E. 提供返家乘车凭证

【解析】《救助管理办法》第七条规定，救助站应当根据受助人员的需要提供下列救助：①提供符合食品卫生要求的食物；②提供符合基本条件的住处；③对在站内突发急病的，及时送医院救治；④帮助与其亲属或者所在单位联系；⑤对没有交通费返回其住所地或者所在单位的，提供乘车凭证。

2. 根据《法律援助条例》，公民在(　　)需要代理时，因经济困难没有委托代理人的，可以向法律援助机构申请法律援助。[2013年真题]

A. 依法请求国家赔偿　　B. 请求支付劳动报酬

C. 请求发给抚恤金　　D. 请求申请廉租住房

E. 请求给予最低生活保障待遇

【解析】《法律援助条例》第十条规定，公民对下列需要代理的事项，因经济困难没有委托代理人的，可以向法律援助机构申请法律援助：①依法请求国家赔偿的；②请求给予社会保险待遇或者最低生活保障待遇的；③请求发给抚恤金、救济金的；④请求给付赡养费、抚养费、扶养费的；⑤请求支付劳动报酬的；⑥主张因见义勇为行为产生的民事权益的。

3. 根据《法律援助条例》，法律援助机构办理法律援助案件的方式包括(　　)。[2008年真题]

A. 指派律师事务所安排律师办理　　B. 指派企业安排法律顾问办理

C. 安排本机构工作人员办理　　D. 指派律师协会人员办理

E. 根据其他社会组织的要求，安排其所属人员办理

13B　　Ⅰ　　1ABCE　2ABCE　3ACE

【解析】《法律援助条例》第二十一条规定，法律援助机构可以指派律师事务所安排律师或者安排本机构的工作人员办理法律援助案件；也可以根据其他社会组织的要求，安排其所属人员办理法律援助案件。

4. 王某为某一刑事案件的犯罪嫌疑人，他在被侦查机关第一次讯问后，由于家庭贫困而提出申请法律援助，由于王某不识字，所以王某口头申请，由看守所的工作人员代作书面记录，然后由看守所隔日转交给了法律援助机构，法律援助机构通知王某的近亲属提供证件、证明等材料。下列说法恰当的有（　　）。

A. 王某应在确定被起诉的时候申请法律援助

B. 应由法律援助机构的人员代王某作书面记录申请法律援助

C. 看守所应在王某申请后的 24 小时内将申请书转交给法律援助机构

D. 应是看守所通知王某的近亲属提供证件、证明等材料

E. 王某不符合申请法律援助的条件

【解析】B 项，《法律援助条例》规定，法律援助申请应当采用书面形式，填写申请表；以书面形式提出申请确有困难的，可以口头申请，由法律援助机构工作人员或者代为转交申请的有关机构工作人员作书面记录而非代为申请法律援助。AE 两项，王某是刑事案件犯罪嫌疑人，因经济困难没有聘请律师，他可在被侦查机关第一次讯问后或者采取强制措施之日起，向法律援助机构申请法律援助。

5. 法律援助案件的相关人员遇有下列（　　）情形之一的，应当向法律援助机构报告，法律援助机构经审查核实的，应当终止该项法律援助。

A. 办理法律援助案件的人员向受援人收取财物

B. 受援人要求终止法律援助

C. 案件终止审理或者已被撤销的

D. 受援人又自行委托律师或者其他代理人的

E. 受援人的经济收入状况发生变化，不再符合法律援助条件的

【解析】办理法律援助案件的人员遇有下列情形之一的，应当向法律援助机构报告，法律援助机构经审查核实的，应当终止该项法律援助：①受援人的经济收入状况发生变化，不再符合法律援助条件的；②案件终止审理或者已被撤销的；③受援人又自行委托律师或者其他代理人的；④受援人要求终止法律援助的。

4CD　5BCDE

第四章　我国特定人群权益保护法规与政策

第一节　老年人权益保护的法规与政策

一、单项选择题(每题的备选项中，只有1个最符合题意)

1. 根据《老年人权益保障法》，下列关于家庭赡养的说法，正确的是(　　)。[2017年真题]

   A. 赡养人表示放弃继承权的，可以不再履行赡养老人的义务

   B. 赡养人有义务耕种老年人承包的田地，照管老年人的林木和牲畜，收益归赡养人所有

   C. 经老年人同意，赡养人之间可以就履行赡养义务签订协议，基层派出所监督协议的履行

   D. 赡养人不履行赡养义务的，基层群众性自治组织、老年人组织或者赡养人所在单位应当督促其履行

   【解析】根据《老年人权益保障法》的有关规定，A项，赡养人的赡养义务是一项法定责任，赡养人不得以放弃继承权或者其他理由，拒绝履行赡养义务；B项，赡养人有义务耕种或者委托他人耕种老年人承包的田地，照管或者委托他人照管老年人的林木和牲畜等，收益归老年人所有；C项，经老年人同意，赡养人之间可以就履行赡养义务签订协议，基层群众性自治组织、老年人组织或者赡养人所在单位监督协议的履行。

2. 东北某村赵老汉62岁，身体硬朗，平时自己耕种承包田；其独子小赵在深圳工作多年，今年春节时小赵回老家将父亲接到深圳共同生活，同时委托自己在老家的中学同学欧阳耕种父亲的承包田。根据《老年人权益保障法》，老赵承包田今年的收益应当(　　)。[2016年真题]

   A. 归老赵所有　　　　B. 归小赵所有

   C. 归欧阳所有　　　　D. 由欧阳与小赵协商分配

   【解析】根据《老年人权益保障法》第二条的规定，60周岁以上的公民即为老年人。第十七条规定，赡养人有义务耕种或者委托他人耕种老年人承包的田地，照管或者委托他人照管老年人的林木和牲畜等，收益归老年人所有。

3. 老王丧偶后由儿子小王赡养，近期，老王经人介绍认识经济条件较好的老陈，两人感情发展顺利，准备结婚，但小王不赞成父亲再婚。根据《老年人权益保障法》，下列说法正确的是(　　)。[2015年真题]

   A. 未经小王的同意，老王不能再婚

   B. 小王对老王的赡养义务不因老王再婚而解除

   C. 老王若再婚后去世，老陈无权继承老王的遗产

   D. 因老陈经济条件好，老王再婚后，小王可以不用赡养老王

1D　2A　3B

【解析】ABD 三项，《老年人权益保障法》规定，老年人的婚姻自由受法律保护。子女或者其他亲属不得干涉老年人离婚、再婚及婚后的生活。赡养人的赡养义务不因老年人的婚姻关系变化而消除。C 项，老年人有依法继承父母、配偶、子女或者其他亲属遗产的权利，有接受赠与的权利。

4. 张某父母早亡，婚后除抚养自己的一子一女外，还将自己的弟弟养育成人。张某子女均有赡养能力，现由儿子赡养，儿媳常有怨言，认为婆家的妹妹与叔叔也应当承担赡（扶）养义务。下列关于张某夫妇赡（扶）养问题的说法，正确的是（　　）。［2013 年真题］
A. 儿女应承担赡养义务，弟弟无扶养义务
B. 儿女应承担赡养义务，弟弟有扶养义务
C. 弟弟由兄嫂扶养长大，须承担扶养义务
D. 女儿已出嫁，可以不承担赡养义务

【解析】《老年人权益保障法》规定，由兄、姐扶养的弟、妹成年后，有负担能力的，对年老无赡养人的兄、姐有扶养的义务。本题中，张某的儿女均应承担赡养父母的义务，且二者均有赡养能力，因此张某的弟弟无需对兄、嫂承担扶养义务。

5. 根据我国《老年人权益保障法》的规定，下列关于老年人赡养和扶养的说法，正确的是（　　）。［2013 年真题］
A. 赡养人如果放弃继承权，可以少承担赡养义务
B. 由兄、姐扶养的弟、妹对年老的兄、姐有无条件扶养的义务
C. 赡养人不履行赡养义务，老年人有要求赡养人给付赡养费的权利
D. 赡养人耕种老年人的承包田地，应当获得承包田地的收益

【解析】AC 两项，《老年人权益保障法》第十九条规定，赡养人不得以放弃继承权或者其他理由，拒绝履行赡养义务。赡养人不履行赡养义务，老年人有要求赡养人付给赡养费等权利。B 项，第二十三条规定，老年人与配偶有相互扶养的义务；由兄、姐扶养的弟、妹成年后，有负担能力的，对年老无赡养人的兄、姐有扶养的义务。D 项，第十七条规定，赡养人有义务耕种或者委托他人耕种老年人承包的田地，照管或者委托他人照管老年人的林木和牲畜等，收益归老年人所有。

6. 某市现有人口 50 万，根据《国务院关于加快发展养老服务业的若干意见》，该市在制定城市总体规划和控制性详细规划时，必须按照不少于（　　）万平方米的用地标准，规划设置养老服务设施。［2016 年真题］
A. 5　　B. 10　　C. 15　　D. 25

【解析】根据《国务院关于加快发展养老服务业的若干意见》的规定，各地在制定城市总体规划、控制性详细规划时，必须按照人均用地不少于 0.1 平方米的标准，分区分级规划设置养老服务设施。本题中，某市现有人口 50 万，按照人均用地不少于 0.1 平方米的标准，规划的养老服务设施用地标准应当不少于 5 万平方米。

7. 小李与患病的母亲产生矛盾，于是和母亲达成口头协议，一次性给付母亲医疗费等共 3 万元，从此双方脱离母子关系。此后母亲因需继续治疗，要求儿子继续承担赡养义务。

4A　5C　6A　7A

下列关于小李与母亲协议效力的说法，正确的是(　　)。

A. 小李和母亲达成的协议无效

B. 小李和母亲达成的协议须经过公证后方为有效

C. 小李和母亲达成的协议有效，小李无需继续履行赡养义务

D. 小李和母亲达成的协议有效，但小李应视情况给予母亲资助

【解析】根据《老年人权益保障法》规定，赡养人的赡养义务是一项法定责任，赡养人不得以放弃继承权或者其他理由，拒绝履行赡养义务。赡养人不履行赡养义务，老年人有要求赡养人付给赡养费的权利。赡养人应当使患病的老年人及时得到治疗和护理；对经济困难的老年人，应当提供医疗费用。本题中，小李和母亲达成的口头协议无效。

8. 老刘，76 岁。老刘的儿子在一次车祸中丧生，没有留下遗嘱，在遗产分配时，儿媳妇认为必须将遗产全部留给自己唯一的女儿，拒绝老刘继承儿子的任何遗产。儿媳的做法(　　)。

A. 合法，老年人不能继承晚辈遗产

B. 合法，遗产应全部留给老刘孙女

C. 不合法，老年人有依法继承的权利

D. 合法但不合理，老刘老年丧子应予以抚慰

【解析】《老年人权益保障法》第二十二条规定，老年人有依法继承父母、配偶、子女或者其他亲属遗产的权利，有接受赠与的权利。子女或者其他亲属不得侵占、抢夺、转移、隐匿或者损毁应当由老年人继承或者接受赠与的财产。其他继承人在协商分割被继承人遗产时忽视或根本不考虑老人的继承权利，或者分配后不予给付，使老人的继承权利落空的行为是违法行为。本题中，儿媳拒绝老刘继承儿子任何遗产的做法是不合法的，老年人有依法继承的权利。

9. 某村丁先生和老伴均已丧失劳动能力，同村的两个儿子却长期拒不支付赡养费。根据《老年人权益保障法》的规定，丁先生和老伴有权(　　)，要求两个儿子支付赡养费。

A. 向当地公安机关请求调解　　B. 向当地仲裁机构申请仲裁

C. 向当地人民法院提起诉讼　　D. 向当地律师事务所请求调解

【解析】《老年人权益保障法》第七十二条规定，老年人合法权益受到侵害的，被侵害人或者其代理人有权要求有关部门处理，或者依法向人民法院提起诉讼。人民法院和有关部门，对侵犯老年人合法权益的申诉、控告和检举，应当依法及时受理，不得推诿、拖延。

二、多项选择题(每题的备选项中，有 2 个或 2 个以上符合题意，至少有 1 个错项)

1. 老张丧偶后欲再婚，其儿子、儿媳对此强烈反对，横加干涉，并将老人赶出家门，致使张某虽有自己的住房却无法继续入住，只得寄宿在其朋友家。张某儿子、儿媳的行为侵犯了老人的(　　)。[2008 年真题]

A. 继承权　　B. 婚姻自由权　　C. 名誉权　　D. 居住权

E. 社会保障权

【解析】婚姻自由权是指老年人有权按照自己的意愿决定和处理婚姻问题的权利。《老年

8C　9C　|　1BD

人权益保障法》第二十一条规定，老年人的婚姻自由受法律保护，子女或者其他亲属不得干涉老年人离婚、再婚及婚后的生活，赡养人的赡养义务不因老年人的婚姻关系变化而消除。居住权是指老年人有权居住在条件良好的房屋及拥有自有的或承租的住房的权利。第十六条规定，赡养人应当妥善安排老年人的住房，不得强迫老年人居住或者迁居条件低劣的房屋。老年人自有的或者承租的住房，子女或者其他亲属不得侵占，不得擅自改变产权关系或者租赁关系。老年人自有的住房，赡养人有维修的义务。

2. 王某和老伴育有两儿一女，女儿已结婚，大儿子已工作，小儿子还在上大学。由于父母去世得早，老王年轻时除了养育自己孩子，还承担起养育自己亲弟弟的责任，如今弟弟已事业有成，生活富裕。现如今老王得了重病，需要人照顾。关于老王的赡养和扶养问题，下列说法正确的有(　　)。

A. 老伴有扶养的义务　　B. 弟弟有扶养的义务

C. 大儿子有赡养的义务　　D. 女儿由于已出嫁没有赡养的义务

E. 小儿子有赡养的义务

【解析】《老年人权益保障法》第二十三条规定，老年人与配偶有相互扶养的义务。由兄、姐扶养的弟、妹成年后，有负担能力的，对年老无赡养人的兄、姐有扶养的义务。第十四条规定，赡养人应当履行对老年人经济上供养、生活上照料和精神上慰藉的义务，照顾老年人的特殊需要。赡养人是指老年人的子女以及其他依法负有赡养义务的人。赡养人的配偶应当协助赡养人履行赡养义务。

第二节　妇女权益保护的法规与政策

一、单项选择题(每题的备选项中，只有 1 个最符合题意)

1. 根据《妇女权益保障法》，下列关于妇女合法权益的说法正确的是(　　)。[2012 年真题]

A. 妇女享有与男子平等的选举权和被选举权

B. 母亲比父亲对未成年子女拥有更多的监护权

C. 居民委员会、村民委员会成员中，妇女名额应占有 30% 以上

D. 学校在录取学生时，任何专业不得以性别为由拒绝录取女性

【解析】A 项，《妇女权益保障法》第十一条第一款规定，妇女享有与男子平等的选举权和被选举权。B 项，第四十九条规定，父母双方对未成年子女享有平等的监护权。C 项，第十一条第三款规定，居民委员会、村民委员会成员中，妇女应当有适当的名额。D 项，第十六条第二款规定，学校在录取学生时，除特殊专业外，不得以性别为由拒绝录取女性或者提高对女性的录取标准。

2. 根据《女职工劳动保护特别规定》，下列女职工中，用人单位不得延长劳动时间或安排夜班劳动的是(　　)。[2016 年真题]

A. 小马，怀孕 3 个月　　B. 小孙，怀孕 6 个月

C. 小夏，女儿 9 个月，哺乳中　　D. 小田，儿子 13 个月，哺乳中

【解析】《女职工劳动保护特别规定》第六条规定，对怀孕 7 个月以上的女职工，用人单

2ACE　|　1A　2C

位不得延长劳动时间或者安排夜班劳动，并应当在劳动时间内安排一定的休息时间。第九条规定，对哺乳未满1周岁婴儿的女职工，用人单位不得延长劳动时间或者安排夜班劳动。

3. 根据《妇女权益保障法》，公安、民政、司法行政等部门以及城乡基层群众性自治组织、社会团体，应当在各自的职责范围内预防和制止家庭暴力，依法为受害妇女提供救助。这项规定旨在保障妇女的(　　)。[2015年真题]

A. 劳动就业权利　　B. 婚姻家庭权益　　C. 财产平等权利　　D. 社会保障权益

【解析】《妇女权益保障法》规定，国家保障妇女享有与男子平等的婚姻家庭权利，这些权益包括婚姻自主权、生育权、与男子平等的家庭财产权和子女监护权等。其中，反对家庭暴力要求国家采取措施，预防和制止家庭暴力。公安、民政、司法行政等部门以及城乡基层群众性自治组织、社会团体，应当在各自的职责范围内预防和制止家庭暴力，依法为受害妇女提供救助。

4. 根据《妇女权益保障法》，下列夫妇中，丈夫提出离婚请求不受法律限制的是(　　)。[2013年真题]

A. 甲夫妇，妻子怀孕4个月　　B. 乙夫妇，妻子流产5个月

C. 丙夫妇，育有一子9个月　　D. 丁夫妇，一岁幼子病亡3个月

【解析】《妇女权益保障法》规定，国家保护妇女的婚姻自主权。女方在怀孕期间、分娩后1年内或中止妊娠后6个月内，男方不得提出离婚。女方提出离婚的，或人民法院认为确有必要受理男方离婚请求的，不在此限。

5. 小项经常遭受家庭暴力，欲依法维权。根据《妇女权益保障法》和《仲裁法》，小项依法维权的途径不包括(　　)。[2014年真题]

A. 向公安机关报案　　B. 向人民法院起诉

C. 向妇女联合会投诉　　D. 向仲裁机构申请仲裁

【解析】根据《妇女权益保障法》和《仲裁法》，对妇女实施性骚扰或者家庭暴力，构成违反治安管理行为的，受害人可以提请公安机关对违法行为人依法给予行政处罚，也可以依法向人民法院提起民事诉讼。对有经济困难需要法律援助或者司法救助的妇女，当地法律援助机构或者人民法院应当给予帮助，依法为其提供法律援助或者司法救助。妇女的合法权益受到侵害的，可以向妇女组织投诉，妇女组织应当维护被侵害妇女的合法权益，有权要求并协助有关部门或者单位查处。

6. 根据《妇女权益保障法》的规定，妇女享有与男子平等的选举权和被选举权。在全国人民代表大会和地方各级人民代表大会的代表中，关于妇女代表的数量(比例)，正确的说法是(　　)。

A. 妇女代表应当有适当的数量　　B. 妇女代表的比例应当在40%以上

C. 妇女代表的比例应当在30%以上　　D. 妇女代表的比例应当在22%以上

【解析】《妇女权益保障法》第十一条规定，妇女享有与男子平等的选举权和被选举权。全国人民代表大会和地方各级人民代表大会的代表中，应当有适当数量的妇女代表。国

3B　4D　5D　6A

家采取措施，逐步提高全国人民代表大会和地方各级人民代表大会的妇女代表的比例。居民委员会、村民委员会成员中，妇女应当有适当的名额。

二、多项选择题（每题的备选项中，有2个或2个以上符合题意，至少有1个错项）

1. 根据《妇女权益保障法》，妇女的生命健康权不受任何侵犯。下列行为中，侵犯妇女生命健康权的行为有（　　）。［2010年真题］

A. 溺、弃、残害女婴　　B. 歧视、虐待生育女婴的妇女

C. 用迷信、暴力等手段残害妇女　　D. 干涉妇女的结婚、离婚自由

E. 剥夺妇女的继承权

【解析】我国《妇女权益保障法》规定，妇女的生命健康权不受侵犯。禁止溺、弃、残害女婴；禁止歧视、虐待生育女婴的妇女和不育妇女；禁止用迷信、暴力手段残害妇女；禁止虐待、遗弃病、残妇女和老年妇女；禁止拐卖、绑架妇女；禁止收买被拐卖、绑架的妇女；人民政府和有关部门必须及时采取措施解救被拐卖、绑架的妇女并做好善后工作；禁止卖淫、嫖娼，禁止组织、强迫、引诱、容留、介绍妇女卖淫或者雇用、容留妇女与他人进行猥亵活动。D项属于侵犯妇女的婚姻自主权；E项属于侵犯妇女的财产权利。

2. 根据《妇女权益保障法》，下列关于妇女婚姻家庭权益的说法，正确的有（　　）。［2014年真题］

A. 妇女有按照国家有关规定生育子女的权利，也有不生育的自由

B. 国家保护妇女的婚姻自主权，禁止干涉妇女的结婚、离婚自由

C. 父亲丧失行为能力不能担任未成年子女监护人的，任何人不得干涉母亲的监护权

D. 在夫妻财产共同所有的情况下，女方因抚育子女等承担较多义务的，有权在离婚时要求男方予以补偿

E. 妇女对夫妻共同财产享有与配偶平等的占有、使用、收益和处分的权利

【解析】国家保障妇女享有与男子平等的婚姻家庭权利，这些权利包括：①婚姻自主权。国家保护妇女的婚姻自主权，禁止干涉妇女的结婚、离婚自由。②反对家庭暴力。禁止对妇女实施家庭暴力。国家采取措施，预防和制止家庭暴力。③家庭财产权。妇女对依照法律规定的夫妻共同财产享有与其配偶平等的占有、使用、收益和处分的权利，不受双方收入状况的影响。夫妻书面约定婚姻关系存续期间所得的财产归各自所有，女方因抚育子女、照料老人、协助男方工作等承担较多义务的，有权在离婚时要求男方予以补偿。④子女监护权。父母双方对未成年子女享有平等的监护权。父亲死亡、丧失行为能力或者有其他情形不能担任未成年子女的监护人的，母亲的监护权任何人不得干涉。⑤生育权。妇女有按照国家有关规定生育子女的权利，也有不生育的自由。

3. 根据《妇女权益保障法》有关规定，在妇女的婚姻家庭权益方面，国家应当保障的有（　　）。［2013年真题］

A. 妇女的婚姻自主权　　B. 预防和制止家庭暴力

C. 妇女有不生育的自由　　D. 发展母婴保健事业

E. 母亲对未成年子女享有优先监护权

【解析】《妇女权益保障法》规定，国家保障妇女享有与男子平等的婚姻家庭权利，这些

1ABC　2ABCE　3ABCD

权利包括：①婚姻自主权，禁止干涉妇女的结婚、离婚自由；②反对家庭暴力权，禁止对妇女实施家庭暴力；③生育权，妇女有按照国家有关规定生育子女的权利，也有不生育的自由。国家实行婚前保健、孕产期保健制度，发展母婴保健事业；④家庭财产权，妇女对依照法律规定的夫妻共同财产享有与其配偶平等的占有、使用、收益和处分的权利，不受双方收入状况的影响；⑤子女监护权，父母双方对未成年子女享有平等的监护权。

4. 徐某，女，外贸公司职员。工作期间，公司老板丁某经常对徐某实施性骚扰。根据《妇女权益保障法》，徐某可以采取的维权措施包括（　　）。[2015 年真题]

A. 向当地妇女组织投诉　　B. 依法向人民法院提起刑事诉讼

C. 依法向人民法院提起民事诉讼　　D. 提请公安机关依法给予丁某行政处罚

E. 提请公安机关吊销该外贸公司营业执照

【解析】根据《妇女权益保障法》，对妇女实施性骚扰或者家庭暴力，构成违反治安管理行为的，受害人可以提请公安机关对违法行为人依法给予行政处罚，也可以依法向人民法院提起民事诉讼。另外，妇女的合法权益受到侵害的，可以向妇女组织投诉，妇女组织应当维护被侵害妇女的合法权益，有权要求并协助有关部门或者单位查处。

5. 根据我国《妇女权益保障法》，妇女的人身权利包括（　　）。

A. 子女监护权　　B. 生命健康权　　C. 选举权　　D. 名誉权

E. 肖像权

【解析】《妇女权益保障法》规定，国家保障妇女享有与男子平等的人身权利，具体内容如下：①人身自由权。禁止非法拘禁和以其他非法手段剥夺或者限制妇女的人身自由；禁止非法搜查妇女的身体。②生命健康权。妇女的生命健康权不受侵犯。③防止性侵害。禁止对妇女实施性骚扰。④人格权。妇女的名誉权、荣誉权、隐私权、肖像权等人格权受法律保护。A 项属于婚姻家庭权利；C 项属于政治权利。

6. 国家保障妇女享有与男子平等的政治权利，具体表现在（　　）方面。

A. 参与公共事务管理　　B. 选举和被选举权

C. 社会保障　　D. 妇女干部培养与选拔

E. 财产继承

【解析】《妇女权益保障法》规定，国家保障妇女享有与男子平等的政治权利。具体表现在以下几个方面：①参与公共事务管理；②选举和被选举权；③妇女干部培养与选拔。C 项属于国家保障妇女享有与男子平等的劳动权利和社会保障权利；E 项属于国家保障妇女享有与男子平等的财产权利。

第三节　未成年人权益保护的法规与政策

一、单项选择题（每题的备选项中，只有 1 个最符合题意）

1. 根据《未成年人保护法》，对孤儿、无法查明其父母或者其他监护人的以及其他生活无着的未成年人，由（　　）收留抚养。[2012 年真题]

A. 民政部门设立的儿童福利机构　　B. 卫生部门设立的儿童福利机构

4ACD　5BDE　6ABD　❙　1A

C. 劳动保障部门设立的儿童福利机构　　D. 公安部门设立的儿童福利机构

【解析】《未成年人保护法》规定，要为特殊需要的未成年人提供社会救助，其中，对孤儿、无法查明其父母或者其他监护人的以及其他生活无着的未成年人，由民政部门设立的儿童福利机构收留抚养。

2. 张某夫妇染上毒品，对10岁的儿子小强不闻不问，不履行监护职责，经多次教育仍不改正。根据《未成年人保护法》，有关机关或个人可以依法申请对小强的监护问题作出处理。下列处理中，正确的是(　　)。[2017年真题]

A. 人民法院可以撤销张某夫妇监护人资格，指定居委会监督张某夫妇抚养小强

B. 人民法院可以撤销张某夫妇监护人资格，另行指定小强的监护人

C. 民政部门可以撤销张某夫妇监护人资格，指定居委会监督张某夫妇抚养小强

D. 民政部门可以撤销张某夫妇监护人资格，另行指定小强的监护人

【解析】《未成年人保护法》规定，父母或者其他监护人不履行监护职责或者侵害被监护的未成年人的合法权益，经教育不改的，人民法院可以根据有关人员或者有关单位的申请，撤销其监护人的资格，依法另行指定监护人。被撤销监护资格的父母应当依法继续负担抚养费用。

3. 根据《未成年人保护法》，对违法犯罪未成年人，实行教育、感化、挽救的方针，坚持(　　)的原则。[2016年真题]

A. 教育为主、劳动为辅　　B. 感化为主、挽救为辅

C. 教育为主、惩罚为辅　　D. 劳动为主、惩罚为辅

【解析】《未成年人保护法》第五十四条规定，对违法犯罪的未成年人，实行教育、感化、挽救的方针，坚持教育为主、惩罚为辅的原则。对违法犯罪的未成年人，应当依法从轻、减轻或者免除处罚。

4. 下列关于预防未成年人犯罪的说法，正确的是(　　)。[2012年真题]

A. 年满14周岁的未成年人，征得父母或其他监护人同意的，可以脱离监护单独居住

B. 征得未成年人及监护人同意的，可以在新闻报道中披露犯罪的未成年人的姓名、住所等相关资料

C. 中小学生旷课的，学校应当及时与其父母或者其他监护人取得联系

D. 未成年人犯罪案件，一律不公开审理

【解析】A项，《预防未成年人犯罪法》第十九条规定，未成年人的父母或者其他监护人，不得让不满16周岁的未成年人脱离监护单独居住；B项，对未成年人犯罪案件，新闻报道、影视节目、公开出版物、网络等不得披露该未成年人的姓名、住所、照片、图像以及可能推断出该未成年人的资料；D项，对于已满14周岁不满16周岁未成年人犯罪的案件，一律不公开审理和报道；已满16周岁不满18周岁未成年人犯罪的案件，一般也不公开审理和报道。

5. 小萌，7岁，父母因遭车祸双亡，当地民政部门依法将小萌安置在市儿童福利院。该福利院为了促进小萌和其他孤儿融入社区，在附近小区租了一套单元房，为孩子们提供家

2B　3C　4C　5C

庭式养育。根据《国务院办公厅关于加强孤儿保障工作的意见》，小萌的安置方法属于(　　)。[2017 年真题]

A. 家庭寄养　　B. 依法收养　　C. 机构养育　　D. 亲属抚养

【解析】《国务院办公厅关于加强孤儿保障工作的意见》规定了亲属抚养、机构养育、家庭寄养和依法收养四种妥善安置孤儿的方法。其中，机构养育是对没有亲属和其他监护人抚养的孤儿，经依法公告后由民政部门设立的儿童福利机构收留抚养。有条件的儿童福利机构可在社区购买、租赁房屋，或在机构内部建造单元式居所，为孤儿提供家庭式养育。故本题中，小萌的安置方法属于机构养育。

6. 甲市的未成年人小齐流浪到乙市，被乙市救助机构的工作人员发现并送回家中，甲市的未成年人救助保护中心对小齐的家庭监护情况调查评估后发现，小齐母亲已去世，父亲长期酗酒，经常对小齐实施家庭暴力，且不履行对小齐的监护职责，经反复教育依然不改。根据《关于加强和改进流浪未成年人救助保护工作的意见》，下列甲市未成年人救助保护中心的做法，正确的是(　　)。[2015 年真题]

A. 安排当地有意愿的家庭收养小齐

B. 小齐长期安置在当地的儿童福利院

C. 协助小齐的父亲及时委托其他人员代为监护

D. 向人民法院提出申请撤销小齐父亲的监护人资格，依法另行指定监护人

【解析】根据《关于加强和改进流浪未成年人救助保护工作的意见》，流出地救助保护机构要对流浪未成年人的家庭监护情况进行调查评估，对确无监护能力的，由救助保护机构协助监护人及时委托其他人员代为监护；对拒不履行监护责任、经反复教育不改的，由救助保护机构向人民法院提出申请撤销其监护人资格，依法另行指定监护人。

7. 根据《国务院办公厅关于加强和改进流浪未成年人救助保护工作的意见》，预防和制止未成年人流浪的第一责任主体是(　　)。[2014 年真题]

A. 家庭　　B. 学校　　C. 社区　　D. 政府

【解析】《国务院办公厅关于加强和改进流浪未成年人救助保护工作的意见》规定，预防未成年人流浪是家庭、学校、政府和社会的共同责任，做好源头预防是解决未成年人流浪问题的治本之策。家庭是预防和制止未成年人流浪的第一责任主体，应当依法履行对未成年人的监护责任和抚养义务。有关部门和基层组织要加强对家庭履行监护责任的指导和监督，对困难家庭予以帮扶，提升家庭抚育和教育能力，帮助其解决实际困难。

8. 根据《未成年人保护法》，当发现胁迫、诱骗、利用未成年人乞讨或组织未成年人进行有害其身心健康的表演等活动的，由(　　)积极调查并依法给予行政处罚。[2013 年真题]

A. 城管部门　　B. 公安机关　　C. 民政部门　　D. 文化部门

【解析】《未成年人保护法》第七十一条规定，胁迫、诱骗、利用未成年人乞讨或者组织未成年人进行有害其身心健康的表演等活动的，由公安机关依法给予行政处罚。另外，根据相关法规，公安机关发现流浪乞讨的未成年人，应当护送到救助保护机构接受救助。

6D　7A　8B

9. 根据《未成年人保护法》，下列关于未成年人合法权益保护的说法中，正确的是(　　)。

A. 任何组织或者个人不得招用未满 18 周岁的未成年人

B. 除犯重罪外，对未成年人犯罪，不予追究法律责任

C. 父母或者其他监护人应当依法履行对未成年人的监护职责和抚养义务

D. 除父母外，其他个人和组织不得披露未成年人的个人隐私

【解析】C 项，《未成年人保护法》规定，父母或者其他监护人不仅应当创造良好、和睦的家庭环境，依法履行对未成年人的监护职责和抚养义务，而且应当学习家庭教育知识，正确履行监护职责，抚养教育未成年人。A 项，任何组织或者个人不得招用未满 16 周岁的未成年人。B 项，对违法犯罪的未成年人，实行教育、感化、挽救的方针，坚持教育为主、惩罚为辅的原则。对违法犯罪的未成年人，应当依法从轻、减轻或者免除处罚。D 项，任何组织或者个人不得披露未成年人的个人隐私。

10. 某市发现一名被遗弃的婴儿，有关部门多方查找其家人，未果。关于这名婴儿的养育，不宜采取的安置形式是(　　)。

A. 救助站安置　B. 福利院安置　C. 家庭寄养　D. 依法收养

【解析】妥善安置孤儿的方法主要有亲属抚养、机构养育、家庭寄养和依法收养四种。福利院安置属于机构养育。A 项，救助站是针对流浪乞讨人员的安置机构，不宜安置孤儿。

11. 小程父母常年在外务工，很早就把小程送到农村老家一所寄宿中学上学。从初二开始，小程因交友不慎，多次参与盗窃活动并屡教不改。此种情形下，除小程父母外，经教育行政部门批准，(　　)可以申请送小程进工读学校进行矫治。

A. 当地公安机关　B. 当地司法行政部门

C. 当地村民委员会　D. 小程就读的中学

【解析】《未成年人保护法》第二十五条规定，对于在学校接受教育的有严重不良行为的未成年学生，学校和父母或者其他监护人应当互相配合加以管教；无力管教或者管教无效的，可以按照有关规定将其送专门学校继续接受教育。送未成年人进工读学校进行矫治和接受教育，应当由其父母或者其他监护人，或者原所在学校提出申请，经教育行政部门批准。

二、多项选择题(每题的备选项中，有 2 个或 2 个以上符合题意，至少有 1 个错项)

1. 根据《未成年人保护法》，保护未成年人工作应当遵循的原则包括(　　)。[2012 年真题]

A. 尊重未成年人的人格尊严　B. 家庭保护为主，学校与社会保护为辅

C. 优先保护未成年人的生存权　D. 适应未成年人身心发展的规律与特点

E. 教育与保护相结合

【解析】根据《未成年人保护法》第五条规定，保护未成年人的工作，应当遵循下列原则：①尊重未成年人的人格尊严；②适应未成年人身心发展的规律和特点；③教育与保护相结合。

9C　10A　11D　|　1ADE

2. 根据本区居住人员复杂、青少年人口比例大的特点，某社区决定对违法犯罪未成年人开展帮教工作。下列社区居民属于社会帮教对象的有(　　)。[2009年真题]

A. 因不满16周岁而不予刑事处罚的未成年人

B. 因不满16周岁而免予刑事处罚的未成年人

C. 被判处刑罚正在少年犯管教所服刑的未成年人

D. 被判处非监禁刑罚的未成年人

E. 被假释的未成年人

【解析】社会帮教是指未成年人的父母或者其他监护人和学校、城市居民委员会、农村村民委员会，对因不满16周岁而不予刑事处罚、免予刑事处罚的未成年人，或者被判处非监禁刑罚、被判处刑罚宣告缓刑、被假释的未成年人，应当采取有效的帮教措施，协助司法机关做好对未成年人的教育、挽救工作。

3. 下列各项属于保护未成年人生存权的有(　　)。

A. 向正在抚养在学未成年人的贫困家庭提供教育救助

B. 尊重未成年人的隐私

C. 预防未成年人沉迷网吧

D. 不得歧视女性未成年人

E. 禁止对未成年人实施家庭暴力

【解析】《未成年人保护法》明确规定，生存权是未成年人最基本的权利，国家保障每个未成年人平等的生存权利，禁止对未成年人实施家庭暴力，禁止虐待、遗弃未成年人，禁止溺婴和其他残害婴儿的行为，不得歧视女性未成年人或者有残疾的未成年人。

4. 对未成年人进行学校保护的方式主要有(　　)。

A. 实施素质教育

B. 关爱与尊重、开展成长教育

C. 加强监督与管理

D. 确保健康与安全

E. 对有严重不良行为的未成年学生实施专门教育

【解析】我国《未成年人保护法》规定，学校保护的方式方法包括：①实施素质教育；②关爱与尊重；③开展成长教育；④确保健康与安全；⑤对有严重不良行为的未成年学生实施专门教育。

5. 为了保护未成年人的合法权益，某市司法部门采取了以下措施，其中符合法律规定的有(　　)。

A. 及时审理侵害未成年人合法权益的案件

B. 对司法活动中的未成年人提供法律援助或司法救助

C. 涉及未成年人的案件审理适应未成年人身心发展的特点

D. 在离婚案件中保护未成年人通过继承等方式拥有财产权利

E. 对违法犯罪的未成年人，实行教育、感化、挽救的方针

【解析】《未成年人保护法》规定了对未成年人合法权益进行司法保护的方法，具体内容如下：①及时审理侵害未成年人合法权益案件；②对司法活动中的未成年人提供法律援助或司法救助；③在继承与离婚案件中保护未成年人的继承权和受遗赠权；④依法强化

2ABDE　3DE　4ABDE　5ABCE

父母或监护人的监护与抚养责任；⑤涉及未成年人的案件审理适应未成年人身心发展特点；⑥对违法犯罪的未成年人，实行教育、感化、挽救的方针，坚持教育为主、惩罚为辅的原则。D项，继承案件应当依法保护未成年人的继承权和受遗赠权，离婚案件主要涉及未成年人的监护权，没有继承问题。

6. 预防未成年人不良行为的主要措施有(　　)。

A. 专门学校建设　　B. 学校教育与管理

C. 传媒与出版物管理　　D. 社会环境监控与管理

E. 对未成年人的教育与监控

【解析】《预防未成年人犯罪法》详尽规定了预防未成年人不良行为的措施，包括：①对未成年人的教育与监控，父母或者其他监护人和学校应联合起来进行对未成年人的预防犯罪教育，预防、监控和制止他们的各种不良行为；②学校教育与管理；③社会环境监控与管理；④传媒与出版物管理。

第四节　残疾人权益保护的法规与政策

一、单项选择题(每题的备选项中，只有1个最符合题意)

1. 根据《残疾人保障法》，残疾人康复工作以(　　)为基础，康复机构为骨干，残疾人家庭为依托。[2015年真题]

A. 单位康复　　B. 社区康复　　C. 专科医院康复　　D. 综合医院康复

【解析】根据《残疾人保障法》，康复工作应当从实际出发，将现代康复技术与我国传统康复技术相结合；以社区康复为基础，康复机构为骨干，残疾人家庭为依托；以实用、易行、受益广的康复内容为重点，优先开展残疾儿童抢救性治疗和康复；发展符合康复要求的科学技术，鼓励自主创新，加强康复新技术的研究、开发和应用，为残疾人提供有效的康复服务。

2. 王某，7岁，轻微智障，即将入甲小学学习。根据《残疾人保障法》等相关法律，甲小学及所在地政府对王某应当(　　)。[2013年真题]

A. 提供免费教科书，免收学费　　B. 只收教科书费，免收学费

C. 提供免费教科书，减收学费　　D. 减收教科书费，免收学费

【解析】《残疾人保障法》第二十一条规定，国家、社会、学校和家庭对残疾儿童、少年实施义务教育。国家对接受义务教育的残疾学生免收学费，提供免费教科书，并给予寄宿生活费等费用补助。对接受义务教育以外其他教育的残疾学生按照国家有关规定给予资助。

3. 某企业有900名在职职工。根据《残疾人就业条例》，该企业安排残疾职工的人数不得少于(　　)人，否则应缴纳残疾人就业保障金。[2012年真题]

A. 9　　B. 14　　C. 18　　D. 23

【解析】《残疾人就业条例》第八条规定，用人单位应当按照一定比例安排残疾人就业，并为其提供适当的工种、岗位。用人单位安排残疾人就业的比例不得低于本单位在职职

6BCDE　▎　1B　2A　3B

工总数的1.5%。具体比例由省、自治区、直辖市人民政府根据本地区的实际情况规定。故本题中，该企业应安排的残疾职工人数不得少于：900×1.5%=13.5(人)，即不少于14人。

4. 甲省某企业上年度在职职工600人，其中残疾人4人，包括持有《残疾人证》(2级)和《残疾军人证》(3级)的残疾人各一名。上年度该企业在职职工平均工资为5万元，所在地职工平均工资为5.5万元。甲省规定该省用人单位安排残疾人就业的比例不得低于本单位在职职工总数的1.5%。根据《残疾人就业条例》和《残疾人就业保障金征收使用管理办法》，该企业应当缴纳的残疾人就业保障金最低为(　　)万元。[2017年真题]

A. 10　　B. 15　　C. 16.5　　D. 25

【解析】《残疾人就业条例》第九条规定，用人单位安排残疾人就业达不到其所在地省、自治区、直辖市人民政府规定比例的，应当缴纳残疾人就业保障金。根据《残疾人就业保障金征收使用管理办法》第七条，用人单位安排1名持有《中华人民共和国残疾人证》(1至2级)或《中华人民共和国残疾军人证》(1至3级)的人员就业的，按照安排2名残疾人就业计算。则根据题中情况，该企业相当于安排了6名残疾人就业。又保障金计算公式为：保障金年缴纳额=(上年用人单位在职职工人数×所在地省、自治区、直辖市人民政府规定的安排残疾人就业比例－上年用人单位实际安排的残疾人就业人数)×上年用人单位在职职工年平均工资。则该企业应缴纳的残疾人就业保障金为：(600×1.5%－6)×5=15(万元)。

5. 某民营企业有意投资兴建残疾人托养服务公寓——“暖巢”，经反复论证，认为可以通过提升服务档次、扩大服务品种，实现微利或更好效益，遂决定将“暖巢”申办为营利性机构。根据《关于加快发展残疾人托养服务的意见》，下列关于“暖巢”享受扶持政策的说法，正确的是(　　)。[2016年真题]

A. 可以接受单位捐赠，不得接受个人捐赠

B. 与公办残疾人托养机构享受相同的财政投入

C. 与非营利性残疾人托养机构享受相同土地政策

D. 用水、用电、用气、用暖，按居民价格标准收费

【解析】根据《关于加快发展残疾人托养服务的意见》，A项，要鼓励企业、事业单位、社会团体以及个人等对各类残疾人托养服务机构进行捐赠。即可以接受个人捐赠。BC两项，民间资本可按照经营目的，自主申办营利性或非营利性残疾人托养服务机构，同等性质的托养服务机构实行同样的优惠政策和扶助措施。本题中，“暖巢”属于营利性机构，不能享受同样的优惠政策和扶助措施。D项，在落实相关税收和价格政策方面，残疾人托养服务机构用水、用电、用气和用暖，按居民价格标准收费。

6. 根据《农村残疾人扶贫开发纲要(2011—2020年)》，下列关于对农村残疾人实施特别扶持的说法，正确的是(　　)。[2016年真题]

A. 建立重度残疾人免费护理制度

B. 免费为残疾人家庭实施居家无障碍改造

C. 为残疾人代缴全部的新型农村社会养老保险费

4B　5D　6D

D. 帮助符合条件的贫困残疾人参加新型农村合作医疗

【解析】根据《农村残疾人扶贫开发纲要（2011—2020 年）》的规定，对参加新型农村社会养老保险的重度残疾人，地方政府为其代缴部分或全部最低标准的养老保险费。通过农村医疗救助制度，帮助符合条件的贫困残疾人参加新型农村合作医疗，并随着筹资水平的提高，逐步提高门诊和住院报销比例，扩大报销范围。有条件的地方可适当提高对特困残疾人家庭危房改造补贴标准并实施居家无障碍改造。加强对农村贫困残疾人的救助，合理确定救助水平。鼓励有条件的地方探索建立困难残疾人生活补贴和重度残疾人护理补贴制度，扩大残疾人社会福利范围。帮助有发展生产愿望的贫困残疾人家庭选择合适项目，给予重点扶持，提供切实有效服务。

7. 下列各项属于保护残疾人劳动权的是（　　）。

A. 扶持残疾人福利性企业、事业组织

B. 通过电视、图书等反映残疾人生活

C. 国家对生活确有困难的残疾人给予救济

D. 家庭应当鼓励残疾人参加社会保险

【解析】为保障残疾人的劳动权利的实现，《残疾人保障法》和《残疾人就业条例》作了以下具体规定：①在残疾人就业方式方面，规定残疾人劳动就业实行集中与分散相结合的方针，采取优惠政策和扶持保护措施，通过多渠道、多层次、多种形式，使残疾人劳动就业逐步普及、稳定、合理。②在残疾人就业促进方面，国家对残疾人福利性企业事业组织和城乡残疾人个体劳动者，实行税收减免政策和其他扶持政策。③在残疾人就业保护和培训方面，国家保护残疾人福利性企业事业组织的财产所有权和经营自主权，其合法权益不受侵犯。B 项属于保障残疾人的文化生活权；CD 两项属于保护残疾人的社会福利权。

8. 盲人小张，有一天出去散步，被盲道上停放的一辆自行车撞倒，这侵犯了盲人小张的（　　）。

A. 环境友好权　　　　B. 社会保障权

C. 康复权　　　　D. 精神文化生活权

【解析】环境友好权是指残疾人享受平等参与社会生活的无障碍环境的权利。无障碍环境是残疾人平等参与社会生活的前提条件，包括物理环境无障碍、信息环境无障碍、公共服务无障碍和政治参与无障碍。本题中，盲人小张被盲道上停放的一辆自行车撞倒，是环境友好权遭到侵犯的表现。

二、多项选择题（每题的备选项中，有 2 个或 2 个以上符合题意，至少有 1 个错项）

1. 小顾是残疾人，自主创业，从事个体经营。根据《残疾人就业条例》，小顾可以享受的扶持政策有（　　）。［2016 年真题］

A. 税收优惠　　　　B. 小额信贷

C. 免缴土地使用费　　　　D. 免收登记类行政事业性收费

E. 免收管理类行政事业性收费

【解析】《残疾人就业条例》第十九条规定，国家鼓励扶持残疾人自主择业、自主创业。

7A　8A　｜　1ABDE

对残疾人从事个体经营的，应当依法给予税收优惠，有关部门应当在经营场地等方面给予照顾，并按照规定免收管理类、登记类和证照类的行政事业性收费。国家对自主择业、自主创业的残疾人在一定期限内给予小额信贷等扶持。

2. 根据《残疾人就业条例》，用人单位对残疾人就业承担的责任有(　　)。[2012 年真题]
   A. 按照一定比例安排残疾人就业，并为其提供适当的工种和岗位
   B. 安排残疾人就业的比例不得低于单位在职职工总数的 2.5%
   C. 安排残疾人就业达不到规定比例的，应当缴纳残疾人就业保障金
   D. 集中使用残疾人的用人单位，雇用全日制残疾职工应占在职职工总数的 15% 以上
   E. 政府兴办的残疾人福利企业，雇用全日制残疾职工应占在职职工总数的 25% 以上

【解析】根据《残疾人就业条例》，AB 两项，第八条规定，用人单位应当按照一定比例安排残疾人就业，并为其提供适当的工种、岗位。用人单位安排残疾人就业的比例不得低于本单位在职职工总数的 1.5%。C 项，第九条规定，用人单位安排残疾人就业达不到其所在地省、自治区、直辖市人民政府规定比例的，应当缴纳残疾人就业保障金。DE 两项，第十条规定，政府和社会依法兴办的残疾人福利企业、盲人按摩机构和其他福利性单位，应当集中安排残疾人就业。集中使用残疾人的用人单位的资格认定，按照国家有关规定执行。第十一条规定，集中使用残疾人的用人单位中从事全日制工作的残疾人职工，应当占本单位在职职工总数的 25% 以上。

3. 根据《残疾人保障法》的有关规定，下列关于残疾人无障碍环境建设的说法，正确的有(　　)。[2014 年真题]
   A. 无障碍设施的建设和改造应当符合残疾人实际需要
   B. 政府应当采取措施为残疾人信息交流无障碍创造条件
   C. 组织选举的部门应为残疾人选举提供便利
   D. 盲人携带的导盲犬可以出入公共场所
   E. 公共停车场都应当为残疾人设置专用的停车位

【解析】为保障残疾人的环境友好权利的实现，《残疾人保障法》作了以下具体规定：①无障碍设施的建设和改造，应当符合残疾人的实际需要。②国家采取措施，为残疾人信息交流无障碍创造条件。③公共服务机构和公共场所应当创造条件，为残疾人提供语音和文字提示、手语、盲文等信息交流服务，并提供优先服务和辅助性服务；公共交通工具应当逐步达到无障碍设施的要求；有条件的公共停车场应当为残疾人设置专用停车位。④组织选举的部门应当为残疾人参加选举提供便利；有条件的，应当为盲人提供盲文选票。E 项，法律只要求有条件的而非全部公共停车场应当为残疾人设置专用停车位。

4. 下列各项行为中，侵犯了残疾人劳动权益的有(　　)。
   A. 政府有关部门下达职工招用、聘用指标时，没有确定一定数额用于残疾人
   B. 残疾职工所在单位不为残疾职工提供适应其特点的劳动条件和劳动保护
   C. 有关单位拒绝接收国家分配的高等学校、中等专业学校、技工学校的残疾毕业生
   D. 仅仅因为残疾而拒绝雇用有相应劳动能力的人为雇员

2ACE　3ABCD　4ABCD

E. 企业或机构拒绝雇用15岁的残疾人作为雇员

【解析】《残疾人保障法》第三十八条规定，国家保护残疾人福利性企事业组织的财产所有权和经营自主权，其合法权益不受侵犯。在职工的招用、转正、晋级、职称评定、劳动报酬、生活福利、劳动保险等方面，不得歧视残疾人。对国家分配的高等学校、中等专业学校、技工学校的残疾毕业生，有关单位不得因其残疾而拒绝接收；拒绝接收的，当事人可以要求有关部门处理，有关部门应当责令该单位接收。残疾职工所在单位，应当为残疾职工提供适应其特点的劳动条件和劳动保护。政府有关部门下达职工招用、聘用指标时，应当确定一定数额用于残疾人。《未成年人保护法》规定，除国家另有规定外，任何组织或者个人不得招用未满16周岁的未成年人。E项，15岁的残疾人为未成年人，企业或机构拒绝雇用是符合法律规定的。

5. 残疾人文化生活权的保障，主要包括(　　)。

A. 救济、补助　　B. 安置收养残疾人

C. 公共服务机构提供优先服务　　D. 帮助残疾人进行文学等创造性劳动

E. 丰富残疾人的精神文化生活

【解析】各级人民政府和有关部门鼓励、帮助残疾人参加各种文化、体育、娱乐活动，积极创造条件，丰富残疾人精神文化生活。主要包括：①国家和社会采取一定措施，丰富残疾人的精神文化生活；②国家和社会鼓励、帮助残疾人从事文学、艺术、教育、科学、技术和其他有益于人民的创造性劳动。ABC三项属于残疾人社会保障方面的内容。

5DE

第五章　我国婚姻家庭法规与政策

第一节　婚姻家庭关系法规与政策

一、单项选择题(每题的备选项中，只有1个最符合题意)

1. 《婚姻登记条例》对适用结婚登记的事项进行了规定。下列事项中，不适用该条例结婚登记规定的是(　　)。[2017年真题]

A. 初次结婚　　B. 补办结婚登记　　C. 补领结婚证　　D. 复婚

【解析】根据《婚姻登记条例》，A项，第四条第一款规定，内地居民结婚，男女双方应当共同到一方当事人常住户口所在地的婚姻登记机关办理结婚登记；B项，第八条规定，男女双方补办结婚登记的，适用本条例结婚登记的规定；D项，第十四条规定，离婚的男女双方自愿恢复夫妻关系的，应当到婚姻登记机关办理复婚登记。复婚登记适用本条例结婚登记的规定。

2. 根据《婚姻法》，下列婚姻中，属于可撤销婚姻的是(　　)。[2015年真题]

A. 重婚　　B. 近亲结婚

C. 受欺诈缔结的婚姻　　D. 受胁迫缔结的婚姻

【解析】可撤销婚姻，是指已经成立的婚姻因违反结婚的条件(主要指私益要件)，经撤销权人申请，由有权机关依法予以撤销的婚姻。因胁迫而结婚的，受胁迫的一方可以向婚姻登记机关或人民法院请求撤销该婚姻。

3. 小张和小王于2009年结婚。根据《婚姻法》及有关规定，小张所得的下列财产中，属于夫妻共同财产的是(　　)。[2015年真题]

A. 2014年小张因车祸受伤所得的医疗费15万元

B. 小张婚前个人存款在2014年取得的银行利息5.5万元

C. 小张用婚前个人存款于2012年投资建厂取得的收益25万元

D. 小张父亲于2012年去世，去世前立遗嘱留给小张的遗产12万元

【解析】夫妻共同财产是在婚姻关系存续期间所得的下列财产：①工资、奖金；②生产、经营的收益；③知识产权的收益；④继承或赠与所得的财产；⑤其他应当归共同所有的财产。其中，其他应当归共同所有的财产包括：a. 一方以个人财产投资取得的收益；b. 男女双方实际取得或者应当取得的住房补贴、住房公积金；c. 男女双方实际取得或者应当取得的养老保险金、破产安置补偿费。ABD三项均属于夫妻法定个人特有财产。

4. 刘某与妻子谢某感情不和，谢某诉请离婚。刘某因长期赌博欠表兄安某93万元赌债并打了借条，在诉讼过程中，刘某要求与谢某共同偿还这笔赌债。根据《婚姻法》和有关司法解释，下列对刘某所欠赌债的处理意见中，正确的是(　　)。[2017年真题]

A. 对刘某的主张不予支持　　B. 由刘某、谢某承担连带清偿责任

C. 由刘某、谢某按比例分别偿还　　D. 由刘某、谢某以夫妻共同财产偿还

1C　2D　3C　4A

【解析】夫妻对外债务的清偿是离婚在夫妻财产关系上的后果之一。《婚姻法》第四十一条规定，离婚时，原为夫妻共同生活所负的债务，应当共同偿还。共同财产不足清偿的，或财产归各自所有的，由双方协议清偿；协议不成时，由人民法院判决。夫妻双方约定由个人负担的债务，从其约定，但以逃避义务为目的的除外。本题中，刘某因赌博欠下的赌债不属于为夫妻共同生活所负债务，故此债务应由刘某个人偿还。

5. 根据《婚姻法》和《人民法院审理离婚案件处理子女抚养问题的若干具体意见》，下列关于离婚案件中子女抚养的说法，正确的是（　　）。［2016 年真题］

A. 夫妻离婚后，孩子的抚养关系不可变更，抚育费数额可以变更

B. 夫妻离婚后，子女抚育费的给付期限一般至子女独立生活时为止

C. 夫妻离婚时，8 周岁以上的子女，抚养归属应当征求该子女的意见

D. 夫妻离婚后，不直接抚养子女的一方享有探望子女的权利，另一方有协助的义务

【解析】A 项，离婚虽不能消除父母子女关系，但抚养方式却发生了变化，由原来的父母双方与子女共同生活、共同抚养改为由父母一方与子女生活，承担直接抚养子女的责任。据此，夫妻离婚后，孩子的抚养关系发生变更。子女的抚育费是在父母离婚时确定的，可以根据实际情况变化予以变更。B 项，子女抚养费的给付期限一般至子女 18 周岁为止。16 周岁以上不满 18 周岁，以其劳动收入为主要生活来源，并能维持当地一般生活水平的，父母可停止给付抚养费。C 项，父母双方对 10 周岁以上的未成年子女随父或随母生活发生争执的，应考虑该子女的意见。D 项，《婚姻法》第三十八条规定，离婚后，不直接抚养子女的父或母有探望子女的权利，另一方有协助的义务。

6. 甲在 3 岁时被乙（男）收养，由乙抚养成人。2010 年，甲的生父丙、养父乙先后去世，各留下若干遗产。下列关于甲生父、养父遗产法定继承的说法，正确的是（　　）。［2012 年真题］

A. 甲有权作为第一顺序法定继承人继承丙的遗产

B. 甲有权作为第二顺序法定继承人继承丙的遗产

C. 甲无权继承丙的遗产，有权继承乙的遗产

D. 甲既有权继承丙的遗产，又有权继承乙的遗产

【解析】依据《婚姻法》的规定，父母和子女是最近的直系血亲，互为第一顺序的法定继承人，相互享有继承权。这里所指的父母包括生父母、养父母和形成抚养关系的继父母；这里所指的子女包括婚生子女、非婚生子女、养子女和形成抚养关系的继子女。需要指出的是：养父母与养子女有相互继承遗产的权利，但养子女无权继承生父母的遗产。本题中，甲被乙收养，产生了新的权利义务关系，和丙的权利义务关系解除，甲有权继承乙的财产，无权继承丙的财产。

7. 根据《婚姻法》，人民法院审理的以下离婚案件，经调解无效，符合准予离婚法定情形的是（　　）。［2014 年真题］

A. 小丽与公婆关系冷漠并时有争执，丈夫起诉离婚，小丽以感情未破裂为由不同意

B. 小云的丈夫是军人，双方聚少离多，感情日益冷淡，小云起诉离婚，丈夫以感情未破裂为由不同意

5D　6C　7D

C. 小强长期无业，家庭经济压力较大，妻子起诉离婚，小强以感情未破裂为由不同意

D. 小军沉溺赌博屡教不改，妻子起诉离婚，小军以感情未破裂为由不同意

【解析】人民法院审理离婚案件，应当进行调解；如感情确已破裂，调解无效，应准予离婚。《婚姻法》列举了常见的四类具体离婚原因，作为认定夫妻感情确已破裂、判决准予离婚的法定情形：①重婚或有配偶者与他人同居的；②实施家庭暴力或虐待、遗弃家庭成员的；③有赌博、吸毒等恶习屡教不改的；④因感情不和分居满 2 年的。D 项，小军有赌博恶习屡教不改，应准予离婚。

8. 公民有结婚和离婚的自由。下列男方提出离婚的情形中，符合法律规定的是(　　)。[2011 年真题]

A. 男方在女方怀孕期间提出离婚

B. 男方在女方分娩后 1 年内提出离婚

C. 男方在女方中止妊娠后 6 个月内提出离婚

D. 男方在女方失业后 3 个月内提出离婚

【解析】《婚姻法》规定，女方在怀孕期间、分娩后 1 年内或中止妊娠后 6 个月内，男方不得提出离婚。女方提出离婚的，或人民法院认为确有必要受理男方离婚请求的，不在此限。

9. 根据《婚姻法》，法院处理离婚后哺乳期内的子女抚养问题，应当以(　　)为原则。[2013 年真题]

A. 随哺乳的母亲抚养　　B. 随有住房的一方抚养

C. 随收入高的一方抚养　　D. 随离婚中无过错一方抚养

【解析】《婚姻法》规定，离婚后，父母对于子女仍有抚养和教育的权利和义务。离婚后，哺乳期内的子女，以随哺乳的母亲抚养为原则；哺乳期后的子女，如双方因抚养问题发生争执不能达成协议时，由人民法院根据子女的权益和双方的具体情况判决。父母双方对 10 周岁以上的未成年子女随父或随母生活发生争执的，应考虑该子女的意见。

10. 根据《婚姻法》，下列关于离婚损害赔偿请求权人的说法，正确的是(　　)。[2012 年真题]

A. 只有原告有权请求离婚损害赔偿

B. 只有被告有权请求离婚损害赔偿

C. 只有无过错方有权请求离婚损害赔偿

D. 过错方有权请求离婚损害赔偿

【解析】离婚损害赔偿是指配偶一方因法定的过错行为而给他方造成物质或精神上的损害并导致离婚的，在离婚时，无过错方有权请求离婚损害赔偿。《婚姻法》规定，夫妻婚姻关系存续期间，因一方重婚或与他人同居、实施家庭暴力或虐待遗弃家庭成员而导致离婚的，无过错方有权请求损害赔偿。

11. 根据《婚姻法》的规定，夫妻双方如果没有就财产进行约定，在婚姻关系存续期间所得的下列财产中，不属于夫妻共同所有的是(　　)。

A. 一方所得的工资和奖金　　B. 一方从事生产经营的收益

8D　9A　10C　11D

C. 一方婚后写作并出版的专著的稿酬　　D. 一方因身体受到伤害获得的医疗费

【解析】夫妻法定个人特有财产是指夫妻依据法律规定或双方约定，各自享有财产所有权的财产，包括：夫妻一方所有的婚前财产；因一方身体受到伤害而获得的医疗费、残疾人生活补助费等费用；遗嘱或赠与合同中指明归一方的财产；一方专用的生活用品；其他应当归一方所有的财产。

12. 根据《婚姻法》，下列关于父母子女权利义务关系的说法中，错误的是(　　)。

A. 子女不履行赡养义务时，生活困难的父母有要求子女付给赡养费的权利

B. 父母对子女的抚养义务是无条件的，子女对父母的赡养义务也是无条件的

C. 父母不履行抚养义务时，不能独立生活的子女有要求父母付给抚养费的权利

D. 父母有保护和教育未成年子女的权利和义务

【解析】B 项，父母对成年子女的抚养义务是有条件的，一般情况下，父母抚养子女到 18 周岁为止，对 18 周岁以上的成年子女不再负担抚养义务，但对尚在校接受高中及其以下学历教育，或者丧失或未完全丧失劳动能力等非因主观原因而无法维持正常生活的成年子女，仍有抚养的义务。

13. 小周的丈夫张某是现役军人，两人结婚多年。现小周提出离婚。根据《婚姻法》，下列关于小周提出离婚要求的说法中，正确的是(　　)。

A. 小周要求离婚必须征得张某同意

B. 小周要求离婚无须征得张某同意

C. 如果张某有重大过错，小周要求离婚无须征得张某同意

D. 小周要求与张某离婚必须征得张某所在部队的同意

【解析】《婚姻法》规定，现役军人的配偶要求离婚，须征得军人同意，但军人一方有重大过错的除外。军人一方有重大过错是指具有以下情形之一：①重婚或有配偶者与他人同居的；②实施家庭暴力或虐待、遗弃家庭成员的；③有赌博、吸毒等恶习屡教不改的。该规定是对非军人一方离婚请求权的限制性规定，是对现役军人的特殊保护。

14. 张某是一名无业游民，经常聚众闹事。偶然在 KTV 遇见了晓琳，随即展开追求，可是晓琳始终不同意。张某气急败坏，于是威胁晓琳，如果不跟他结婚就会报复她的家人。晓琳担心家人受到伤害，不得已嫁给了张某。婚后不幸的生活使晓琳想到离婚，(　　)有权提出离婚。

A. 只有晓琳　　B. 晓琳及其家人　　C. 基层组织　　D. 公安机关

【解析】因胁迫而结婚的，受胁迫的一方可以向婚姻登记机关或人民法院请求撤销该婚姻。因受胁迫而请求撤销婚姻的，只能是受胁迫一方的婚姻关系当事人本人。受胁迫的一方请求撤销婚姻的，应当自结婚登记之日起 1 年内提出。被非法限制人身自由的当事人请求撤销婚姻的，应当自恢复人身自由之日起 1 年内提出。

二、多项选择题(每题的备选项中，有 2 个或 2 个以上符合题意，至少有 1 个错项)

1. 根据《婚姻法》，下列条件中，属于结婚必备条件的有(　　)。[2016 年真题]

A. 双方父母同意　　B. 达到法定婚龄

12B　13C　14A　┃　1BDE

C. 具有夫妻生活能力　　　　D. 男女双方完全自愿

E. 符合一夫一妻的基本原则

【解析】结婚的条件，即结婚的实质要件，包括结婚的必备条件和结婚的禁止条件。结婚的必备条件是当事人结婚时必须具备的法定条件，结婚的禁止条件是当事人结婚时必须排除的结婚障碍。结婚的必备条件包括：①必须男女双方完全自愿；②必须达到法定婚龄；③必须符合一夫一妻的基本原则。结婚的禁止条件包括：①禁止直系血亲和三代以内旁系血亲结婚。②禁止患有特定疾病的人结婚。

2. 王老太与周某育有二子大强与小强，周某去世后，王老太改嫁村民孙某，并育有二女大梅与小梅。大强与小强由叔叔抚养成人，现已各自成家。无经济来源的王老太一直与大梅及其上门女婿一家共同生活。现王老太突发重病，大梅希望兄弟姊妹共同赡养母亲并分担母亲医药费用，但多次协商未果。关于王老太赡养及医药费的说法，错误的有(　　)。[2013 年真题]

A. 大强称母亲没有抚养自己且已改嫁，自己没有赡养义务

B. 小强称自己家庭困难，不应承担赡养母亲的义务

C. 大梅称以往自己照顾母亲多，今后母亲的赡养是其他三兄妹的义务

D. 小梅称嫁出去的女儿没有赡养和支付母亲医药费的义务

E. 四兄妹可以签订赡养义务协议，并征得王老太的同意

【解析】《婚姻法》规定，赡养扶助的义务主体是有独立生活能力的成年子女，未成年子女不是父母的赡养义务人。子女对父母的赡养扶助是法定的义务，不得附加任何条件，不得以放弃继承权或者其他理由拒绝履行赡养扶助义务。子女不履行赡养义务时，无劳动能力的或生活困难的父母，有要求子女付给赡养费的权利。

3. 根据《婚姻法》，人民法院审理离婚案件时，无过错方请求离婚损害赔偿应得到法院支持的情形有(　　)。[2010 年真题]

A. 一方与他人同居的　　　　B. 一方有赌博恶习屡教不改的

C. 一方实施家庭暴力的　　　　D. 一方遗弃家庭成员的

E. 一方重婚的

【解析】离婚损害赔偿是指配偶一方因法定的过错行为而给他方造成物质或精神上的损害并导致离婚的，在离婚时，无过错方有权请求离婚损害赔偿。无过错方有权请求损害赔偿的条件是夫妻婚姻关系存续期间，因一方重婚或与他人同居、实施家庭暴力或虐待遗弃家庭成员而导致离婚的。

4. 根据《婚姻法》，下列关于离婚时夫妻双方财产处理的说法，正确的有(　　)。[2014 年真题]

A. 夫妻为共同生活所负债务，由借款一方负责偿还

B. 夫妻书面约定婚姻关系存续期间所得的财产归各自所有，离婚后双方均无权向对方请求补偿

C. 离婚时，如一方生活困难，另一方应从其个人财产中给予适当帮助

D. 夫或妻在家庭土地承包经营中享有的权益，应当依法予以保护

2ABCD　3ACDE　4CDE

E. 分割夫妻共同财产时，既要维护男女平等原则，又要保障妇女和儿童的合法权益

【解析】A 项，根据《婚姻法》规定，离婚时，原为夫妻共同生活所负的债务，应当共同偿还；B 项，夫妻书面约定婚姻关系存续期间所得的财产归各自所有，一方因抚育子女、照料老人、协助另一方工作等付出较多义务的，离婚时有权向另一方请求补偿，另一方应当予以补偿。

5. 某省小张(男)和小李(女)恋爱多年，近期准备结婚，下列说法错误的有(　　)。

A. 小张和小李按当地风俗举办婚礼后即确立夫妻关系

B. 小张和小李应当到小张常住户口所在地的婚姻登记机关办理登记

C. 小张和小李必须亲自到婚姻登记机关办理结婚登记

D. 小张确因有事可书面委托小李到婚姻登记机关代为办理结婚登记

E. 小张和小李到婚姻登记机关办理结婚登记，取得结婚证即确立夫妻关系

【解析】A 项，结婚登记是结婚的法定程序，男女双方只有到法律规定的机关履行结婚登记程序，其婚姻才具有法律效力。结婚证是结婚登记机关签发的证明婚姻关系成立的法律文书。取得结婚证，即确立夫妻关系。B 项，男女双方应当共同到一方当事人常住户口所在地的婚姻登记机关办理结婚登记，因此，一方当事人可以是男女双方任一方，而不一定到小张的户口所在地办理。D 项，申请办理结婚登记时，请求结婚的男女双方必须亲自到婚姻登记机关提出结婚申请，不得由他人代理。

6. 关于申请登记离婚的条件，下列说法正确的有(　　)。

A. 双方当事人必须有合法的夫妻身份

B. 双方当事人必须都是自愿同意离婚

C. 双方当事人可以不用亲自到场办理离婚登记

D. 双方当事人必须能对自己的行为负责

E. 双方当事人必须对离婚后子女抚养、财产分割等问题达成书面协议

【解析】依据《婚姻法》和《婚姻登记条例》的规定，登记离婚必须符合的法定条件有：①双方自愿离婚。当事人双方须有离婚的合意，双方对离婚的意愿必须是自愿、真实、一致的。②双方对子女和财产问题已有适当处理。离婚不仅是解除夫妻人身关系，对夫妻财产关系也会产生相应的影响，同时还会涉及子女的抚养教育问题。因此，登记离婚时，双方必须对夫妻共同财产分割、债务清偿以及子女的抚养教育等问题作出恰当、合理的安排，并达成一致的协议。

7. 齐某(男)与张某(女)于 2008 年结婚时签订书面财产协议，约定婚后各自所得财产归各自所有。2010 年双方生育一女。2012 年 6 月起，齐某因双方感情不和，到外地工作，一直未回。照顾孩子、料理家务均由张某完成。2016 年 8 月，张某以夫妻感情不和、长期两地分居为由向法院起诉离婚，张某下列诉讼请求应得到法院支持的有(　　)。

A. 张某认为自己在 2008 年约定财产时考虑不周，应确认财产协议无效

B. 张某在生活中付出较多义务，齐某应当予以补偿

C. 张某夫妇因感情不和分居已满 4 年，法院调解无效应准予离婚

D. 齐某对家庭付出少，应给予张某适当经济帮助

5ABD　6ABDE　7BC

E. 齐某对孩子照顾少，离婚后无权要求抚养女儿

【解析】B 项，根据《婚姻法》，夫妻书面约定婚姻关系存续期间所得的财产归各自所有，一方因抚育子女、照料老人、协助另一方工作等付出较多义务的，离婚时有权向另一方请求补偿，另一方应当予以补偿。C 项，人民法院审理离婚案件，应当进行调解；如感情确已破裂，调解无效，应准予离婚，因感情不和分居满 2 年的属于认定夫妻感情确已破裂、判决准予离婚的四种法定情形之一。A 项，夫妻对婚姻关系存续期间所得的财产以及婚前财产的约定，对双方具有约束力。张某结婚时签订书面财产协议是其个人真实意愿的表达，并不存在协议无效的情形。D 项，离婚经济帮助制度是指在离婚时一方无法维持当地基本生活水准处于生活困难境地的，由另一方从其个人财产中给予适当帮助的制度。E 项，父母与子女间的关系，不因父母离婚而消除。离婚后，子女无论由父或母直接抚养，仍是父母双方的子女。离婚后，父母对于子女仍有抚养和教育的权利和义务。

第二节　收养关系法规与政策

一、单项选择题（每题的备选项中，只有 1 个最符合题意）

1. 根据《收养法》，下列不满 14 周岁的未成年人中，可以被收养的是（　　）。[2016 年真题]

   A. 小明，父母均身患重病，无力抚养

   B. 小芳，父母健在，但重男轻女，想生男孩

   C. 小红，住院治疗期间，父母弃之不顾，联系不上

   D. 小兰，母亲去世，父亲外出打工，现由外祖父母抚养

   【解析】根据《收养法》第四条，不满 14 周岁的未成年人符合以下情形之一的，可以被收养：①丧失父母的孤儿；②查找不到生父母的弃婴和儿童；③生父母有特殊困难无力抚养的子女。

2. 根据《收养法》，监护人送养未成年孤儿的，须征得有抚养义务的人同意。有抚养义务的人不同意送养，监护人不愿意继续履行监护职责的，应当依法（　　）。[2017 年真题]

   A. 变更监护人　　B. 由社会福利机构抚养

   C. 由有抚养义务的人抚养　　D. 由有抚养义务的人收养

   【解析】依据《收养法》的规定，孤儿的监护人送养未成年孤儿的，必须事先征得对其有抚养义务的人的同意。有抚养义务的人不同意送养，监护人不愿意继续履行监护职责的，应当依照《民法通则》的规定变更监护人。

3. 孙某丧妻，因身体残疾无力抚养儿子小强。考虑到孩子的生活和教育，孙某决定将其送给他人收养。下列人员中，具有优先抚养权的是（　　）。[2013 年真题]

   A. 小强的老师，有稳定的工资收入　　B. 小强的外公，在农村以种地为生

   C. 小强的姑姑，城市白领，无子女　　D. 孙某的同学，地城商人，育有一女

   【解析】根据《收养法》的规定，生父母应履行抚养教育子女的义务，除确有特殊困难无力抚养子女的情况外，不得随意送养子女。有特殊困难无力抚养子女的生父母，必须双

1A　2A　3B

方共同送养。如果生父母一方下落不明或查找不到的，可以单方送养。配偶一方死亡，另一方送养未成年子女的，死亡一方的父母有优先抚养的权利。

4. 根据《收养法》规定，收养子女可以不受收养人无子女和收养 1 名限制的情形是(　　)。[2015 年真题]
   A. 收养孤儿
   B. 无配偶男性收养女童
   C. 收养三代以内同辈旁系血亲的子女
   D. 收养生父母有特殊困难无力抚养的儿童

   【解析】《收养法》第八条规定，收养人只能收养一名子女。收养孤儿、残疾儿童或者社会福利机构抚养的查找不到生父母的弃婴和儿童，可以不受收养人无子女和收养一名的限制。

5. 孤儿小红，女，15 岁。下列人员中，具备收养小红条件的是(　　)。[2013 年真题]
   A. 小红的小姨，29 岁，国企职工，育有一女
   B. 小红的舅舅，45 岁，私企老板，无子女
   C. 小红的义父，50 岁，无配偶，外企员工，无子女
   D. 小红的伯伯，50 岁，残疾，无自理能力，无子女

   【解析】根据《收养法》的规定，收养人应当同时具备的条件有：①无子女；②有抚养教育被收养人的能力；③未患有在医学上认为不应当收养子女的疾病；④年满 30 周岁。此外，《收养法》还对收养人的条件作了特殊规定：①基于伦理道德的考虑，规定无配偶的男性收养女性的，收养人与被收养人的年龄应当相差 40 周岁以上；②为有利于作为收养人的夫妻关系和家庭和睦，规定有配偶者收养子女须夫妻共同收养。同时，收养三代以内同辈旁系血亲的子女，可以不受《收养法》第四条第三项、第五条第三项、第九条和被收养人不满 14 周岁的限制。A 项，小红的小姨未年满 30 周岁，且育有一女，不具备收养条件；C 项，小红的义父无配偶，但与小红的年龄相差未达 40 周岁以上，不具备收养条件；D 项，小红的伯伯残疾，无自理能力，没有抚养教育被收养人的能力，不具备收养条件。B 项，小红的舅舅属于收养三代以内同辈旁系血亲的子女，不受年龄相差 40 周岁以上的限制，具备收养小红的条件。

6. 根据《收养法》，收养人在被收养人成年以前，不得解除收养关系。自收养关系成立之日起，养父母与养子女之间的权利义务关系，适用法律关于(　　)的规定。[2017 年真题]
   A. 寄养关系　　B. 托养关系　　C. 亲属抚养关系　　D. 父母子女关系

   【解析】根据《收养法》规定，收养关系一经成立，便在收养人与被收养人之间确立起养父母和养子女的身份关系，他们彼此之间产生与自然血亲的父母子女关系相同的法定权利义务。养父母与养子女间的权利义务关系适用法律关于父母子女关系的规定。

7. 小王现年 30 周岁，因与养父母感情恶化，依法解除了收养关系，养父母有稳定的收入来源。根据《收养法》，下列关于小王与养父母收养关系解除效力的说法，正确的是

4A　5B　6D　7B

(　　)。[2016 年真题]

A. 养父母有权要求小王继续履行赡养义务

B. 小王与养父母的父母子女权利义务关系即行消除

C. 小王应当全额补偿父母收养期间支出的教育费

D. 只要小王每月给付养父母生活费，仍可继承养父母的遗产

【解析】B 项，收养关系解除后，养子女与养父母之间的身份即行消除，彼此不再存在父母子女之间的权利义务。

8. 小雨自幼因生父母无力抚养，被王老伯依法收养。成年后，小雨与王老伯依照协议解除了收养关系，但未与生父母恢复权利义务关系。近日，小雨生父病故，留下一笔债务。王老伯缺乏劳动能力又缺乏生活来源。根据《收养法》，小雨应当(　　)。[2014 年真题]

A. 代偿生父留下的债务

B. 给付生母生活费

C. 补偿收养期间王老伯支出的教育费

D. 给付王老伯生活费

【解析】《收养法》第三十条规定，收养关系解除后，经养父母抚养的成年养子女，对缺乏劳动能力又缺乏生活来源的养父母，应当给付生活费。因养子女成年后虐待、遗弃养父母而解除收养关系的，养父母可以要求养子女补偿收养期间支出的生活费和教育费。第二十九条规定，收养关系解除后，养子女与养父母及其他近亲属间的权利义务关系即行消除，与生父母及其他近亲属间的权利义务关系自行恢复，但成年养子女与生父母及其他近亲属间的权利义务关系是否恢复，可以协商确定。本题中，小雨应当给付王老伯生活费。

9. 根据《收养法》的规定，收养关系解除后，成年养子女与生父母间的权利义务关系(　　)。[2013 年真题]

A. 自行恢复

B. 由成年养子女确定

C. 由生父母确定

D. 可以协商确定

【解析】《收养法》规定，收养关系解除后，养子女与养父母及其他近亲属间的权利义务关系即行消除，与生父母及其他近亲属间的权利义务关系自行恢复，但成年养子女与生父母及其他近亲属间的权利义务关系是否恢复，可以协商确定。

10. 依据现行的《收养法》，下列关于送养人的说法错误的是(　　)。

A. 社会福利机构可以作为送养人

B. 配偶一方死亡，死亡一方的父母对子女有优先抚养权

C. 父母均不具备完全民事能力的，监护人可以决定送养

D. 生父母一方去向不明，另一方可以单独送养

【解析】《收养法》第五条规定，下列公民、组织可以作送养人，包括：①孤儿的监护人；②社会福利机构；③有特殊困难无力抚养子女的生父母。第十条规定，生父母送养子女时必须共同送养，除非生父母一方下落不明或查找不到，可以单方送养。第十八条规定，配偶一方死亡，另一方送养未成年子女的，死亡一方的父母有优先抚养的

8D　9D　10C

权利。C 项，《收养法》第十二条规定，未成年人的父母均不具备完全民事行为能力的，该未成年人的监护人不得将其送养，但父母对该未成年人有严重危害可能的除外。

11. 蒋某(男)想收养弟弟的女儿小玉为养女。根据《收养法》的规定，蒋某的收养行为应当符合的条件是(　　)。

A. 蒋某与小玉的年龄应当相差 40 周岁以上

B. 小玉不满 14 周岁

C. 小玉的生父母有特殊困难无力抚养小玉

D. 蒋某未患有医学上认为不应当收养子女的疾病

【解析】根据《收养法》第七条的规定，收养三代以内同辈旁系血亲的子女，可以不受以下条件的限制：①生父母有特殊困难无力抚养的子女；②有特殊困难无力抚养子女的生父母；③无配偶的男性收养女性时，收养人与被收养人的年龄应当相差 40 周岁以上；④被收养人不满 14 周岁。收养人只需满足一般的收养条件即可。

12. 八岁女孩小娟，父亲车祸身亡，母亲因特殊困难无力抚养小娟。祖父母要求抚养小娟，但母亲以他们年纪太大为由拒绝，并将小娟送养给一位 50 岁单身男士。在小娟的收养抚养问题上，小娟母亲违反了《收养法》中的(　　)原则。

A. 家庭成员共同送养　　B. 单身男性收养女性的年龄差距

C. 夫妻共同收养　　D. 死亡一方父母有优先抚养权利

【解析】《收养法》第十八条规定，配偶一方死亡，另一方送养未成年子女的，死亡一方的父母有优先抚养的权利。

13. 小兵 3 岁时被刘某夫妇依法收养，并与他们共同生活至参加工作。今年 7 月，小兵胞弟因车祸去世，小兵生父母考虑到自己没有其他子女，提出让小兵赡养，养父母刘某夫妇坚决反对。下列关于小兵与生父母、养父母权利义务关系的说法中，正确的是(　　)。

A. 小兵有赡养生父母和养父母的义务

B. 小兵没有赡养生父母和养父母的义务

C. 小兵有赡养生父母的义务，没有赡养养父母的义务

D. 小兵有赡养养父母的义务，没有赡养生父母的义务

【解析】《收养法》第二十三条规定，自收养关系成立之日起，养父母与养子女间的权利义务关系，适用法律关于父母子女关系的规定；养子女与养父母的近亲属间的权利义务关系，适用法律关于子女与父母的近亲属关系的规定。养子女与生父母及其他近亲属间的权利义务关系，因收养关系的成立而消除。

二、多项选择题(每题的备选项中，有 2 个或 2 个以上符合题意，至少有 1 个错项)

1. 甲乙夫妇二人在一次车祸中双双致残，生活均不能自理，无力抚养 6 岁的女儿丙，欲将丙送与他人收养。邻居丁(男)，53 岁，单身，无子女，欲收养丙，并与甲乙订立了收养协议。下列关于丁收养丙的说法，正确的有(　　)。[2012 年真题]

A. 丁与甲乙夫妇订立收养协议，应当征求丙的意见

11D　12D　13D　▌　1CDE

B. 丁与甲乙夫妇订立收养协议后，收养关系即正式成立

C. 丁与丙间的年龄差符合无配偶男性收养女性的法律规定

D. 收养关系成立后，丙与甲乙之间的权利义务关系消除

E. 收养关系成立后，丙与丁产生父母子女间的权利义务关系

【解析】A 项，收养关系的成立，必须有当事人之间的合意。收养人收养与送养人送养，必须双方自愿。收养年满 10 周岁以上未成年人的，应当征得被收养人的同意。本题中，丙未满 10 周岁，不需要征求丙的意见。B 项，办理收养登记是收养关系成立的必经程序。收养关系自登记之日起成立。C 项，有关收养人的特殊要求为：基于伦理道德的考虑，规定无配偶的男性收养女性的，收养人与被收养人的年龄应当相差 40 周岁以上。DE 两项，收养关系一经成立，便在收养人与被收养人之间确立起养父母和养子女的身份关系，他们彼此之间产生与自然血亲的父母子女关系相同的法定权利义务。收养关系的成立导致养子女与生父母之间的权利义务关系消除，以及养子女与生父母的近亲属间的权利义务关系也消除等法律后果。

2. 下列不满 14 周岁的未成年人中，可以被合法收养的有(　　)。[2013 年真题]

A. 父母双亡的孤儿小刚

B. 生父去世、生母再婚的小芳

C. 幼年被拐、查找不到生父母的小慧

D. 父母离婚且均不愿承担抚养义务的小兵

E. 父母身体残疾、生活困难无抚养能力的小明

【解析】《收养法》第四条规定，下列不满 14 周岁的未成年人可以被收养：①丧失父母的孤儿；②查找不到生父母的弃婴和儿童；③生父母有特殊困难无力抚养的子女。

3. 根据《收养法》，生父母送养子女，须符合的条件包括(　　)。[2015 年真题]

A. 生父母自愿送养

B. 生父母双方共同送养

C. 生父母有特殊困难无力抚养子女

D. 生父母患有传染性疾病在传染期内

E. 生父母一方下落不明或查找不到的，可以单方送养

【解析】生父母应履行抚养教育子女的义务，除确有特殊困难无力抚养子女的情况外，不得随意送养子女。有特殊困难无力抚养子女的生父母，必须双方共同送养。如果生父母一方下落不明或查找不到的，可以单方送养。配偶一方死亡，另一方送养未成年子女的，死亡一方的父母有优先抚养的权利。未成年人的父母均不具备完全民事行为能力的，该未成年人的监护人不得将其送养，但父母对该未成年人有严重危害可能的除外。

4. 蒋某夫妇依法收养小兵，并将其抚养成人。小兵结婚后，妻子小丽与蒋某夫妇关系紧张，导致小兵与蒋某夫妇关系恶化，无法共同生活。蒋某夫妇提出与小兵解除收养关系。下列关于双方收养关系解除的说法，正确的有(　　)。

A. 双方可以协议解除收养关系

B. 蒋某夫妇可以口头单方面解除收养关系

2ACE　3BCE　4AD

C. 蒋某夫妇可以书面通知形式解除收养关系

D. 双方不能达成解除协议的，可以向人民法院起诉

E. 双方不得解除收养关系

【解析】根据《收养法》规定，养子女成年后，养父母与成年养子女关系恶化、无法共同生活的，可以协议解除收养关系。协议解除须符合法定条件，履行法定程序。协议解除的程序有：①申请。当事人协议解除收养关系的，应当到民政部门办理解除收养关系的登记。②审查。收养登记机关收到解除收养关系登记申请及有关材料后，应当根据《收养法》等有关法律法规的规定进行审查。③登记。收养登记机关经过审查，对符合《收养法》规定的解除条件的，准予其解除，为当事人办理解除收养关系的登记，收回收养登记证，发给解除收养关系证明。养父母与成年养子女关系恶化，无法共同生活的，养父母与成年养子女不能达成解除收养关系协议的，双方均可向人民法院起诉解除收养关系。

第三节 财产继承法规与政策

一、单项选择题(每题的备选项中，只有1个最符合题意)

1. 老周有大周、小周两个儿子，小周在年幼时被他人依法收养。2009年，离异多年的老周与王某再婚，王某有一个已成年的儿子小利。2015年6月，大周及其子均得病去世，留下老周曾孙小明。老周于2015年11月去世，无遗嘱。根据《继承法》，老周下列亲人中，有权继承老周遗产的是(　　)。[2016年真题]

A. 小周、王某　　B. 小周、小明　　C. 小明、王某　　D. 小利、王某

【解析】《继承法》第五条规定，继承开始后，按照法定继承办理；有遗嘱的，按照遗嘱继承或者遗赠办理；有遗赠扶养协议的，按照协议办理。本题中，老周无遗嘱或遗赠扶养协议，故应按照法定继承办理。根据《继承法》第十条和第十二条的规定，法定继承人范围包括：配偶、子女、父母、兄弟姐妹、祖父母、外祖父母以及对公、婆或岳父、岳母尽了主要赡养义务的丧偶儿媳、女婿。子女，包括婚生子女、非婚生子女、养子女和有扶养关系的继子女。本题中，王某是老周的配偶，其有权继承老周的遗产。老周与王某再婚时小利已经成年，其与老周不存在扶养关系，故无权继承。老周的儿子大周先于被继承人老周死亡，将发生代位继承，而代位继承人取得遗产时不受辈数限制，被继承人的孙子女、外孙子女、曾孙子女、曾外孙子女都可代位继承。故老周的曾孙小明可以继承老周的遗产。《收养法》第二十三条第二款规定，养子女与生父母及其他近亲属间的权利义务关系，因收养关系的成立而消除。小周因年幼时被他人收养而与老周之间的父子关系终止，其无权继承老周的遗产。

2. 老李夫妇育有一子一女，其子常年居住国外，其女儿女婿遭遇车祸离世。老李夫妇与孙子一起生活，外孙女时常前来看望。日前，老李因病去世。根据《继承法》，下列人员中，无权继承老李遗产的是(　　)。[2014年真题]

A. 老李的儿子　　B. 老李的孙子　　C. 老李的老伴　　D. 老李的外孙女

【解析】《继承法》第十条规定，遗产继承顺序为：①第一顺序：配偶、子女、父母；②第二顺序：兄弟姐妹、祖父母、外祖父母。第十一条规定，被继承人的子女先于被继

1C　2B

承人死亡的，由被继承人的子女的晚辈直系血亲代位继承。代位继承人一般只能继承他的父亲或者母亲有权继承的遗产份额。本题中，老李的外孙女属于代位继承人，老李的孙子则不属于法定继承人。

3. 根据《继承法》，下列继承人的行为中，能够导致继承人丧失继承权的行为是(　　)。[2015 年真题]

A. 藏匿遗嘱　　B. 遗弃被继承人

C. 谩骂羞辱被继承人　　D. 因拆迁补偿款纠纷杀害其他继承人

【解析】继承权的丧失是指继承人因对被继承人或者其他继承人犯有某种违法犯罪行为，而被依法取消继承被继承人遗产的资格。继承权丧失的原因主要有：①故意杀害被继承人的；②为争夺遗产而杀害其他继承人的；③遗弃被继承人或者虐待被继承人情节严重的；④伪造、篡改或者销毁遗嘱，情节严重的。

4. 2000 年，索某与蒋某结婚，双方均为再婚。索某与前妻育有一子小强 8 岁；蒋某与前夫育有一儿一女，儿子小峰 9 岁，女儿小敏 6 岁。婚后，索某夫妇一直与小强、小峰共同生活，小敏一直与其生父共同生活。2013 年索某意外身亡。根据《继承法》，索某遗产的法定继承人是(　　)。[2014 年真题]

A. 小强一人　　B. 小强、蒋某二人

C. 小强、蒋某、小峰三人　　D. 小强、蒋某、小峰、小敏四人

【解析】《继承法》规定，继承人的范围包括：配偶、子女、父母、兄弟姐妹、祖父母、外祖父母以及对公、婆或岳父、岳母尽了主要赡养义务的丧偶儿媳、女婿。其中，子女包括婚生子女、非婚生子女、养子女和有扶养关系的继子女。本题中，小敏与索某并没有扶养关系，所以不属于索某的法定继承人。

5. 老王夫妇婚后多年不育，依法收养女婴招娣后，生下一对龙凤胎天天和亮亮。儿女成人后，老王的老伴离世，老王与蔡女士再婚。蔡女士的儿子大刚已成家立业，支持母亲再婚，时常来探望母亲。而天天、亮亮反对父亲再婚，很少回家看望老王。年初，老王突发脑梗塞去世，生前未订立遗嘱。老王遗产应由(　　)继承。[2014 年真题]

A. 蔡女士、招娣、天天、亮亮　　B. 蔡女士、大刚、天天、亮亮

C. 蔡女士、招娣、大刚　　D. 大刚、天天、亮亮

【解析】根据《继承法》第十条，第一顺序继承人包括：配偶、子女(包括婚生子女、非婚生子女、养子女和有扶养关系的继子女)、父母。蔡女士是配偶，天天和亮亮是婚生子女，招娣是养女，因此有继承权。第十三条第四款规定，有扶养能力和有扶养条件的继承人，不尽扶养义务的，分配遗产时，应当不分或者少分。本题中，天天和亮亮反对父亲再婚，很少回家看望父亲，并不代表未尽扶养义务。而大刚没有和老王构成有扶养关系的父子，故不能继承老王的遗产。

6. 根据《继承法》，夫妻一方死亡，另一方再婚且不赡养死亡一方父母的，对所继承的死亡一方的遗产，(　　)。[2017 年真题]

A. 再婚一方无权处分　　B. 再婚一方有权处分

3B　4C　5A　6B

C. 按转继承重新处分 D. 按法定继承重新处分

【解析】根据《继承法》第三十条规定，夫妻一方死亡后另一方再婚的，有权处分所继承的财产，任何人不得干涉。

7. 老马早年丧妻，有两子一女。2015 年 5 月，老马去世，其生前分别于 2009 年、2011 年、2013 年先后依法订立自书遗嘱、公证遗嘱和代书遗嘱各一份，将自己的一套住房处分给不同的子女，三份遗嘱相互冲突。根据《继承法》，老马的住房继承应当按照(　　)办理。[2016 年真题]

A. 自书遗嘱 B. 公证遗嘱 C. 代书遗嘱 D. 法定继承

【解析】根据《最高人民法院关于贯彻执行〈中华人民共和国继承法〉若干问题的意见》第四十二条规定，遗嘱人以不同形式立有数份内容相抵触的遗嘱，其中有公证遗嘱的，以最后所立公证遗嘱为准；没有公证遗嘱的，以最后所立的遗嘱为准。

8. 根据《继承法》，伪造、篡改遗嘱情节严重的，丧失继承权；遗嘱继承人丧失遗嘱继承权的，原该继承人所应继承的遗产按(　　)处理。[2017 年真题]

A. 遗嘱 B. 转继承 C. 法定继承 D. 代位继承

【解析】根据《继承法》第二十七条规定，有下列情形之一的，遗产中的有关部分按照法定继承办理：①遗嘱继承人放弃继承或者受遗赠人放弃受遗赠的；②遗嘱继承人丧失继承权的；③遗嘱继承人、受遗赠人先于遗嘱人死亡的；④遗嘱无效部分所涉及的遗产；⑤遗嘱未处分的遗产。

9. 根据《继承法》，继承人继承遗产，应当清偿被继承人依法应当缴纳的税款和债务。缴纳税款和清偿债务以(　　)为限。[2017 年真题]

A. 继承人财产的实际价值 B. 被继承人遗产的实际价值

C. 税款和债务的实际额度 D. 被继承人遗嘱确定的清偿额度

【解析】被继承人债务的清偿原则包括有限责任原则和连带责任原则，其中，有限责任原则是指继承人继承遗产应当清偿被继承人依法应当缴纳的税款和债务，缴纳税款和清偿债务以被继承人的遗产实际价值为限。超过遗产实际价值的部分，继承人自愿偿还的不在此限。

10. 老赵夫妇育有一子小明，后又依法收养一名孤儿小亮。近日，老赵与父母赴高原旅游途中，老赵不幸遭遇雪崩去世。根据《继承法》，小明有权继承老赵遗产的(　　)。

A. 全部 B. 1/2 C. 1/3 D. 1/5

【解析】《继承法》第十条规定，遗产按照下列顺序继承：①第一顺序：配偶、子女、父母；②第二顺序：兄弟姐妹、祖父母、外祖父母。继承开始后，由第一顺序继承人继承，第二顺序继承人不继承。没有第一顺序继承人继承的，由第二顺序继承人继承。子女，包括婚生子女、非婚生子女、养子女和有抚养关系的继子女。父母，包括生父母、养父母和有扶养关系的继父母。兄弟姐妹，包括同父母的兄弟姐妹、同父异母或者同母异父的兄弟姐妹、养兄弟姐妹、有扶养关系的继兄弟姐妹。第十三条第一款规定，同一顺序继承人继承遗产的份额，一般应当均等。题中，法定第一继承人有老赵

7B 8C 9B 10D

妻子、小明、小亮及老赵父母，五人应均分财产。

11. 黄某前年 11 月突发精神病，患病期间独自订立一份遗嘱。经治疗，黄某病情好转，于去年 12 月康复，但他在康复后并未撤销或变更遗嘱。今年 8 月，黄某因病去世。下列关于该遗嘱效力的说法中，正确的是(　　)。

A. 遗嘱无效，因为无民事行为能力人所立的遗嘱无效

B. 遗嘱无效，因为黄某订立遗嘱时没有见证人

C. 遗嘱有效，因为公民有权订立遗嘱处分个人财产

D. 遗嘱有效，因为黄某康复后没有撤销或变更遗嘱

【解析】根据《继承法》的规定，立遗嘱人必须具有遗嘱能力。遗嘱能力是指遗嘱人设立遗嘱的行为能力。订立遗嘱的行为要求立遗嘱人具有完全的民事行为能力。无行为能力人或者限制行为能力人所立的遗嘱无效。本题中，黄某在立遗嘱时突发精神病，属于无民事行为能力人，故所立遗嘱无效。

12. 曲某(男)有两个儿子。去年 5 月，曲某因与次子发生口角后怒气冲冲离开家，在马路上不幸被车撞倒，生命垂危。在医院抢救时，曲某考虑到自己的情况危急，当着两个儿子和三名护士的面交代：“我死后的全部财产留给大儿子”。后经全力抢救，曲某脱离危险并逐渐好转，两个月后康复出院。今年 2 月，曲某因病去世。曲某两子就能否继承遗产的问题发生纠纷。关于曲某次子继承权问题，以下说法正确的是(　　)。

A. 曲某次子无权继承遗产，因为曲某口头遗嘱交代遗产由长子继承

B. 曲某次子有权继承遗产，因为他是法定继承人，曲某无权立遗嘱剥夺他的继承权

C. 曲某次子有权继承遗产，因为曲某在危急情况解除后没有另立遗嘱

D. 曲某次子无权继承遗产，因为曲某与次子争吵导致曲某发生车祸

【解析】《继承法》第十七条规定，遗嘱人在危急情况下，可以立口头遗嘱。口头遗嘱应当有两个以上见证人在场见证。危急情况解除后，遗嘱人能够用书面或者录音形式立遗嘱的，所立的口头遗嘱无效。本题中，曲某脱离危险康复出院后有能力再立书面或录音形式的遗嘱，所以之前的口头遗嘱无效，其次子有权继承其遗产。

13. 关于遗嘱继承的基本要求，以下陈述正确的是(　　)。

A. 遗嘱可以处分遗嘱人及其配偶的财产

B. 立遗嘱时应事先征得法定继承人的同意

C. 遗嘱继承优先于法定继承

D. 限制行为能力的人也可以设立遗嘱

【解析】A 项，遗嘱是指死者生前依据法律的规定，对其个人财产及其有关的其他事物所做出的安排，并在其死后发生法律效力的一种民事法律行为。遗嘱不可以处分配偶的财产。B 项，《继承法》第十六条规定，公民可以立遗嘱将个人财产指定由法定继承人的一人或数人继承。公民立遗嘱时不需要事先征得法定继承人的同意。C 项，《继承法》第五条规定，继承开始后，按照法定继承办理；有遗嘱的，按照遗嘱继承或遗赠办理。因此，遗嘱继承优先于法定继承。D 项，《继承法》第二十二条第一款规定，无行为能力人或者限制行为能力人所立的遗嘱无效。

11A　12C　13C

14. 下列关于遗赠扶养协议的表述，错误的是(　　)。

A. 扶养人可以是公民也可以是集体经济组织

B. 协议中规定扶养人承担遗赠人生养死葬的义务

C. 遗嘱的法律效力优先于遗赠扶养协议

D. 扶养人无正当理由不履行义务，不能享有受遗赠的权利

【解析】C 项，遗赠扶养协议具有最优先适用的法律效力。遗赠扶养协议的法律效力优先于遗嘱。

二、多项选择题(每题的备选项中，有 2 个或 2 个以上符合题意，至少有 1 个错项)

1. 根据《继承法》，下列财产中，可以作为遗产继承的有(　　)。[2011 年真题]

A. 公民的房屋　　B. 公民的土地承包经营权

C. 公民的林木　　D. 公民著作权中的署名权

E. 公民的牲畜

【解析】《继承法》第三条规定，遗产是公民死亡时遗留的个人合法财产，包括：①公民的收入；②公民的房屋、储蓄和生活用品；③公民的林木、牲畜和家禽；④公民的文物、图书资料；⑤法律允许公民所有的生产资料；⑥公民的著作权、专利权中的财产权利；⑦公民的其他合法财产。

2. 老张夫妇育有一儿一女，儿子定居国外，日常生活由女儿照料。去年“五一”期间，老张夫妇和女儿旅游时遭遇交通事故，老张的老伴、女儿死亡，老张生命危急。在医生和护士的见证下，老张立口头遗嘱将个人财产赠给孙子和外孙女。经医院全力抢救，老张转危为安，身体逐步康复。女儿去世后，女婿再婚并离开老张。今年五月，老张突发心脏病病故。下列人员中，可作为老张遗产第一顺序继承人的有(　　)。[2013 年真题]

A. 老张的儿子　B. 老张的孙子　C. 老张的外孙女　D. 老张的女婿

E. 老张的儿媳

【解析】《继承法》第十条规定，遗产按照下列顺序继承：第一顺序：配偶、子女、父母。第二顺序：兄弟姐妹、祖父母、外祖父母。继承开始后，由第一顺序继承人继承，第二顺序继承人不继承。没有第一顺序继承人继承的，由第二顺序继承人继承。第十一条规定，被继承人的子女先于被继承人死亡的，由被继承人的子女的晚辈直系血亲代位继承。代位继承人一般只能继承他的父亲或者母亲有权继承的遗产份额。第十七条规定，遗嘱人在危急情况下，可以立口头遗嘱。口头遗嘱应当有两个以上见证人在场见证。危急情况解除后，遗嘱人能够用书面或者录音形式立遗嘱的，所立的口头遗嘱无效。本题中，老张遗产第一顺序继承人有：老张的儿子和老张的外孙女，儿子是法定继承人，外孙女是代位继承人。

3. 郑阿姨中年丧偶，含辛茹苦地将三个儿子拉扯成人。大儿子成年结婚后生下大孙子。大儿子、小儿子和母亲性格不合，很少与母亲来往，孝顺的二儿子因车祸身亡，二儿媳和其女小萌主动长期照料郑阿姨生活起居，大孙子也经常探望郑阿姨。郑阿姨生前订立遗嘱，将遗产的一半留给二儿媳。下列人员中，有权法定继承郑阿姨另一半遗产的有(　　)。[2014 年真题]

14C　▎　1ABCE　2AC　3ABCD

A. 郑阿姨的大儿子　　B. 郑阿姨的小儿子

C. 郑阿姨的二儿媳　　D. 郑阿姨的孙女小萌

E. 郑阿姨的大孙子

【解析】我国《继承法》规定的法定继承人范围包括：配偶、子女、父母、兄弟姐妹、祖父母、外祖父母以及对公、婆或岳父、岳母尽了主要赡养义务的丧偶儿媳、女婿。此外，《继承法》规定，丧偶的儿媳对公婆和丧偶的女婿对岳父母尽了主要赡养义务的，可以作为第一顺序法定继承人，继承公婆或岳父母的遗产。需要指出的是，孙子女、外孙子女不属于祖父母、外祖父母的法定继承人，但他们可以通过代位继承方式取得其祖父母、外祖父母的遗产。代位继承是被继承人的子女先于被继承人死亡，由被继承人子女的晚辈直系血亲代替被继承人的子女继承被继承人遗产的一项法定继承制度。代位继承只适用于法定继承。丧偶儿媳和丧偶女婿作为法定继承人时不影响其子女代位继承。本题中，有权法定继承郑阿姨另一半遗产的有郑阿姨的大儿子、小儿子、二儿媳及孙女小萌。

4. 老丁年事已高，有三子一女，老丁欲订立遗嘱处分个人财产。依据《继承法》，下列关于老丁订立遗嘱的说法，正确的有(　　)。[2014 年真题]

A. 老丁可以立遗嘱指定遗嘱执行人

B. 老丁可以立遗嘱将财产赠给国家

C. 老丁可以立遗嘱将财产指定由长子和次子继承

D. 老丁可以立遗嘱指定由法定继承人以外的人继承

E. 老丁可以立遗嘱指定由遗赠扶养协议的扶养人继承

【解析】《继承法》第十六条规定，公民可以立遗嘱将个人财产指定由法定继承人的一人或数人继承。公民可以立遗嘱将个人财产赠给国家、集体或者法定继承人以外的人。遗嘱人可以指定法定继承人中的一人或数人执行自己的遗嘱。遗嘱人也可以在遗嘱中指定法定继承人之外的人作为遗嘱执行人。DE 两项，公民立遗嘱将个人财产赠给法定继承人以外的人，或公民与扶养人签订遗赠扶养协议，两者在性质上都属于遗赠，而不是继承。

5. 遗产继承包括法定继承、遗嘱继承和遗赠等方式。根据《继承法》，下列情形中，遗产的有关部分应当按照原继承关系中的法定继承办理的有(　　)。[2017 年真题]

A. 受遗赠人在继承开始后取得遗产前死亡的

B. 遗嘱继承人在继承开始后取得遗产前死亡的

C. 为胎儿保留了继承份额，但胎儿出生时是死体的

D. 遗产处理前遗产继承人未作出是否接受表示的

E. 受遗嘱人在知道受遗嘱后两个月内未作出是否接受表示的

【解析】根据《继承法》及其相关司法解释，有下列情形之一的，遗产中的有关部分按照法定继承办理：①遗嘱继承人放弃继承或者受遗赠人放弃受遗赠的；②遗嘱继承人丧失继承权的；③遗嘱继承人、受遗赠人先于遗嘱人死亡的；④遗嘱无效部分所涉及的遗产；⑤遗嘱未处分的遗产。A 项，继承开始后，受遗赠人表示接受遗赠，并于遗产分割

4ABC　5CE

前死亡的，其接受遗赠的权利移转给他的继承人。B项，继承开始后，继承人没有表示放弃继承，并于遗产分割前死亡的，其继承遗产的权利移转给他的合法继承人。C项，为胎儿保留的遗产份额，如胎儿出生后死亡的，由其继承人继承；如胎儿出生时就是死体的，由被继承人的继承人继承。D项，继承开始后，继承人放弃继承的，应当在遗产处理前作出放弃继承的表示。没有表示的，视为接受继承。E项，受遗赠人应当在知道受遗赠后两个月内，作出接受或者放弃受遗赠的表示。到期没有表示的，视为放弃受遗赠。

6. 根据《继承法》及有关规定，下列关于遗产分割时胎儿继承问题的说法，正确的有(　　)。[2015年真题]

A. 遗产分割时，应当保留胎儿的继承份额

B. 胎儿出生后死亡的，为胎儿保留的份额由胎儿的继承人继承

C. 胎儿出生时是死体的，为胎儿保留的份额由被继承人的继承人继承

D. 应当为胎儿保留的遗产份额没有保留的，应由继承人相互协商返还

E. 应当为胎儿保留的遗产份额没有保留的，应从继承人所继承的遗产中扣回

【解析】财产分割中保留胎儿继承份额的原则规定，遗产分割时，应当保留胎儿的继承份额。应当为胎儿保留的遗产份额没有保留的，应从继承人所继承的遗产中扣回。为胎儿保留的遗产份额，如胎儿出生后死亡的，由其继承人继承；如胎儿出生时就是死体的，由被继承人的继承人继承。

7. 陈某与前妻夏某离婚后，又在1997年与蔡某结婚，婚后生育一子小刚。2004年陈某从北京到深圳工作。2015年1月，陈某因车祸身亡，死前没有订立遗嘱。经查，陈某从2006年起在深圳与杨某(女)同居，生育一子小强。根据《继承法》的规定，陈某遗产的法定继承人包括(　　)。

A. 夏某　　B. 蔡某　　C. 小刚　　D. 杨某

E. 小强

【解析】根据《继承法》第十条规定，继承开始后，先由第一顺序继承人继承。没有第一顺序继承人或第一顺序继承人放弃继承权或丧失继承权而全部不能参加继承时，由第二顺序继承人继承。第一顺序法定继承人包括配偶、子女(包括婚生子女、非婚生子女、养子女和有扶养关系的继子女)、父母。本题中，陈某的配偶蔡某、婚生子小刚和非婚生子小强均有继承权；而前妻夏某和同居者杨某不属于法定继承人的范围，不享有继承权。

8. 下列对遗嘱形式的表述中，正确的有(　　)。

A. 公证遗嘱必须经公证机关办理

B. 自书遗嘱须由遗嘱人亲笔书写，签名，注明地点

C. 代书遗嘱应当由遗嘱人的子女或扶养人书写，并注明日期

D. 录音遗嘱应当有两个以上的见证人在场见证

E. 口头遗嘱适用于危急情况，危急情况解除后，遗嘱人能够以书面形式或录音形式立遗嘱的，所立口头遗嘱无效

6ABCE　7BCE　8ADE

【解析】B 项，自书遗嘱是立遗嘱人亲笔书写的遗嘱。自书遗嘱具有订立方便、不易伪造、不需要见证人的特点，是最常见的遗嘱方式。自书遗嘱由遗嘱人亲笔书写全部内容和签名，须注明年、月、日，不要求注明地点。C 项，代书遗嘱是由遗嘱人口授，由他人代为书写的遗嘱。遗嘱人没有书写能力或因其他原因不能亲笔书写遗嘱的，可由他人代笔制作书面遗嘱。代书遗嘱应当有两个以上见证人在场见证，由其中一人代书，注明年、月、日，并由代书人、其他见证人和遗嘱人签名。

第六章　我国人民调解、信访工作和突发事件应对法规与政策

第一节　人民调解法规与政策

一、单项选择题（每题的备选项中，只有1个最符合题意）

1. 根据《人民调解委员会组织条例》，人民调解委员会的性质是（　　）。［2012年真题］

A. 仲裁组织　　B. 政府组织　　C. 营利性组织　　D. 群众性组织

【解析】人民调解是基层群众民主自治的重要形式，人民调解委员会是群众性组织，人民调解员来自群众、代表群众、服务群众，人民调解工作是党和政府联系群众、服务群众的桥梁和纽带，是群众工作的重要组成部分。

2. 小赵与妻子因家庭矛盾屡次发生激烈冲突，经人民调解委员会调解，双方矛盾未见缓和。小赵认为夫妻双方感情确已破裂，要求离婚。鉴于调解不成，人民调解委员会终止调解，并告知小赵夫妇可以依法通过行政、司法等途径解决问题。人民调解委员会的这种做法遵循了（　　）原则。［2011年真题］

A. 防止矛盾激化　　B. 权利义务对等

C. 调解不收费　　D. 尊重当事人权利

【解析】人民调解要遵循以下原则：①依法调解原则；②自愿平等原则；③尊重当事人权利的原则。其中，尊重当事人权利的原则是指，不得因调解而阻止当事人依法通过仲裁、行政、司法等途径维护自己的权利。本题中，小赵与妻子离婚调解不成，人民调解委员会终止调解，并告知小赵夫妇可以依法通过行政、司法等途径解决问题，这种做法遵循了尊重当事人权利的原则。

3. 小李夫妇因生活琐事发生争吵并欲提出离婚诉讼，调解员老张得知后主动前去调解。小李冷静后愿意接受调解，但其妻子觉得双方感情确已破裂，明确拒绝调解。老张认为年轻人因一时冲动离婚很可惜，仍坚持要调解。根据《人民调解法》，老张的行为违反了（　　）原则。［2014年真题］

A. 依申请调解　　B. 尊重隐私

C. 当事人自愿调解　　D. 尊重当事人诉讼权利

【解析】调解只有建立在双方当事人自愿和同意的基础上，才能彻底解决当事人之间的纠纷，消除争端。自愿平等原则是人民调解的基础，贯穿整个人民调解活动的始终。自愿平等原则表现为以下几个方面：①人民调解委员会调解纠纷，必须出于双方当事人的自愿；②调解协议必须经双方当事人一致同意；③调解协议的履行必须出自当事人的自愿。

4. 小张与邻居小王因楼道堆物引发争执，小张在未取得小王同意的情况下，擅自将小王堆放在楼道内的旧报纸和空饮料瓶清除出楼道，导致矛盾进一步升级，两人所在社区调解

1D　2D　3C　4C

委员会主任老杨得知后立即派出调解员小姜前去调解。根据《人民调解法》，下列关于该争执调解的说法，正确的是(　　)。[2016 年真题]

A. 小张、小王应接受小姜调解

B. 小姜可直接邀请楼里其他邻居参与调解

C. 小王认为小姜偏袒小张，可以申请由老杨来调解

D. 小张、小王达成口头协议后，小姜应为其制作调解协议书

【解析】AC 两项，《人民调解法》第十九条规定，人民调解委员会根据调解纠纷的需要，可以指定一名或者数名人民调解员进行调解，也可以由当事人选择一名或者数名人民调解员进行调解。B 项，第二十条规定，人民调解员根据调解纠纷的需要，在征得当事人的同意后，可以邀请当事人的亲属、邻里、同事等参与调解，也可以邀请具有专门知识、特定经验的人员或者有关社会组织的人员参与调解。D 项，第二十八条规定，经人民调解委员会调解达成调解协议的，可以制作调解协议书。当事人认为无需制作调解协议书的，可以采取口头协议方式，人民调解员应当记录协议内容。

5. 范某和王某发生邻里纠纷，有矛盾激化的可能，人民调解委员会派人民调解员小冯进行调解。根据《人民调解法》，下列做法错误的是(　　)。[2015 年真题]

A. 范某和王某提出要求更换调解员小冯

B. 王某因个人原因，提出终止调解的意愿

C. 范某要求再增加一名人民调解员进行调解

D. 小冯出于邻里和睦的考虑，阻止范某向人民法院提起诉讼

【解析】《人民调解法》规定，当事人在参与调解活动的过程中享有广泛的民事权利，具体包括四个方面：①选择或者接受人民调解员。当事人既可以接受人民调解委员指定的调解员，也可以选择自己喜欢和信任的调解员。②接受调解、拒绝调解或者要求终止调解。当事人可以接受人民调解委员会的调解，也可以拒绝调解，在调解活动进行过程中，还可以随时要求终止调解，充分尊重当事人的意愿。③要求调解公开进行或者不公开进行。④自主表达意愿、自愿达成调解协议。D 项，调解员应尊重当事人的权利，不得因调解而阻止当事人依法通过仲裁、行政、司法等途径维护自己的权利，这是调解工作必须遵守的原则，也是人民调解的保障。

6. 赵亮为备考音乐学院，每晚 9 ~ 11 点在家练习架子鼓。楼下老张夫妇不堪其扰，多次与赵亮父母沟通遭拒，两家关系紧张。社区居委会调解委员会的陈阿姨得知情况后，主动调解。下列关于调解两家矛盾的说法，正确的是(　　)。

A. 赵亮父母要是不同意调解，陈阿姨不能调解

B. 陈阿姨无须征求两家意见，可直接调解

C. 一旦达成调解协议，两家必须履行，不得反悔

D. 老张若想通过法院起诉赵亮父母，必须先经过陈阿姨的调解

【解析】AB 两项，人民调解委员会调解纠纷，必须出于双方当事人的自愿。C 项，通过调解委员的调解，双方当事人达成调解协议后，对于如何履行协议，履行协议的时间、地点、方式、方法等，都必须在当事人自觉自愿的情况下进行，而不允许强制执行。D

5D　6A

项，调解、仲裁、行政或司法途径都是当事人可以选择的维护自身合法权益的有效途径。当事人有权利选择利用哪种途径主张权利和维护自身合法利益。当事人有权利选择是否采用调解解决方案。

7. 张某和李某因小事起争执大打出手，李某因此受伤住院，花费了一笔医疗费。两人找来人民调解委员会的王阿姨帮忙调解，最终双方达成协议，由张某赔偿李某3500元。后来张某在赔偿方法上有不同的想法，不愿按照李某的提议来，李某因此申请法院强制执行。社区里的人对于张某会不会被强制执行说法不一，下列说法正确的是(　　)。

A. 应该强制执行，因为人民调解一旦达成，将具有法律效力，双方必须执行

B. 不应该强制执行，因为人民调解达成后必须在当事人自觉自愿的情况下进行，而不允许强制执行

C. 应该强制执行，因为李某是受害者，属于弱势群体，法律理应保护

D. 不应该强制执行，因为李某也是打架的参与者，也有责任，如果李某只是被打法院则应支持

【解析】通过人民调解委员的调解，双方当事人达成调解协议后，对于如何履行协议，履行协议的时间、地点、方式、方法等，都必须在当事人自觉自愿的情况下进行，而不允许强制执行。这是人民调解委员会调解与人民法院调解的本质区别。人民法院的调解是诉讼内的调解，是人民法院行使审判权的一种方式，它是以国家的强制力作保证的。对于人民法院已生效的调解协议，如果负有义务的一方当事人拒绝履行义务，享有权利的一方当事人有权以调解协议为根据，要求人民法院强制执行。

二、多项选择题(每题的备选项中，有2个或2个以上符合题意，至少有1个错项)

1. 根据《人民调解法》，下列关于当事人在调解中的权利和义务的说法中，正确的有(　　)。[2017年真题]

A. 当事人应当如实陈述纠纷事实　　B. 当事人如接受调解，不得终止

C. 当事人可以选择自己信任的调解员　　D. 当事人应当尊重对方当事人行使权利

E. 调解是否公开，要尊重当事人的意愿

【解析】当事人在调解中的权利包括：①选择或者接受人民调解员；②接受调解、拒绝调解或者要求终止调解；③要求调解公开进行或者不公开进行；④自主表达意愿、自愿达成调解协议。当事人在调解中的义务包括：①如实陈述纠纷事实；②遵守调解现场秩序，尊重人民调解员；③尊重对方当事人行使权利。

2. 根据《人民调解法》，下列关于人民调解程序的说法，正确的有(　　)。[2013年真题]

A. 当事人一方明确拒绝调解的，人民调解委员会不得调解

B. 调解民间纠纷，应当及时、就地进行，防止矛盾激化

C. 人民调解员应当记录调解情况

D. 当事人双方经过自愿协商并达成协议后，才能结束调解

E. 征得当事人同意后，人民调解员可以按需要邀请具有专门知识的人参与调解

【解析】A项，《人民调解法》第十七条规定，当事人一方明确拒绝调解的，不得调解。B项，第二十一条规定，调解民间纠纷，应当及时、就地进行，防止矛盾激化。C项，第

7B　▎　1ACDE　2ABCE

二十七条规定，人民调解员应当记录调解情况。人民调解委员会应当建立调解工作档案，将调解登记、调解工作记录、调解协议书等材料立卷归档。D项，结束调解分两种情况：①在调解会上，纠纷当事人双方在平等协商、互谅互让的基础上提出纠纷解决方案，自愿达成调解协议，调解成立而结束调解；②纠纷当事人双方经过反复协商不能达成协议，调解不能成立而结束调解。E项，第二十条规定，人民调解员根据调解纠纷的需要，在征得当事人的同意后，可以邀请当事人的亲属、邻里、同事等参与调解，也可以邀请具有专门知识、特定经验的人员或者有关社会组织的人员参与调解。

3. 根据《人民调解法》，下列关于经人民调解委员会调解达成的调解协议的说法，正确的有(　　)。[2015年真题]

A. 人民法院依法确认调解协议无效的，当事人可以向人民法院提起诉讼

B. 双方当事人可自调解协议生效之日起60日内向人民法院申请司法确认

C. 调解协议书需由双方当事人向人民法院申请司法确认后，才具有法律约束力

D. 当事人之间就调解协议的履行发生争议的，一方当事人可以向人民法院提起诉讼

E. 当事人认为无需制作调解协议书的，可采取口头协议方式，人民调解员应当记录协议内容

【解析】A项，人民法院依法确认调解协议无效的，当事人可以通过人民调解方式变更原调解协议或者达成新的调解协议，也可以向人民法院提起诉讼。B项，经人民调解委员会调解达成调解协议后，双方当事人认为有必要的，可以自调解协议生效之日起30日内共同向人民法院申请司法确认，人民法院应当及时对调解协议进行审查，依法确认调解协议的效力。C项，经人民调解委员会调解达成的调解协议，具有法律约束力，当事人应当按照约定履行。人民调解委员会应当对调解协议的履行情况进行监督，督促当事人履行约定的义务。D项，经人民调解委员会调解达成调解协议后，当事人之间就调解协议的履行或者调解协议的内容发生争议的，一方当事人可以向人民法院提起诉讼。E项，经人民调解委员会调解达成调解协议的，可以制作调解协议书。当事人认为无须制作调解协议书的，可以采取口头协议方式，人民调解员应当记录协议内容。

4. 人民调解与法院调解的共同点表现在(　　)。

A. 均由第三者主持调解

B. 均需遵循“自愿、合法”原则

C. 前者不可以强制执行，而后者可以

D. 均具有法律上的强制性

E. 均通过说服教育的方式解决纠纷

【解析】人民法院的调解是诉讼内的调解，是人民法院行使审判权的一种方式，它是以国家的强制力作保证的。对于人民法院已生效的调解协议，如果负有义务的一方当事人拒绝履行义务，享有权利的一方当事人有权以调解协议为根据，要求人民法院强制执行。人民调解委员会作为排难解纷的群众性自治组织，不能强迫当事人达成调解协议，也不能强迫当事人履行调解协议。

3ADE　4AB

第二节 信访工作法规与政策

一、单项选择题(每题的备选项中，只有1个最符合题意)

1. 根据《信访条例》，下列信访人的行为中，正确的是( )。[2017年真题]

A. 钱某与本村村民6人共同就征地补偿问题到信访工作机构走访

B. 魏某因对村民委员会选举结果不满，串联其他村民到信访机构走访

C. 冯某就本村村委会主任贪腐问题前往乡人民政府信访接待场所走访

D. 王某为达到信访目的，将生活不能自理的母亲弃留在信访接待场所

【解析】A项，《信访条例》第十八条规定，多人采用走访形式提出共同的信访事项的，应当推选代表，代表人数不得超过5人。BD两项，第二十条规定，信访人在信访过程中应当遵守法律法规，不得损害国家、社会、集体的利益和其他公民的合法权利，自觉维护社会公共秩序和信访秩序，不得有下列行为：①在国家机关办公场所周围、公共场所非法聚集，围堵、冲击国家机关，拦截公务车辆，或者堵塞、阻断交通的；②携带危险物品、管制器具的；③侮辱、殴打、威胁国家机关工作人员，或者非法限制他人人身自由的；④在信访接待场所滞留、滋事，或者将生活不能自理的人弃留在信访接待场所的；⑤煽动、串联、胁迫、以财物诱使、幕后操纵他人信访或者以信访为名借机敛财的；⑥扰乱公共秩序、妨害国家和公共安全的其他行为。

2. 根据《信访条例》，下列关于信访事项办理的说法，正确的是( )。[2016年真题]

A. 信访事项应当自受理之日起90日内办结

B. 信访事项依法延长办理期限不得超过30日

C. 信访人对处理意见不服的，可以自收到书面答复之日起30日内请求复核

D. 信访人对复核意见不服的，可以自收到书面答复之日起30日内请求复查

【解析】AB两项，《信访条例》第三十三条规定，信访事项应当自受理之日起60日内办结；情况复杂的，经本行政机关负责人批准，可以适当延长办理期限，但延长期限不得超过30日，并告知信访人延期理由。C项，第三十四条规定，信访人对行政机关作出的信访事项处理意见不服的，可以自收到书面答复之日起30日内请求原办理行政机关的上一级行政机关复查。收到复查请求的行政机关应当自收到复查请求之日起30日内提出复查意见，并予以书面答复。D项，第三十五条规定，信访人对复查意见不服的，可以自收到书面答复之日起30日内向复查机关的上一级行政机关请求复核。收到复核请求的行政机关应当自收到复核请求之日起30日内提出复核意见。

3. 根据《信访条例》，下列关于县级以上人民政府信访工作机构受理信访事项的说法，正确的是( )。[2014年真题]

A. 对情况重大、紧急的信访事项，应当及时提出建议，报请上级人民政府决定

B. 对涉及下级行政机关的信访事项，应当直接转送有权处理的行政机关，并抄送本级人民政府

C. 对收到的信访事项，应当予以登记，并区分情况于30日内予以处理

D. 对依法应当通过诉讼、仲裁等法定途径解决的信访事项，不予受理，但应告知信访

1C 2B 3D

人依法向有关机关提出

【解析】A 项，对依照法定职责属于本级人民政府或者其工作部门处理决定的信访事项，应当转送有权处理的行政机关；情况重大、紧急的，应当及时提出建议，报请本级人民政府决定。B 项，信访事项涉及下级行政机关或者其工作人员的，按照“属地管理、分级负责，谁主管、谁负责”的原则，直接转送有权处理的行政机关，并抄送下一级人民政府信访工作机构。C 项，县级以上人民政府信访工作机构收到信访事项，应当予以登记，并区分情况，在 15 日内分别予以处理。D 项，对已经或者依法应当通过诉讼、仲裁、行政复议等法定途径解决的，不予受理，但应当告知信访人依照有关法律、行政法规规定程序向有关机关提出。

4. 某行政机关收到所属事业单位职工李某的信访事项后，不能当场答复是否受理。根据《信访条例》，该行政机关应当(　　)告知李某是否受理。[2013 年真题]

A. 在 10 天内通过电话方式　　B. 在 16 天内用电子邮件方式

C. 在 15 天内以挂号信形式书面　　D. 在 15 天内当面口头

【解析】根据《信访条例》第二十二条的规定，有关行政机关收到信访事项后，能够当场答复是否受理的，应当当场书面答复；不能当场答复的，应当自收到信访事项之日起 15 日内书面告知信访人。但是，信访人的姓名(名称)、住址不清的除外。

5. 涉及两个或者两个以上行政机关的信访事项，由所涉及的行政机关协商受理；受理有争议的，由(　　)决定受理机关。

A. 人民法院　　B. 人民检察院

C. 其共同的上一级行政机关　　D. 公安机关

【解析】涉及两个或者两个以上行政机关的信访事项，由所涉及的行政机关协商受理；受理有争议的，由其共同的上一级行政机关决定受理机关。应当对信访事项作出处理的行政机关分立、合并、撤销的，由继续行使其职权的行政机关受理；职责不清的，由本级人民政府或者其指定的机关受理。

二、多项选择题(每题的备选项中，有 2 个或 2 个以上符合题意，至少有 1 个错项)

1. 根据《信访条例》，下列关于信访事项的说法，正确的有(　　)。[2015 年真题]

A. 信访人提出信访事项，一般应当采用书信、电子邮件、传真等书面形式

B. 信访人提出投诉请求的，应载明信访人的姓名(名称)、住址和请求、事实、理由

C. 多人采用走访形式提出共同信访事项的，应推选代表，代表人数不得超过 3 人

D. 信访人采用走访形式提出信访事项的，应当到有关机关设立或者指定的接待场所提出

E. 信访事项已经受理或者正在办理的，信访人在规定期限内向受理、办理机关的上级机关再提出同一信访事项的，该上级机关不予受理

【解析】《信访条例》对信访事项的提出做出了规定：①信访人提出信访事项，一般应当采用书信、电子邮件、传真等书面形式；信访人提出投诉请求的，还应当载明信访人的姓名(名称)、住址和请求、事实、理由。②信访人采用走访形式提出信访事项，应当根据信访事项的性质和管辖层级，到依法有权处理的本级或上一级机关设立或者指定的接

4C　5C　▎　1ABDE

待场所提出。信访事项已经受理或者正在办理的，信访人在规定期限内向受理、办理机关的上级机关再提出同一信访事项的，该上级机关不予受理。多人采用走访形式提出共同的信访事项的，应当推选代表，代表人数不得超过 5 人。

2. 甲市某小区周边商业配套设施不到位，生活极其不便，该小区的几十户居民准备推选居民代表，采用走访的形式向甲市人民政府反映情况。根据《信访条例》，下列他们拟推选走访代表的人数，符合规定的有(　　)名。［2016 年真题］

A. 2　　B. 3　　C. 5　　D. 6

E. 7

【解析】《信访条例》第十八条第二款规定，多人采用走访形式提出共同的信访事项的，应当推选代表，代表人数不得超过 5 人。

3. 信访人应当自觉遵守社会公共秩序和信访秩序。根据《信访条例》，信访人在信访过程中不得有(　　)的行为。［2011 年真题］

A. 4 人集体走访　　B. 拦截公务车辆

C. 堵塞阻断交通　　D. 携带危险物品

E. 要求受理机关按期答复

【解析】根据《信访条例》规定，信访人在信访过程中应当遵守法律法规，不得损害国家、社会、集体的利益和其他公民的合法权利，自觉维护社会公共秩序和信访秩序，不得有下列行为：①在国家机关办公场所周围、公共场所非法聚集，围堵、冲击国家机关，拦截公务车辆，或者堵塞、阻断交通的；②携带危险物品、管制器具的；③侮辱、殴打、威胁国家机关工作人员，或者非法限制他人人身自由的；④在信访接待场所滞留、滋事，或者将生活不能自理的人弃留在信访接待场所的；⑤煽动、串联、胁迫、以财物诱使、幕后操纵他人信访或者以信访为名借机敛财的；⑥扰乱公共秩序、妨害国家和公共安全的其他行为。

4. 受理和办理是信访工作的重要环节，根据《信访条例》，在受理信访事项的过程中，如造成严重后果，信访行政机关责任人应受到处罚的情形是(　　)。［2010 年真题］

A. 对收到的信访事项不按规定登记的

B. 对收到的信访事项未能及时向社会公布的

C. 对属于其法定职权范围的信访事项不予受理的

D. 未在规定期限内书面告知信访人是否受理信访事项的

E. 对前来反映情况的信访人态度不好的

【解析】《信访条例》第四十二条规定，负有受理信访事项职责的行政机关在受理信访事项过程中违反本条例的规定，有下列情形之一的，由其上级行政机关责令改正；造成严重后果的，对直接负责的主管人员和其他直接责任人员依法给予行政处分：①对收到的信访事项不按规定登记的；②对属于其法定职权范围的信访事项不予受理的；③行政机关未在规定期限内书面告知信访人是否受理信访事项的。

5. 县级以上人民政府信访工作机构发现有关行政机关有下列(　　)情形的，应当及时督办。

2ABC　3BCD　4ACD　5BCDE

A. 有正当理由未按规定的办理期限办结信访事项的

B. 未按规定反馈信访事项办理结果的

C. 未按规定程序办理信访事项的

D. 办理信访事项推诿、敷衍、拖延的

E. 不执行信访处理意见的

【解析】《信访条例》第三十六条规定，县级以上人民政府信访工作机构发现有关行政机关有下列情形之一的，应当及时督办，并提出改进建议：①无正当理由未按规定的办理期限办结信访事项的；②未按规定反馈信访事项办理结果的；③未按规定程序办理信访事项的；④办理信访事项推诿、敷衍、拖延的；⑤不执行信访处理意见的；⑥其他需要督办的情形。

第三节　突发事件应对法规与政策

一、单项选择题（每题的备选项中，只有 1 个最符合题意）

1. 根据《突发事件应急预案管理办法》，下列关于突发事件应急预案管理的说法中，正确的是(　　)。［2017 年真题］

A. 专项应急预案至少每 5 年进行一次演练

B. 编制应急预案应当在开展风险评估和应急资源调查基础上进行

C. 政府部门在应急预案印发 30 个工作日后报送本级人民政府备案

D. 政府及其部门应急预案分为专项应急预案、单位和基层组织应急预案两类

【解析】A 项，《突发事件应急预案管理办法》第二十二条规定，专项应急预案、部门应急预案至少每 3 年进行一次应急演练；C 项，第二十条规定，应急预案审批单位应当在应急预案印发后的 20 个工作日内向有关单位备案；D 项，第六条规定，应急预案按照制定主体划分，分为政府及其部门应急预案、单位和基层组织应急预案两大类。

2. 某足球联赛决赛后，双方球迷发生恶性群殴事件，致使数名球迷受伤，近万民观众滞留现场，所在区人民政府及有关部门获悉后立即着手采取应急处置措施。根据《突发事件应对法》，公安机关应采取的应急处置措施是(　　)。［2016 年真题］

A. 保障食品、饮用水等基本生活必需品的供应

B. 从严惩处哄抢财物、干扰破坏应急处置工作的行为

C. 强制隔离以暴力行为参与冲突的当事人，妥善解决现场纠纷和争端

D. 组织公民参加应急救援和处置工作，要求具有特定专长的人员提供服务

【解析】《突发事件应对法》第五十条规定，社会安全事件发生后，组织处置工作的人民政府应当立即组织有关部门并由公安机关针对事件的性质和特点，依照有关法律、行政法规和国家其他有关规定，采取下列一项或者多项应急处置措施：①强制隔离使用器械相互对抗或者以暴力行为参与冲突的当事人，妥善解决现场纠纷和争端，控制事态发展；②对特定区域内的建筑物、交通工具、设备、设施以及燃料、燃气、电力、水的供应进行控制；③封锁有关场所、道路，查验现场人员的身份证件，限制有关公共场所内的活动；④加强对易受冲击的核心机关和单位的警卫，在国家机关、军事机关、国家通

1B　2C

讯社、广播电台、电视台、外国驻华使领馆等单位附近设置临时警戒线；⑤法律、行政法规和国务院规定的其他必要措施。严重危害社会治安秩序的事件发生时，公安机关应当立即依法出动警力，根据现场情况依法采取相应的强制性措施，尽快使社会秩序恢复正常。ABD 三项属于自然灾害、事故灾难或者公共卫生事件发生后应采取的应急处置措施。

3. 二级自然灾害、事故灾难和公共卫生事件的预警级别，可以用(　　)颜色标系。

A. 橙色　　B. 黄色　　C. 红色　　D. 蓝色

【解析】可以预警的自然灾害、事故灾难和公共卫生事件的预警级别，按照突发事件发生的紧急程度、发展势态和可能造成的危害程度分为一级、二级、三级和四级，分别用红色、橙色、黄色和蓝色标示，一级为最高级别。

4. 履行统一领导职责或者组织处置突发事件的人民政府在事后恢复与重建中的义务不包括(　　)。

A. 继续执行应急处置措施

B. 采取必要措施防止发生次生、衍生事件

C. 请求上一级政府支持恢复重建工作

D. 制定善后工作计划并组织实施

【解析】《突发事件应对法》第五十八条规定，突发事件的威胁和危害得到控制或者消除后，履行统一领导职责或者组织处置突发事件的人民政府应当停止执行依照本法规定采取的应急处置措施，同时采取或者继续实施必要措施，防止发生自然灾害、事故灾难、公共卫生事件的次生、衍生事件或者重新引发社会安全事件。

二、多项选择题(每题的备选项中，有 2 个或 2 个以上符合题意，至少有 1 个错项)

1.《突发事件应对法》规定，自然灾害、事故灾难或者公共卫生事件发生后，履行统一领导职责的人民政府可以采取下列(　　)应急处置措施。

A. 组织营救和救治受害人员，疏散、撤离并妥善安置受到威胁的人员以及采取其他救助措施

B. 迅速控制危险源，标明危险区域，封锁危险场所，划定警戒区，实行交通管制以及其他控制措施

C. 强制隔离使用器械相互对抗或者以暴力行为参与冲突的当事人，妥善解决现场纠纷和争端，控制事态发展

D. 组织公民参加应急救援和处置工作，要求具有特定专长的人员提供服务

E. 保障食品、饮用水、燃料等基本生活必需品的供应

【解析】C 项，社会安全事件发生后，组织处置工作的人民政府应当立即组织有关部门并由公安机关针对事件的性质和特点，依照有关法律、行政法规和国家其他有关规定，采取强制隔离使用器械相互对抗或者以暴力行为参与冲突的当事人，妥善解决现场纠纷和争端，控制事态发展等措施。C 项属于社会安全事件发生后的应急处置措施。

2. 地方各级人民政府违反《突发事件应对法》规定，有下列(　　)情形之一的，根据情节

3A　4A　▎　1ABDE　2ADE

对直接负责的主管人员和其他直接责任人员依法给予处分。

A. 迟报、谎报、瞒报、漏报有关突发事件的信息，造成后果的

B. 未按规定及时发布突发事件警报、采取预警期的措施，但没有造成损害发生的

C. 按规定及时采取措施处置突发事件，但仍造成损害后果的

D. 截留、挪用、私分或者变相私分应急救援资金、物资的

E. 未按规定采取预防措施，导致发生突发事件，或者未采取必要的防范措施，导致发生次生、衍生事件的

【解析】地方各级人民政府和县级以上各级人民政府有关部门违反《突发事件应对法》规定，不履行法定职责的，由其上级行政机关或者监察机关责令改正；有下列情形之一的，根据情节对直接负责的主管人员和其他直接责任人员依法给予处分：①未按规定采取预防措施，导致发生突发事件，或者未采取必要的防范措施，导致发生次生、衍生事件的；②迟报、谎报、瞒报、漏报有关突发事件的信息，或者通报、报送、公布虚假信息，造成后果的；③未按规定及时发布突发事件警报、采取预警期的措施，导致损害发生的；④未按规定及时采取措施处置突发事件或者处置不当，造成后果的；⑤不服从上级人民政府对突发事件应急处置工作的统一领导、指挥和协调的；⑥未及时组织开展生产自救、恢复重建等善后工作的；⑦截留、挪用、私分或者变相私分应急救援资金、物资的；⑧不及时归还征用的单位和个人的财产，或者对被征用财产的单位和个人不按规定给予补偿的。

第七章　我国社区矫正、禁毒和治安管理法规与政策

第一节　社区矫正法规与政策

一、单项选择题(每题的备选项中，只有 1 个最符合题意)

1. 社区矫正人员小刘，女，19 周岁，患有多种疾病，无业，沉迷上网。根据《社区矫正实施办法》，司法所为小刘确定专门的矫正小组，小组成员中必须有(　　)。[2016 年真题]

   A. 女性人员　　B. 医护人员

   C. 就业援助人员　　D. 与小刘年龄相仿人员

   【解析】《社区矫正实施办法》第八条第一款规定，司法所应当为社区矫正人员确定专门的矫正小组。社区矫正人员为女性的，矫正小组应当有女性成员。

2. 据《社区矫正实施办法》，下列关于社区矫正的说法，正确的是(　　)。[2014 年真题]

   A. 社区矫正人员应当自人民法院判决、裁定生效之日或离开监所之日起 1 个月内到居住地县级司法行政机关报到

   B. 社区矫正人员因就医、家庭重大变故等原因，确需离开所居住的市、县(旗)超过 7 日的，应当报经司法所批准

   C. 社区矫正人员不按规定参加教育学习、社区服务等活动，经教育仍不改正的，县级司法行政机关应当给予警告，并出具书面决定

   D. 缓刑的社区矫正人员受到司法行政机关两次警告仍不改正的，司法行政机关可向人民法院提出撤销缓刑建议

   【解析】A 项，社区矫正人员应当自人民法院判决、裁定生效之日或者离开监所之日起 10 日内到居住地县级司法行政机关报到。B 项，社区矫正人员未经批准不得离开所居住的市、县(旗)。社区矫正人员因就医、家庭重大变故等原因，确需离开所居住的市、县(旗)，在 7 日以内的，应当报经司法所批准；超过 7 日的，应当由司法所签署意见后报经县级司法行政机关批准。C 项，社区矫正人员不按规定参加教育学习、社区服务等活动，经教育仍不改正的，县级司法行政机关应当给予警告，并出具书面决定。D 项，缓刑的社区矫正人员受到司法行政机关 3 次警告仍不改正的，司法行政机关可向人民法院提出撤销缓刑建议。

3. 根据《社区矫正实施办法》，下列对未成年人实施社区矫正的说法中，正确的是(　　)。[2017 年真题]

   A. 对未成年人的社区矫正应当与成年人分开进行

   B. 未成年人的社区矫正应当由其就读学校负责实施

   C. 未成年社区矫正人员的矫正小组应当有法官参加

   D. 未成年社区矫正人员的矫正宣告应当公开进行

1A　2C　3A

【解析】根据《社区矫正实施办法》，对未成年人实施社区矫正应当遵循教育、感化、挽救的方针，按照下列规定执行：①对未成年人的社区矫正应当与成年人分开进行；②对未成年社区矫正人员给予身份保护，其矫正宣告不公开进行，其矫正档案应当保密；③未成年社区矫正人员的矫正小组应当有熟悉青少年成长特点的人员参加；④针对未成年人的年龄、心理特点和身心发育需要等特殊情况，采取有益于其身心健康发展的监督管理措施；⑤采用易为未成年人接受的方式，开展思想、法制、道德教育和心理辅导；⑥协调有关部门为未成年社区矫正人员就学、就业等提供帮助；⑦督促未成年社区矫正人员的监护人履行监护职责，承担抚养、管教等义务；⑧采取其他有利于未成年社区矫正人员改过自新、融入正常社会生活的必要措施。

4. 下列属于社区矫正的对象的是(　　)。

A. 甲某，因销售盗版光盘被工商局罚款 2000 元

B. 乙某，因过失罪被法院判决赔偿受害人医疗费、误工费等共计 8000 元

C. 丙某，因抢劫被判有期徒刑 10 年

D. 丁某，因入室盗窃被判管制 2 年

【解析】《关于开展社区矫正试点工作的通知》规定，社区矫正的适用范围主要包括五种罪犯：①被判处管制的；②被宣告缓刑的；③被暂予监外执行的(具体包括：有严重疾病需要保外就医、怀孕或者正在哺乳自己婴儿的妇女、生活不能自理，适用暂予监外执行不致危害社会的)；④被裁定假释的；⑤被剥夺政治权利，并在社会上服刑的。D 项，丁某属于第一种情况。

二、多项选择题(每题的备选项中，有 2 个或 2 个以上符合题意，至少有 1 个错项)

1. 某法院对赵某犯罪团伙作出如下判决：赵某有期徒刑 6 年；钱某有期徒刑 3 年；孙某有期徒刑 2 年，缓刑 2 年；李某拘役 6 个月；周某管制 1 年。根据《关于开展社区矫正试点工作的通知》，上述人员中，适用社区矫正的对象有(　　)。[2012 年真题]

A. 赵某　　B. 钱某　　C. 孙某　　D. 李某

E. 周某

【解析】根据《关于在全国试行社区矫正工作的意见》，社区矫正的适用范围主要包括下列五种罪犯：①被判处管制的；②被宣告缓刑的；③被暂予监外执行的；④被裁定假释的；⑤被剥夺政治权利，并在社会上服刑的。本题中，适用社区矫正的对象有孙某、周某。

2. 小溪，17 岁，属于社区矫正人员，现在一家超市工作。近期，小溪为照顾长期生活不能自理的奶奶搬到了邻近奶奶的社区居住，小溪成了该社区的志愿者。小溪新换了工作，结识了小雅，并常随小雅出入酒吧酗酒。根据《社区矫正实施办法》，下列事项中，小溪需向司法所报告的有(　　)。[2014 年真题]

A. 奶奶长期生活不能自理　　B. 搬家

C. 换工作　　D. 结识小雅出入酒吧

E. 成为社区志愿者

【解析】《社区矫正实施办法》规定，社区矫正人员应当定期向司法所报告遵纪守法、接

4D　┃　1CE　2BCDE

受监督管理、参加教育学习、社区服务和社会活动的情况。发生居所变化、工作变动、家庭重大变故以及接触对其矫正产生不利影响人员的，社区矫正人员应当及时报告。保外就医的社区矫正人员还应当每个月向司法所报告本人身体情况，每3个月向司法所提交病情复查情况。

3. 根据《关于对判处管制、宣告缓刑的犯罪分子适用禁止令有关问题的规定(试行)》，人民法院可以根据犯罪情况，禁止判处管制、宣告缓刑的犯罪分子在管制执行期间、缓刑考验期限内接触一类或几类人员。下列关于禁止接触特定人员的说法，正确的有(　　)。[2016年真题]
A. 禁止接触同案犯
B. 禁止接触犯罪人近亲属
C. 未经对方同意，禁止接触证人及其法定代理人、近亲属
D. 未经对方同意，禁止接触被害人及其法定代理人、近亲属
E. 未经对方同意，禁止接触控告人、批评人、举报人及其法定代理人、近亲属

【解析】根据《关于对判处管制、宣告缓刑的犯罪分子适用禁止令有关问题的规定(试行)》，人民法院可以根据犯罪情况，禁止判处管制、宣告缓刑的犯罪分子在管制执行期间、缓刑考验期限内接触以下一类或者几类人员：①未经对方同意，禁止接触被害人及其法定代理人、近亲属。②未经对方同意，禁止接触证人及其法定代理人、近亲属。③未经对方同意，禁止接触控告人、批评人、举报人及其法定代理人、近亲属。④禁止接触同案犯。⑤禁止接触其他可能遭受其侵害、滋扰的人或者可能诱发其再次危害社会的人。

4. 丽丽，19岁，犯盗窃罪被法院判处有期徒刑，宣告缓刑，现为社区矫正对象。根据《关于开展社区矫正试点工作的通知》和《社区矫正实施办法》，下列针对丽丽开展的工作，符合社区矫正要求的有(　　)。[2013年真题]
A. 安排丽丽与其他矫正对象集中生活，加强监管
B. 要求丽丽每月参加教育学习时间不少于8小时
C. 安排丽丽每月参加社区服务，时间不少于8小时
D. 有针对性地为丽丽提供心理辅导
E. 协调有关部门和单位为丽丽提供职业培训

【解析】《社区矫正实施办法》对社区矫正教育矫正及帮困扶助的规定如下：①社区矫正人员应当参加公共道德、法律常识、时事政策等教育学习活动，增强法制观念、道德素质和悔罪自新意识。社区矫正人员每月参加教育学习时间不少于八小时。②有劳动能力的社区矫正人员应当参加社区服务，修复社会关系，培养社会责任感、集体观念和纪律意识。社区矫正人员每月参加社区服务时间不少于八小时。③根据社区矫正人员的心理状态、行为特点等具体情况，应当采取有针对性的措施进行个别教育和心理辅导，矫正其违法犯罪心理，提高其适应社会能力。④司法所应当及时记录社区矫正人员接受监督管理、参加教育学习和社区服务等情况，定期对其接受矫正的表现进行考核，并根据考核结果，对社区矫正人员实施分类管理。⑤司法行政机关应当根据社区矫正人员的需

3ACDE　4BCDE

要，协调有关部门和单位开展职业培训和就业指导，帮助落实社会保障措施。

5. 根据《关于组织社会力量参与社区矫正工作的意见》，下列关于社会力量参与社区矫正工作的说法，正确的有(　　)。[2017 年真题]

A. 加强社区矫正志愿者队伍建设

B. 发挥基层群众性自治组织的作用

C. 鼓励企业事业单位参与社区矫正工作

D. 建立社会组织主导下的社区矫正工作格局

E. 引导政府向社会力量购买社区矫正社会工作服务

【解析】《关于组织社会力量参与社区矫正工作的意见》提出要"进一步鼓励引导社会力量参与社区矫正工作"，其内容包括：①引导政府向社会力量购买社区矫正社会工作服务；②鼓励引导社会组织参与社区矫正工作；③发挥基层群众性自治组织的作用；④鼓励企事业单位参与社区矫正工作；⑤切实加强社区矫正志愿者队伍建设；⑥进一步加强矫正小组建设。

6. 被暂予监外执行的罪犯包括(　　)。

A. 有孩子的父母　　　　　　　　B. 即将执行死刑的罪犯

C. 有严重疾病需要保外就医的　　D. 怀孕的妇女

E. 生活不能自理，适用监外执行不会危害社会的

【解析】被暂予监外执行的罪犯具体包括：①有严重疾病需要保外就医的；②怀孕或者正在哺乳自己婴儿的妇女；③生活不能自理，适用暂予监外执行不致危害社会的。

第二节　禁毒法规与政策

一、单项选择题(每题的备选项中，只有 1 个最符合题意)

1. 根据《吸毒检测程序规定》，被检测人对现场检测结果有异议的，可以在被告知检测结果之日起 3 日内，向现场检测的公安机关提出(　　)申请。[2017 年真题]

A. 现场复检　　B. 行政复议　　C. 行政申诉　　D. 实验室检测

【解析】根据《吸毒检测程序规定》，被检测人对现场检测结果有异议的，可以在被告知检测结果之日起三日内，向现场检测的公安机关提出实验室检测申请。公安机关应当在接到实验室检测申请后的三日内作出是否同意进行实验室检测的决定，并将结果告知被检测人。

2. 戒毒人员小王在社区戒毒期间严重违反社区戒毒协议，再次吸食、注射毒品。根据《禁毒法》，此时参与社区戒毒的工作人员应当及时(　　)。[2016 年真题]

A. 通知小王亲属　　　　　　　　B. 通知社区居民委会

C. 向公安机关报告　　　　　　　D. 向司法行政部门报告

【解析】《禁毒法》第三十五条规定，接受社区戒毒的戒毒人员应当遵守法律、法规，自觉履行社区戒毒协议，并根据公安机关的要求，定期接受检测。对违反社区戒毒协议的戒毒人员，参与社区戒毒的工作人员应当进行批评、教育；对严重违反社区戒毒协议或

5ABCE　6CDE　▎　1D　2C

者在社区戒毒期间又吸食、注射毒品的，应当及时向公安机关报告。

3. 根据《禁毒法》，下列关于社区戒毒的说法，正确的是(　　)。[2013 年真题]

A. 公安机关可责令吸毒成瘾人员接受社区戒毒

B. 社区戒毒的期限为 2 年

C. 戒毒人员可在有临时住所的现居住地接受社区戒毒

D. 县级民政部负责社区戒毒工作

【解析】根据《禁毒法》规定，对吸毒成瘾人员，公安机关可以责令其接受社区戒毒，同时通知吸毒人员户籍所在地或者现居住地的城市街道办事处、乡镇人民政府。社区戒毒的期限为 3 年。戒毒人员应当在户籍所在地接受社区戒毒；在户籍所在地以外的现居住地有固定住所的，可以在现居住地接受社区戒毒。城市街道办事处、乡镇人民政府负责社区戒毒工作。

4. 小张吸毒成瘾，在家人的劝说下自愿接受强制隔离戒毒；经公安机关同意后，进入某强制隔离戒毒所戒毒。根据《禁毒法》，小张接受强制隔离戒毒的期限不少于(　　)个月。[2017 年真题]

A. 12　　B. 15　　C. 18　　D. 24

【解析】根据《禁毒法》，强制隔离戒毒的期限为 2 年。执行强制隔离戒毒 1 年后，经诊断评估，对于戒毒情况良好的戒毒人员，强制隔离戒毒场所可以提出提前解除强制隔离戒毒的意见，报强制隔离戒毒的决定机关批准。强制隔离戒毒的期限最长可以延长一年。则本题中，按照一般情形，小张接受强制隔离戒毒的期限不少于 24 个月。

5. 根据《禁毒法》，强制隔离戒毒的最长期限为(　　)年。[2016 年真题]

A. 3　　B. 4　　C. 5　　D. 6

【解析】《禁毒法》第四十七规定，强制隔离戒毒的期限为 2 年。强制隔离戒毒期满前，经诊断评估，对于需要延长戒毒期限的戒毒人员，由强制隔离戒毒场所提出延长戒毒期限的意见，报强制隔离戒毒的决定机关批准。强制隔离戒毒的期限最长可以延长 1 年。

6. 根据《禁毒法》，下列关于强制隔离戒毒的说法，正确的是(　　)。[2012 年真题]

A. 强制隔离戒毒的期限一般为 2 年，最长不超过 3 年

B. 强制隔离戒毒场所可自行决定是否接收吸毒成瘾人员

C. 不满 18 周岁的未成年人不适用强制隔离戒毒

D. 卫生行政部门负责对强制隔离戒毒场所的管理

【解析】A 项，根据《禁毒法》，强制隔离戒毒的期限为 2 年，强制隔离戒毒的期限最长可以延长 1 年。B 项，对吸毒成瘾人员，由县级以上人民政府公安机关作出强制隔离戒毒的决定。C 项，不满 16 周岁的未成年人吸毒成瘾的，可以不适用强制隔离戒毒。D 项，卫生行政部门应当加强对强制隔离戒毒场所执业医师的业务指导和监督管理。

7. 根据《刑法》和《禁毒法》，下列关于禁毒法律责任的说法，正确的是(　　)。[2014 年真题]

A. 走私、贩卖、运输、制造毒品的，一律追究刑事责任

3A　4D　5A　6A　7A

B. 为犯罪分子窝藏、转移、隐瞒毒品的，依法给予治安管理处罚

C. 容留他人吸毒、注射毒品的，由公安机关处10日以上15日以下拘留

D. 公安机关工作人员在禁毒工作中包庇贩卖毒品的犯罪分子，尚不构成犯罪的，依法给予治安管理处罚

【解析】A项，《刑法》第三百四十七条规定，走私、贩卖、运输、制造毒品，无论数量多少，都应当追究刑事责任，予以刑事处罚。B项，《禁毒法》第六十条规定，包庇走私、贩卖、运输、制造毒品的犯罪分子，以及为犯罪分子窝藏、转移、隐瞒毒品或者犯罪所得财物的，构成犯罪的，依法追究刑事责任；尚不构成犯罪的，依法给予治安管理处罚。C项，《禁毒法》第六十一条规定，容留他人吸食、注射毒品或者介绍买卖毒品，构成犯罪的，依法追究刑事责任；尚不构成犯罪的，由公安机关处10日以上15日以下拘留，可以并处3000元以下罚款；情节较轻的，处5日以下拘留或者500元以下罚款。D项，《禁毒法》第六十九条规定，公安机关、司法行政部门或者其他有关主管部门的工作人员在禁毒工作中包庇、纵容毒品违法犯罪人员的，构成犯罪的，依法追究刑事责任。

8. 在一次突击行动中，警方查获了郭某、肖某、陈某、姜某4名吸毒人员，其有关情况如下，根据《禁毒法》，他们中适用强制隔离戒毒的是(　　)。

A. 郭某，女，26岁，已有7个月身孕，正在社区戒毒

B. 肖某，男，20岁，首次吸毒，表示愿意遵守社区戒毒协议

C. 陈某，男，61岁，退休，戒毒后再次吸毒

D. 姜某，女，15岁，辍学打工，吸毒成瘾

【解析】《禁毒法》规定，吸毒成瘾人员有下列情形之一的，由县级以上人民政府公安机关作出强制隔离戒毒的决定：①拒绝接受社区戒毒的；②在社区戒毒期间吸食、注射毒品的；③严重违反社区戒毒协议的；④经社区戒毒、强制隔离戒毒后再次吸食、注射毒品的。其中，怀孕或者正在哺乳自己不满1周岁婴儿的妇女吸毒成瘾的，不适用强制隔离戒毒。不满16周岁的未成年人吸毒成瘾的，可以不适用强制隔离戒毒。不适用强制隔离戒毒的人员，依法进行社区戒毒，由负责社区戒毒工作的城市街道办事处、乡镇人民政府加强帮助、教育和监督，督促落实社区戒毒措施。C项，陈某属于戒毒后再次吸毒，适用强制隔离戒毒。

9. 久未谋面的老同事刘某从外地来访，黄某挽留刘某在家居住。某日，黄某偶然撞见刘某正注射毒品，颇感震惊，但碍于面子，没有制止，两天后，警察在刘某房内搜出毒品和注射用具，刘某也承认自己注射毒品。警察带走刘某，并对黄某处以3日拘留。根据《禁毒法》，黄某受拘留处罚的原因是(　　)。

A. 他包庇贩卖毒品的刘某　　B. 他容留刘某吸食注射毒品

C. 他阻碍依法进行毒品检查　　D. 他为刘某窝藏毒品

【解析】《禁毒法》第六十一条规定，容留他人吸食、注射毒品或者介绍买卖毒品，构成犯罪的，依法追究刑事责任；尚不构成犯罪的，由公安机关处10日以上15日以下拘留，可以并处3000元以下罚款；情节较轻的，处5日以下拘留或者500元以下罚款。

8C　9B

二、多项选择题(每题的备选项中，有 2 个或 2 个以上符合题意，至少有 1 个错项)

1. 根据《禁毒法》，下列关于戒毒措施的说法，正确的有(　　)。[2013 年真题]

   A. 吸毒人员可以自行到具有戒毒治疗资质的机构接受戒毒治疗

   B. 戒毒治疗的收费标准由戒毒机构自行确定

   C. 怀孕妇女不适用强制隔离戒毒

   D. 强制隔离戒毒的期限为 2 年

   E. 戒毒人员可以自愿在戒毒康复场所劳动

   【解析】AB 两项，《禁毒法》第三十六条规定，吸毒人员可以自行到具有戒毒治疗资质的医疗机构接受戒毒治疗；戒毒治疗收取费用的，应当按照省、自治区、直辖市人民政府价格主管部门会同卫生行政部门制定的收费标准执行。C 项，第三十九条第一款规定，怀孕或者正在哺乳自己不满 1 周岁婴儿的妇女吸毒成瘾的，不适用强制隔离戒毒。D 项，第四十七条第一款规定，强制隔离戒毒的期限为 2 年。E 项，第四十九条第二款规定，戒毒人员可以自愿在戒毒康复场所生活、劳动。

2. 根据《禁毒法》，国家采取各种措施帮助吸毒人员戒除毒瘾，教育和挽救吸毒人员。这些措施包括(　　)。

   A. 社区戒毒　　B. 社区康复　　C. 戒毒治疗　　D. 看守所治疗

   E. 强制隔离戒毒

   【解析】根据《禁毒法》第四章，戒毒措施包括：①社区戒毒。对吸毒成瘾人员，公安机关可以责令其接受社区戒毒。②自愿戒毒及戒毒医疗机构。吸毒人员可以自行到具有戒毒治疗资质的医疗机构接受戒毒治疗。③强制隔离戒毒。由县级以上人民政府公安机关作出强制隔离戒毒的决定。④社区康复。社区康复参照关于社区戒毒的规定实施。

3. 吸毒成瘾人员有下列(　　)情形的，由县级以上人民政府公安机关作出强制隔离戒毒的决定。

   A. 拒绝接受社区戒毒的　　B. 在社区戒毒期间吸食、注射毒品的

   C. 违反社区戒毒协议，情节轻微的　　D. 严重违反社区戒毒协议的

   E. 经社区戒毒、强制隔离戒毒后再次吸食、注射毒品的

   【解析】《禁毒法》第三十八条规定，吸毒成瘾人员有下列情形之一的，由县级以上人民政府公安机关作出强制隔离戒毒的决定：①拒绝接受社区戒毒的；②在社区戒毒期间吸食、注射毒品的；③严重违反社区戒毒协议的；④经社区戒毒、强制隔离戒毒后再次吸食、注射毒品的。

4. 公安机关、司法行政部门或者其他有关主管部门的工作人员在禁毒工作中有下列(　　)行为之一，构成犯罪的，依法追究刑事责任。

   A. 依法扣押、查封、冻结涉及毒品违法犯罪活动的财物的

   B. 包庇、纵容毒品违法犯罪人员的

   C. 对戒毒人员有体罚、虐待、侮辱等行为的

   D. 挪用、截留、克扣禁毒经费的

1ACDE　2ABCE　3ABDE　4BCDE

E. 擅自处分查获的毒品和扣押、查封、冻结的涉及毒品违法犯罪活动的财物的

【解析】《禁毒法》第六十九条规定，公安机关、司法行政部门或者其他有关主管部门的工作人员在禁毒工作中有下列行为之一，构成犯罪的，依法追究刑事责任；尚不构成犯罪的，依法给予处分：①包庇、纵容毒品违法犯罪人员的；②对戒毒人员有体罚、虐待、侮辱等行为的；③挪用、截留、克扣禁毒经费的；④擅自处分查获的毒品和扣押、查封、冻结的涉及毒品违法犯罪活动的财物的。

第三节 治安管理处罚法规与政策

一、单项选择题(每题的备选项中，只有1个最符合题意)

1. 小刚违反治安管理时不满14周岁。根据《治安管理处罚法》，下列对小刚的治安处罚措施，正确的是( )。[2016年真题]

A. 从重处罚，同时处罚其监护人

B. 从轻处罚，但应从重处罚其监护人

C. 减轻处罚，同时责令其监护人严加管教

D. 不予处罚，但应责令其监护人严加管教

【解析】《治安管理处罚法》第十二条规定，已满14周岁不满18周岁的人违反治安管理的，从轻或者减轻处罚；不满14周岁的人违反治安管理的，不予处罚，但是应当责令其监护人严加管教。

2. 根据《治安管理处罚法》，下列违反治安管理的行为人中，依法应当给予行政拘留处罚，但不执行行政拘留处罚的是( )。[2017年真题]

A. 甲，15岁，第二次违反《治安管理处罚法》

B. 乙，19岁，初次违反《治安管理处罚法》

C. 丙，34岁，第三次违反《治安管理处罚法》

D. 丁，66岁，初次违反《治安管理处罚法》

【解析】根据《治安管理处罚法》，违反治安管理行为人有下列情形之一的，依法应当给予行政拘留处罚的，不执行行政拘留处罚：①已满14周岁不满16周岁的；②已满16周岁不满18周岁，初次违反治安管理的；③70周岁以上的；④怀孕或者哺乳自己不满1周岁婴儿的。

3. 下列不属于治安管理处罚的是( )。

A. 警告　　B. 罚款　　C. 逮捕　　D. 行政拘留

【解析】《治安管理处罚法》规定，治安管理处罚的种类分为：①警告；②罚款；③行政拘留；④吊销公安机关发放的许可证。对违反治安管理的外国人，可以附加适用限期出境或者驱逐出境。

4. 毕女士(已成年)患有精神病，每次发病都不能控制自己的行为，某日发病的时候跑出去惹事，违反了治安管理处罚条例，相关机关应对其( )。

A. 不予处罚，但是应当责令其监护人严加看管和治疗

1D　2A　3C　4A

B. 正常处罚

C. 由于患病，但又是成年人，所以应减轻处罚

D. 处罚其监护人

【解析】精神病人在不能辨认或者不能控制自己行为的时候违反治安管理的，不予处罚，但是应当责令其监护人严加看管和治疗。间歇性的精神病人在精神正常的时候违反治安管理的，应当给予处罚。

5. 小龙是村里的混混，经常干一些违反治安管理处罚条例的事情，去年过年时就曾因平时的矛盾，和邻居发生争执，做了一些违反治安管理处罚的事。但邻居考虑到是过年，且不想得罪小龙，就没有报案，没想到今年过年的时候小龙又旧事重提，以此为由想闹事。为了不再受其欺负，邻居将其去年做的事报告派出所，你觉得派出所应该(　　)。

A. 不予受理　　B. 从重处罚　　C. 正常处罚　　D. 从轻处罚

【解析】违反治安管理行为在6个月内没有被公安机关发现的，不再处罚。期限从违反治安管理行为发生之日起计算；违反治安管理行为有连续或者继续状态的，从行为终了之日起计算。题中，小龙违反治安管理行为的时间已超过6个月，应不予处罚。

二、多项选择题(每题的备选项中，有2个或2个以上符合题意，至少有1个错项)

1. 根据《治安管理处罚法》，公安机关对与违反治安管理行为有关的场所可以进行检查。检查时，人民警察应遵守的规定包括(　　)。[2015年真题]

A. 不得少于2人

B. 出示工作证件

C. 出示派出所开具的检查证明文件

D. 有至少1名居(村)委会委员陪同

E. 出示县级以上人民政府公安机关开具的检查证明文件

【解析】《治安管理处罚法》规定，公安机关对与违反治安管理行为有关的场所、物品、人身可以进行检查。检查时，人民警察不得少于2人，并应当出示工作证件和县级以上人民政府公安机关开具的检查证明文件。对确有必要立即进行检查的，人民警察经出示工作证件，可以当场检查，但检查公民住所应当出示县级以上人民政府公安机关开具的检查证明文件。

2. 《治安管理处罚法》对部分特别人员的治安管理处罚进行了规定，下列说法正确的有(　　)。

A. 已满14周岁不满18周岁违反治安管理的，从轻或者减轻处罚

B. 盲人违反治安管理的，可以从轻、减轻或者不予处罚

C. 不满14周岁违反治安管理的不予处罚，但应当责令其监护人严加管教

D. 行政拘留处罚合并执行的，最长不超过30日

E. 醉酒的人违反治安管理的，应当给予处罚

【解析】AC两项，已满14周岁不满18周岁的人违反治安管理的，从轻或者减轻处罚；不满14周岁的人违反治安管理的，不予处罚，但是应当责令其监护人严加管教。B项，

5A　▌　1ABE　2ABCE

盲人或者又聋又哑的人违反治安管理的，可以从轻、减轻或者不予处罚。D 项，有两种以上违反治安管理行为的，分别决定，合并执行。行政拘留处罚合并执行的，最长不超过 20 日。E 项，醉酒的人违反治安管理的，应当给予处罚。醉酒的人在醉酒状态中，对本人有危险或者对他人的人身、财产或者公共安全有威胁的，应当对其采取保护性措施约束至酒醒。

3. 在对治安案件进行调查时，下列公安机关的行为不合法的有(　　)。
   A. 公安机关及其人民警察在办理治安案件时，对涉及的国家秘密、商业秘密或者个人隐私，应当予以保密
   B. 对现场发现的违反治安管理行为人，人民警察经出示工作证件，可以口头传唤，但应当在询问笔录中注明
   C. 公安机关不必将传唤的原因和依据告知被传唤人
   D. 对无正当理由不接受传唤或者逃避传唤的人，可以强制传唤
   E. 对违反治安管理行为人，公安机关传唤后应当及时询问查证，询问查证的时间不得超过 6 小时

【解析】C 项，需要传唤违反治安管理行为人接受调查的，经公安机关办案部门负责人批准，使用传唤证传唤。公安机关应当将传唤的原因和依据告知被传唤人。E 项，对违反治安管理行为人，公安机关传唤后应当及时询问查证，询问查证的时间不得超过 8 小时；情况复杂、依照《治安管理处罚法》规定可能适用行政拘留处罚的，询问查证的时间不得超过 24 小时。

第八章　我国烈士褒扬与优抚安置法规与政策

第一节　烈士褒扬法规与政策

一、单项选择题(每题的备选项中，只有1个最符合题意)

1. 烈士遗孤小亮，11周岁，甲县乙乡人，居住在县光荣院，正在胜利小学接受义务教育。根据《光荣院管理办法》，小亮接受义务教育所需费用应当由(　　)保障。[2017年真题]

A. 甲县光荣院　　B. 乙乡政府

C. 胜利小学　　D. 烈士主管所在单位

【解析】《光荣院管理办法》第十一条规定，光荣院应当为集中供养对象提供下列供养服务：①提供饮食；②提供生活必需品；③提供住房；④提供医疗、康复、护理、保健服务；⑤提供学习娱乐、精神关怀服务；⑥提供清洁卫生、安全保卫服务；⑦其他供养服务。集中供养对象未满16周岁或者已满16周岁仍在接受义务教育的，光荣院应当保障其接受义务教育所需费用。

2. 2010年7月，南方某省发生特大洪涝灾害。该省甲市乙县丙镇副镇长老高在组织群众紧急转移中，为抢救遇险儿童壮烈牺牲，被评定为革命烈士。评定老高为革命烈士的机关应当是(　　)。[2011年真题]

A. 丙镇人民政府　　B. 乙县民政局

C. 甲市民政局　　D. 该省人民政府

【解析】属于《烈士褒扬条例》第八条第一款第一项、第二项规定情形的，由县级人民政府提出评定烈士的报告并逐级上报至省、自治区、直辖市人民政府审查评定。第八条第一款第一项、第二项规定，公民牺牲符合下列情形之一的，评定为烈士：①在依法查处违法犯罪行为、执行国家安全工作任务、执行反恐怖任务和处置突发事件中牺牲的；②抢险救灾或者其他为了抢救、保护国家财产、集体财产、公民生命财产牺牲的。题中，老高属于因公牺牲的第二项的情形，评定其为革命烈士的机关应当是省、自治区、直辖市人民政府。

3. 《中华人民共和国烈士证明书》由烈士遗属户口所在地的县级人民政府民政部门向烈士遗属颁发，烈士遗属中的持证人由烈士遗属协商确定，协商不通的，(　　)。[2016年真题]

A. 由县级人民政府民政部门代为妥善保管

B. 按配偶、子女、父母(抚养人)顺序确定持证人

C. 按子女、配偶、父母(抚养人)顺序确定持证人

D. 按父母(抚养人)、配偶、子女顺序确定持证人

1A　2D　3D

【解析】烈士遗属中的持证人由烈士遗属协商确定，协商不通的，按照下列顺序确定持证人：父母(抚养人)、配偶、子女。有多个子女的，由长子女持证。无前述亲属的，由烈士兄弟姐妹持证，有多个兄弟姐妹的发给年长的兄弟姐妹。以上亲属均没有的，不发烈士证明书。

4. 根据《烈士褒扬条例》，烈士遗属属于《工伤保险条例》以及相关规定适用范围的，在享受烈士褒扬金外，还可以享受一次性工亡补助金以及相当于烈士本人(　　)个月工资的烈士遗属特别补助金。[2013 年真题]

A. 10　　B. 20　　C. 30　　D. 40

【解析】《烈士褒扬条例》第十二条规定，烈士遗属除享受烈士褒扬金外，属于《军人抚恤优待条例》以及相关规定适用范围的，还享受因公牺牲一次性抚恤金；属于《工伤保险条例》以及相关规定适用范围的，还享受一次性工亡补助金以及相当于烈士本人 40 个月工资的烈士遗属特别补助金。

5. 某国有企业的仓库半夜突发大火，价值千万计的国家财产眼看着被熊熊烈火吞没。仓库管理员李军及时报警，并抢在消防队员赶到现场前奋力救火，为企业和国家挽回很大经济损失，但他本人却因体力透支在救火过程中不幸牺牲。根据相关规定，李军可以被评定为(　　)。

A. 见义勇为　　B. 烈士　　C. 因公牺牲　　D. 病故

【解析】《烈士褒扬条例》第八条规定，公民牺牲符合下列情形之一的，评定为烈士：①在依法查处违法犯罪行为、执行国家安全工作任务、执行反恐怖任务和处置突发事件中牺牲的；②抢险救灾或者其他为了抢救、保护国家财产、集体财产、公民生命财产牺牲的；③在执行外交任务或者国家派遣的对外援助、维持国际和平任务中牺牲的；④在执行武器装备科研试验任务中牺牲的；⑤其他牺牲情节特别突出，堪为楷模的。

6. 现役军人小张在一次抢险救灾任务中失踪。后经法定程序宣告小张死亡，根据有关规定，部队对小张应当按(　　)对待。

A. 因公牺牲　　B. 烈士　　C. 因公失踪　　D. 病故

【解析】《军人抚恤优待条例》第八条规定，现役军人死亡，符合下列情形之一的，批准为烈士：①对敌作战死亡，或者对敌作战负伤在医疗终结前因伤死亡的；②因执行任务遭敌人或者犯罪分子杀害，或者被俘、被捕后不屈遭敌人杀害或者被折磨致死的；③为抢救和保护国家财产、人民生命财产或者执行反恐怖任务和处置突发事件死亡的；④因执行军事演习、战备航行飞行、空降和导弹发射训练、试航试飞任务以及参加武器装备科研试验死亡的；⑤在执行外交任务或者国家派遣的对外援助、维持国际和平任务中牺牲的；⑥其他死难情节特别突出，堪为楷模的。现役军人在执行对敌作战、边海防执勤或者抢险救灾任务中失踪，经法定程序宣告死亡的，按照烈士对待。

7. 王刚是战备航空飞行员，在执行飞行任务时不幸牺牲。服现役期间，王刚所在部队为其缴纳了工伤保险费，王刚牺牲当年的一次性工亡补助金标准为 50000 元。服现役期间，王刚每月的工资津贴为 3000 元，且王刚牺牲时上一年度全国城镇居民人均可支配收入

4D　5B　6B　7B

为 20000 元。根据《烈士褒扬条例》的规定，除烈士褒扬金外，其遗属能享受的一次性抚恤金为(　　)。

A. 5 万元　　B. 17 万元　　C. 52 万元　　D. 60 万元

【解析】烈士遗属除享受烈士褒扬金外，属于《军人抚恤优待条例》以及相关规定适用范围的，还享受因公牺牲一次性抚恤金；属于《工伤保险条例》以及相关规定适用范围的，还享受一次性工亡补助金以及相当于烈士本人 40 个月工资的烈士遗属特别补助金。本题中，烈士遗属一次性抚恤金为：$50000 + 3000 \times 40 = 170000$(元)。

8. 某省革命烈士纪念堂是全国重点保护单位，地处某市繁华的商业街。2016 年该市对商业街进行改造，拟对革命烈士纪念堂进行整体搬迁。根据《烈士纪念设施保护管理办法》，这次搬迁应当获得(　　)的批准。

A. 国务院　　B. 民政部

C. 省级人民政府　　D. 市级人民政府

【解析】任何单位和个人，未经批准，不得迁移革命烈士纪念设施。因重大建设工程确需迁移地方各级烈士纪念设施的，须经原批准等级的人民政府同意，并报上一级人民政府的民政部门备案。迁移国家级烈士纪念设施的，应当由所在地省级人民政府报国务院批准。本题中，该省革命烈士纪念堂是全国重点保护单位，这次搬迁应当获得国务院的批准。

二、多项选择题(每题的备选项中，有 2 个或 2 个以上符合题意，至少有 1 个错项)

1. 根据《革命烈士褒扬条例》，经批准为革命烈士的，由民政部向烈士亲属颁发《革命烈士证明书》。关于证书的发放，下列做法正确的有(　　)。[2011 年真题]

A. 有父母无配偶的，发给父母　　B. 有配偶无父母的，发给配偶

C. 没有父母、配偶的可以发给子女　　D. 既有父母又有配偶的，发给父母

E. 既有父母又有配偶的，发给配偶

【解析】烈士遗属中的持证人由烈士遗属协商确定，协商不通的，按照下列顺序确定持证人：父母(抚养人)、配偶、子女。有多个子女的，由长子女持证。无前述亲属的，由烈士兄弟姐妹持证，有多个兄弟姐妹的发给年长的兄弟姐妹。以上亲属均没有的，不发烈士证明书。DE 两项，应先协商，协商不通的发给父母。

2. 空军飞行员李海，2014 年在执行试飞任务中牺牲，被评定为烈士，李海未婚，其父母年事已高，收入低于当地居民平均生活水平。根据《烈士褒扬条例》和《军人抚恤优待条例》，李海的父母应当享受的抚恤待遇有(　　)。[2016 年真题]

A. 烈士褒扬金　　B. 一次性抚恤金

C. 一次性工亡补助金　　D. 烈士遗属定期抚恤金

E. 因公牺牲军人遗属定期抚恤金

【解析】《烈士褒扬条例》第十二条规定，烈士遗属除享受烈士褒扬金外，属于《军人抚恤优待条例》以及相关规定适用范围的，还享受因公牺牲一次性抚恤金；属于《工伤保险条例》以及相关规定适用范围的，还享受一次性工亡补助金以及相当于烈士本人 40 个月工资的烈士遗属特别补助金。第十三条规定，烈士的父母或者抚养人、配偶无劳动能力、

8A　　Ⅱ　1ABC　2ABD

无生活来源，或者收入水平低于当地居民的平均生活水平的，享受定期抚恤金。本题中，李海为因公牺牲军人，被评定为烈士，且其父母收入水平低于当地居民的平均生活水平，故李海的父母应当享受的抚恤待遇有烈士褒扬金、一次性抚恤金、烈士遗属定期抚恤金。

3. 2016 年 1 月 2 日 13 时 14 分，哈尔滨道外区太古街 727 号日杂仓库发生火灾。扑救过程中，有 5 名消防战士牺牲。黑龙江省公安厅授予其烈士并颁发献身国防金质纪念章。根据《烈士褒扬条例》规定，其家人可以享受下列哪些优待？(　　)
   A. 由烈士工作所在地的县级人民政府民政部门向烈士遗属发放烈士证书
   B. 烈士遗属享受标准为 2015 年全国城镇居民人均可支配收入的 30 倍的烈士褒扬金
   C. 属于《工伤保险条例》以及相关规定适用范围的，可享受一次性工亡补助金以及相当于烈士本人 60 个月工资的烈士遗属特别补助金
   D. 烈士的父母、抚养人无劳动能力和生活来源，或者收入水平低于当地居民的平均生活水平的，可享受定期抚恤金
   E. 男年满 60 周岁、女年满 55 周岁的孤老烈士遗属本人自愿的，可以在光荣院、敬老院集中供养

   【解析】A 项，烈士证书由烈士遗属户口所在地的县级人民政府民政部门向烈士遗属发放。B 项，烈士褒扬金标准为烈士牺牲时上一年度全国城镇居民人均可支配收入的 30 倍。战时，参战牺牲的烈士褒扬金标准可以适当提高。C 项，属于《工伤保险条例》以及相关规定适用范围的，还享受一次性工亡补助金以及相当于烈士本人 40 个月工资的烈士遗属特别补助金。D 项，烈士的父母、抚养人、配偶无劳动能力和生活来源，或者收入水平低于当地居民的平均生活水平的，享受定期抚恤金。E 项，男年满 60 周岁、女年满 55 周岁的孤老烈士遗属本人自愿的，可以在光荣院、敬老院集中供养。各类社会福利机构应当优先接收烈士遗属。

第二节　军人抚恤优待法规与政策

一、单项选择题(每题的备选项中，只有 1 个最符合题意)

1. 根据《军人抚恤优待条例》，下列关于抚恤优待的说法，正确的是(　　)。[2014 年真题]
   A. 因病被评定为十级残疾的现役军人小张可享受抚恤
   B. 一次性抚恤金可发给烈士老李的祖父母、父母、配偶、子女和兄弟姐妹
   C. 实行义务兵役制以前入伍，后经批准从部队复员的小秦属于该条例规定的优待对象
   D. 服役期间患病，尚未达到评定伤残等级条件但有地方医院证明的退伍人员老王，属于该条例规定的抚恤对象

   【解析】A 项，现役军人残疾被认定为因战致残、因公致残或者因病致残的，依照规定享受抚恤。其中因战、因公致残，残疾等级被评定为一级至十级的，享受抚恤；义务兵和初级士官因病致残，残疾等级被评定为一级至六级的，享受抚恤。B 项，发放一次性抚恤金要遵循一定的顺序：第一顺序是烈士、因公牺牲军人、病故军人的父母(抚养人)、配偶、子女。第二顺序是没有父母(抚养人)、配偶、子女的，发给未满 18 周岁的兄弟

3BDE　　▎　　1C

姐妹和已满18周岁但无生活费来源且由该军人生前供养的兄弟姐妹。D项，抚恤对象为在服现役期间患病，尚未达到评定残疾等级条件并有军队医院证明，从部队退伍的人员称为带病回乡退伍军人。

2. 根据《军人抚恤优待条例》，下列现役军人死亡的情形中，不属于因公牺牲的是(　　)。[2011年真题]

A. 参加武器装备科研试验死亡的　　B. 因患职业病死亡的

C. 参加处置突发事件死亡的　　D. 探亲途中失踪的

【解析】《军人抚恤优待条例》第九条规定，现役军人死亡，符合下列情形之一的，确认为因公牺牲：①在执行任务中或者在上下班途中，由于意外事件死亡的；②被认定为因战、因公致残后因旧伤复发死亡的；③因患职业病死亡的；④在执行任务中或者在工作岗位上因病猝然死亡，或者因医疗事故死亡的；⑤其他因公死亡的。此外，现役军人在执行对敌作战、边海防执勤或者抢险救灾以外的其他任务中失踪，经法定程序宣告死亡的，按照因公牺牲对待。

3. 根据《军人抚恤优待条例》，对获得荣誉称号或立功的因公牺牲军人，对其遗属在应当享受的一次性抚恤金的基础上，可增发一次性抚恤金。对立一等功的因公牺牲军人遗属，增发抚恤金的比例是(　　)。[2012年真题]

A. 30%　　B. 25%　　C. 15%　　D. 5%

【解析】《军人抚恤优待条例》第十三条规定，获得荣誉称号或者立功的烈士、因公牺牲军人、病故军人，其遗属在应当享受的一次性抚恤金的基础上，由县级人民政府民政部门按照下列比例增发一次性抚恤金：①获得中央军事委员会授予荣誉称号的，增发35%；②获得军队军区级单位授予荣誉称号的，增发30%；③立一等功的，增发25%；④立二等功的，增发15%；⑤立三等功的，增发5%。多次获得荣誉称号或者立功的烈士、因公牺牲军人、病故军人，其遗属由县级人民政府民政部门按照其中最高等级奖励的增发比例，增发一次性抚恤金。

4. 老于为烈士遗属，享受定期抚恤金，2017年年初将户口由甲县迁往乙县，同时办理了定期抚恤金转移手续。根据《烈士褒扬条例》，老于2017年的定期抚恤金应当由(　　)发放。[2017年真题]

A. 甲县财政部门　　B. 乙县财政部门　　C. 甲县民政部门　　D. 乙县民政部门

【解析】《烈士褒扬条例》第十六条规定，享受定期抚恤金的烈士遗属户口迁移的，应当同时办理定期抚恤金转移手续。户口迁出地的县级人民政府民政部门发放当年的定期抚恤金；户口迁入地的县级人民政府民政部门凭定期抚恤金转移证明，从第二年1月起发放定期抚恤金。

5. 根据《军人抚恤优待条例》，获得荣誉称号或者立功的烈士、因公牺牲军人、病故军人，其遗属在应当享受的一次性抚恤金的基础上，由县级人民政府民政部门按照一定比例增发一次性抚恤金，增发比例根据荣誉称号和立功等级有所不同。多次获得荣誉称号或者立功的，其遗属由县级人民政府民政部门按照(　　)等级奖励的增发比例，增发一次性

2D　3B　4C　5C

抚恤金。[2016 年真题]

A. 平均　　B. 累加　　C. 最高　　D. 最低

【解析】《军人抚恤优待条例》第十三条第三款规定，多次获得荣誉称号或者立功的烈士、因公牺牲军人、病故军人，其遗属由县级人民政府民政部门按照其中最高等级奖励的增发比例，增发一次性抚恤金。

6. 因战三级残疾军人程云，退役后旧伤复发，残情加重，向住所地县民政局申请调整残疾等级，县民政局将相关材料逐级上报省民政厅，省民政厅作出准予调整程云残疾等级为一级的决定，该决定已送达县民政局但未送达程云本人时，程云因旧伤复发去世。根据《军人抚恤优待条例》，县民政局对程云及其遗属正确的处理方式是(　　)。[2016 年真题]

A. 确认程云为病故，其遗属享受病故军人遗属抚恤待遇

B. 确认程云为因公牺牲，其遗属享受因公牺牲军人遗属抚恤待遇

C. 给予程云因战致残一级军人抚恤，由其遗属代为享受，期限为 12 个月

D. 继续给予程云因战致残三级军人抚恤，由其遗属代为享受，期限为 18 个月

【解析】《军人抚恤优待条例》第九条第一款规定，现役军人死亡，符合下列情形之一的，确认为因公牺牲：①在执行任务中或者在上下班途中，由于意外事件死亡的；②被认定为因战、因公致残后因旧伤复发死亡的；③因患职业病死亡的；④在执行任务中或者在工作岗位上因病猝然死亡，或者因医疗事故死亡的；⑤其他因公死亡的。本题中，程云符合上述第②项情形，应确认为因公牺牲。《军人抚恤优待条例》第二十八条第一款规定，退出现役的因战、因公致残的残疾军人因旧伤复发死亡的，由县级人民政府民政部门按照因公牺牲军人的抚恤金标准发给其遗属一次性抚恤金，其遗属享受因公牺牲军人遗属抚恤待遇。

7. 退出现役的因战、因公、因病致残的残疾军人因病死亡的，对其遗属增发 12 个月的残疾抚恤金，作为丧葬补助费；其中，因战、因公致残的一级至四级残疾军人因病死亡的，其遗属享受(　　)遗属抚恤待遇。[2013 年真题]

A. 烈士　　B. 因公牺牲军人

C. 病故军人　　D. 带病回乡退役军人

【解析】残疾军人死亡，其遗属享受的抚恤待遇分为两种情形：①退出现役的因战、因公致残的残疾军人因旧伤复发死亡的，由县级人民政府民政部门按照因公牺牲军人的抚恤金标准发给其遗属一次性抚恤金，其遗属享受因公牺牲军人遗属抚恤待遇；②退出现役的因战、因公、因病致残的残疾军人因病死亡的，对其遗属增发 12 个月的残疾抚恤金，作为丧葬补助费。其中，因战、因公致残的一级至四级残疾军人因病死亡的，其遗属享受病故军人遗属抚恤待遇。

8. 张某服现役期间因病致四级残疾，退役后选择回乡分散安置，按规定可领取护理费。张某安置当年，全国职工月平均工资为 1000 元，当地职工月平均工资为 1500 元。根据《军人抚恤优待条例》，张某每月可领取护理费(　　)元。[2010 年真题]

A. 300　　B. 400　　C. 450　　D. 600

6B　7C　8C

【解析】根据《军人抚恤优待条例》规定，供养终身有两种方式，即集中供养和分散安置。其中，对分散安置的一级至四级残疾军人发给护理费，标准为：因战、因公一级和二级残疾的，为当地职工月平均工资的50%；因战、因公三级和四级残疾的，为当地职工月平均工资的40%；因病一级至四级残疾的，为当地职工月平均工资的30%。题中，张某领取的护理费为：1500×30%＝450(元)。

9. 小张在部队服现役期间被评定为因公九级残疾。退出现役后，小张被安置在某企业工作，该企业为所有员工缴纳了工伤保险费。在该企业工作期间，小张旧伤复发仍需相关治疗。根据《军人抚恤优待条例》，小张旧伤复发医疗费用的处理途径是(　　)。[2011年真题]

A. 由工伤保险基金支付　　B. 由民政部门解决

C. 由所在企业解决　　D. 由小张本人负担

【解析】《军人抚恤优待条例》第三十四条规定，七级至十级旧伤复发的残疾军人的医疗费用，已经参加工伤保险的，由工伤保险基金支付；未参加工伤保险，有工作的由工作单位解决；未参加工伤保险，没有工作的由当地县级以上地方人民政府负责解决；七级至十级残疾军人旧伤复发以外的医疗费用，未参加医疗保险且本人支付有困难的，由当地县级以上地方人民政府酌情给予补助。题中，小张九级残疾，退出现役后，小张被安置在某企业工作，该企业为所有员工缴纳了工伤保险费，小张旧伤复发医疗费用应由工伤保险基金支付。

10. 根据《军人抚恤优待条例》，经军队(　　)级以上单位政治机关批准随军的现役军官家属、文职干部家属、士官家属，由驻军所在地的公安机关办理落户手续。[2013年真题]

A. 团　　B. 师(旅)　　C. 军　　D. 军区

【解析】《军人抚恤优待条例》第四十一条规定，经军队师(旅)级以上单位政治机关批准随军的现役军官家属、文职干部家属、士官家属，由驻军所在地的公安机关办理落户手续。随军前是国家机关、社会团体、企业事业单位职工的，驻军所在地人民政府人力资源和社会保障部门应当接收和妥善安置；随军前没有工作单位的，驻军所在地人民政府应当根据本人的实际情况作出相应安置；对自谋职业的，按照国家有关规定减免有关费用。

11. 退役伤残军人小易因过失犯罪被判处1年有期徒刑，于2017年1月初刑满释放。目前，小易向民政部门申请恢复抚恤及补发抚恤金。根据《伤残抚恤管理办法》，对小易的申请，民政部门的正确做法是(　　)。[2017年真题]

A. 从2017年1月起恢复抚恤，原停发的抚恤金予以补发

B. 从2017年1月起恢复抚恤，原停发的抚恤金不予补发

C. 从2017年2月起恢复抚恤，原停发的抚恤金予以补发

D. 从2017年2月起恢复抚恤，原停发的抚恤金不予补发

【解析】《伤残抚恤管理办法》第二十七条规定，中止抚恤的伤残人员在刑满释放并恢复政治权利或者取消通缉后，经本人申请，并经民政部门审查符合条件的，从第二个月

9A　10B　11D

起恢复抚恤，原停发的抚恤金不予补发。办理恢复抚恤手续应当提供下列材料：本人申请、户口簿、司法部门的相关证明。需要重新办证的，按照证件丢失规定办理。

12. 林某于 1954 年 12 月入伍，1958 年退伍后被安排到某粮食局工作。随着年龄增长，每逢春秋两季，林某的哮喘病发作厉害。最近政府出台了一些关于复员军人的优抚政策，林某要求享受，因条件不符未获批准。根据现行规定，复员军人是指(　　)，后经批准从部队复员的人员。

A. 1954 年 12 月 31 日开始试行义务兵役制之前入伍

B. 1954 年 12 月 31 日开始试行义务兵役制之后入伍

C. 1954 年 10 月 31 日开始试行义务兵役制之前入伍

D. 1954 年 10 月 31 日开始试行义务兵役制之后入伍

【解析】复员军人是指在 1954 年 10 月 31 日之前入伍(具体指 1954 年 10 月 31 日开始试行义务兵役制以前参加中国工农红军、东北抗日联军、中国共产党领导的脱产游击队、八路军、新四军、解放军、中国人民志愿军等)、后经批准从部队复员的人员，其中包括在乡退伍红军老战士、在乡西路军红军老战士、红军失散人员、其他复员军人。

13. 军人李某服役期间因精神病发作离军下落不明，长期失踪，经法定程序宣告其死亡，按(　　)对待。

A. 病故　　B. 失踪　　C. 牺牲　　D. 下落不明

【解析】现役军人除因公牺牲情形中因患职业病死亡的和在执行任务中或者在工作岗位上因病猝然死亡，或者因医疗事故死亡的以外，因其他疾病死亡的，确认为病故。现役军人非执行任务死亡或者失踪，经法定程序宣告死亡的，按照病故对待。

14. 某战士父母双亡，有一个年幼的妹妹。在一次战斗中，他英勇牺牲，被认定为烈士，县民政局发给一次性抚恤金 20 万元。此时，他的叔叔以该战士的妹妹年幼，没有支配资金的能力为由要求得到全部抚恤金。根据我国《军人抚恤优待条例》的规定，下列做法正确的是(　　)。

A. 抚恤金归公　　B. 叔叔 10 万元、妹妹 10 万元

C. 叔叔 8 万元、妹妹 12 万元　　D. 妹妹得 20 万元

【解析】发放一次性抚恤金要遵循一定的顺序：第一顺序是烈士、因公牺牲军人、病故军人的父母(抚养人)、配偶、子女；第二顺序是没有父母(抚养人)、配偶、子女的，发给未满 18 周岁的兄弟姐妹和已满 18 周岁但无生活费来源且由该军人生前供养的兄弟姐妹。题中，应该把 20 万元抚恤金发给战士的妹妹。

15. 李某在服现役期间患精神疾病，医疗终结后被认定为因病致残，评定了残疾等级并享受抚恤。其依据是(　　)。

A. 李某为义务兵，残疾等级被评定为六级

B. 李某为初级士官，残疾等级被评定为七级

C. 李某为中级士官，残疾等级被评定为八级

D. 李某为高级士官，残疾等级被评定为九级

12C　13A　14D　15A

【解析】《军人抚恤优待条例》第二十三条规定，现役军人因战致残、因公致残或因病致残的，医疗终结后符合评定残疾等级条件的，应当评定残疾等级。义务兵和初级士官因病致残符合评定残疾等级条件，本人(精神病患者由其利害关系人)提出申请的，也应当评定残疾等级。其中，因战、因公致残，残疾等级被评定为一级至十级的，享受抚恤。因病致残，残疾等级被评定为一级至六级的，享受抚恤。

16. 王奶奶的儿子在部队服现役期间因公牺牲。根据规定，王奶奶所享受的定期抚恤金的标准应当参照(　　)确定。

A. 全国城乡居民家庭人均收入　　B. 全国城镇居民人均可支配收入

C. 当地城镇职工月人均收入　　D. 逝世军人生前12个月平均月缴费工资

【解析】《军人抚恤优待条例》第十七条规定，定期抚恤金标准应当参照全国城乡居民家庭人均收入水平确定。定期抚恤金的标准及其调整办法，由国务院民政部门会同国务院财政部门规定。

17. 《军人抚恤优待条例》规定，(　　)残疾军人由国家供养终身。

A. 一级至四级　　B. 二级至五级　　C. 三级至六级　　D. 六级至九级

【解析】《军人抚恤优待条例》第二十九条规定，退出现役的一级至四级残疾军人，由国家供养终身。其中，对需要长年医疗或者独身一人不便分散安置的，经省级人民政府民政部门批准，可以集中供养。

18. 残疾军人退出现役的，需要配制假肢、代步三轮车等辅助器械，由(　　)人民政府民政部门负责解决。

A. 乡级　　B. 县级　　C. 市级　　D. 省级

【解析】《军人抚恤优待条例》第三十一条规定，残疾军人需要配制假肢、代步三轮车等辅助器械，正在服现役的，由军队军级以上单位负责解决；退出现役的，由省级人民政府民政部门负责解决。

19. 全日制高等学校在校大学生入伍后服现役期间，其家属由(　　)按照有关规定给予优待。

A. 其就读学校　　B. 其就读学校所在地人民政府

C. 其入学前户口所在地人民政府　　D. 其入伍征集地民政部门

【解析】《军人抚恤优待条例》第三十三条第一款规定，义务兵服现役期间，其家庭由当地人民政府发给优待金或者给予其他优待，优待标准不低于当地平均生活水平。

20. 因公负伤致残的公务员从被批准残疾等级评定后的第2个月起，由发给其伤残证的(　　)按照规定予以抚恤。

A. 县级人民政府民政部门　　B. 省级人民政府民政部门

C. 县级人民政府卫生部门　　D. 省级人民政府卫生部门

【解析】国家机关工作人员、人民警察因战因公负伤致残，按照现行规定的审批权限及评残办法予以评残。其评残条件与范围、伤残抚恤(保健)金标准、补办评残手续和伤残抚恤关系转移等，参照《军人抚恤优待条例》及其解释的有关规定办理，符合享受抚

16A　17A　18D　19C　20A

恤条件的伤残公务员由县级人民政府民政部门发给抚恤金。

二、多项选择题（每题的备选项中，有2个或2个以上符合题意，至少有1个错项）

1．根据《军人抚恤优待条例》，下列关于一次性抚恤金的说法，正确的有（　　）。［2014年真题］

A．甲某，2013年被评定为烈士，一次性抚恤金为本人40个月的工资

B．乙某，现役军人，因公牺牲，服役时曾荣立个人一等功，应增发25%的一次性抚恤金

C．对生前作出特殊贡献的烈士，军队可以按照有关规定发放一次性特别抚恤金

D．一次性抚恤金由县级人民政府民政部门发放

E．月工资或者津贴低于排职少尉军官工资标准的，一次性抚恤金按照排职少尉军官工资标准计算

【解析】A项，现役军人死亡，根据其死亡性质和死亡时的月工资标准，由县级人民政府民政部门发给其遗属一次性抚恤金，标准是：烈士和因公牺牲的，为上一年度全国城镇居民人均可支配收入的20倍加本人生前40个月的基本工资；病故的，为上一年度全国城镇居民人均可支配收入的2倍加本人生前40个月的基本工资。B项，获得荣誉称号或者立功的烈士、因公牺牲军人、病故军人，其遗属在应当享受的一次性抚恤金的基础上，由县级民政部门按照规定的比例增发一次性抚恤金，其中，立一等功的，增发25%。C项，对生前作出特殊贡献的烈士、因公牺牲军人、病故军人，除按规定发给其遗属一次性抚恤金外，军队可以按照有关规定发给其遗属一次性特别抚恤金。D项，多次获得荣誉称号或者立功的烈士、因公牺牲军人、病故军人，其遗属由县级民政部门按照其中最高等级奖励的增发比例，增发一次性抚恤金。E项，月工资或者津贴低于排职少尉军官工资标准的，按照排职少尉军官工资标准计算。

2．孙某，退出现役的二级残疾军人，双下肢高位截瘫，日常生活需护理且需经常医疗处置，在一家荣誉军人康复医院由国家集中供养。根据现行规定，孙某可享受的待遇包括（　　）。［2009年真题］

A．残疾抚恤金　　B．护理费　　C．定期旅游　　D．配置代步三轮车

E．安排子女工作

【解析】根据《军人抚恤优待条例》的规定，退出现役的残疾军人，按照残疾等级享受残疾抚恤金。残疾军人需要配置假肢、代步三轮车等辅助器械，正在服现役的，由军队军级以上单位负责解决；退出现役的，由省级人民政府民政部门负责解决。

3．根据《军人抚恤优待条例》，义务兵家属和抚恤补助对象可以享受的优待包括（　　）。［2008年真题］

A．现役军人、残疾军人凭有效证件参观名胜古迹享受优待

B．烈士子女应征并符合征兵条件，优先批准服现役

C．义务兵退出现役后报考国家公务员，在同等条件下优先录取

D．居住农村的抚恤优待对象住房困难的，由地方人民政府帮助解决

E．现役军人和退役士兵邮递物品信件免费

1BCDE　2AD　3ABCD

【解析】按照《军人抚恤优待条例》规定，义务兵家属和抚恤补助对象可以享受以下优待：①义务兵和初级士官享受的相关优待。②医疗优待。③有工作单位的残疾军人享受的生活福利、医疗待遇以及劳动关系保护。④现役军人、残疾军人享受的交通优待。⑤现役军人、残疾军人享受的参观游览优待。现役军人、残疾军人凭有效证件参观游览公园、博物馆、名胜古迹享受优待。⑥烈士、因公牺牲军人、病故军人子女、兄弟姐妹应征入伍享受优待。⑦优抚对象及其子女享受的教育优待。义务兵和初级士官退出现役后，报考国家公务员、高等学校和中等职业学校，在与其他考生同等条件下优先录取。⑧优抚对象享受的住房优待。居住农村的抚恤优待对象住房困难的，由地方人民政府帮助解决。⑨家属安置优待。⑩复员军人定期定量补助。⑪疗养优待。

4. 陆某是国家七级残疾军人，无工作，未参加当地新型农村合作医疗。目前，陆某因旧伤复发和其他疾病并发而住院治疗，无力支付医疗费用。根据《军人抚恤优待条例》等有关规定，下列有关陆某医疗费用的解决途径，符合规定的有(　　)。[2010 年真题]

A. 旧伤复发的医疗费用，由当地新型农村合作医疗基金解决

B. 旧伤复发的医疗费用，由当地县级以上地方人民政府解决

C. 由当地县级以上地方人民政府来解决部分旧伤复发以外的医疗费用

D. 由当地县级以上地方人民政府酌情给予补助

E. 由当地县级民政部门酌情予以医疗救助

【解析】《军人抚恤优待条例》第三十四条第二款规定，七级至十级残疾军人旧伤复发的医疗费用，已经参加工伤保险的，由工伤保险基金支付，未参加工伤保险，有工作的由工作单位解决，没有工作的由当地县级以上地方人民政府负责解决；七级至十级残疾军人旧伤复发以外的医疗费用，未参加医疗保险且本人支付有困难的，由当地县级以上地方人民政府酌情给予补助。

5. 残疾军人杨某在某事业单位工作，后与同事张某结婚。最近该单位需要精简人员，杨某担心两人的生活没有保障，向有关部门咨询。根据现行规定，有关部门答复正确的是(　　)。[2009 年真题]

A. 杨某享受与所在单位工伤人员同等的生活福利待遇

B. 杨某享受与所在单位工伤人员同等的医疗待遇

C. 杨某对于旧伤复发以外的医疗享有特殊优惠待遇

D. 所在单位不得因杨某残疾将其辞退、解聘或者解除劳动关系

E. 所在单位不得将张某辞退、解聘或者解除劳动关系

【解析】《军人抚恤优待条例》第三十五条规定，在国家机关、社会团体、企业事业单位工作的残疾军人，享受与所在单位工伤人员同等的生活福利和医疗待遇；所在单位不得因其残疾将其辞退、解聘或者解除劳动关系。即在与其他职工同等条件下，残疾军人的身体和精神残疾不能成为辞退、解聘或者解除劳动关系的理由。

6. 烈士遗属包括(　　)。

A. 烈士父母(抚养人)　　B. 烈士配偶

C. 烈士子女　　D. 烈士兄弟姐妹

4BD　5ABD　6ABCD

E. 烈士的祖父母

【解析】烈士遗属(军人抚恤优待意义上)是指现役军人死亡、经相应的军队政治机关评定为烈士、由县级人民政府民政部门发给《中华人民共和国烈士证明书》后，烈士的父母(抚养人)、配偶、子女、兄弟姐妹。

7. 许某在服现役期间不幸去世，其去世前每月的工资津贴是2500元，上一年度全国城镇居民人均可支配收入为15000元、全国城镇职工人均月收入为2800元。按照《军人抚恤优待条例》的规定，下列关于许某遗属可享受的一次性抚恤金标准的说法，正确的有(　　)。

A. 若许某被认定为烈士，其遗属可享受的一次性抚恤金为40万元

B. 若许某被认定为烈士，其遗属可享受的一次性抚恤金为14.2万元

C. 若许某被认定为因公牺牲，其遗属可享受的一次性抚恤金为40万元

D. 若许某被认定为病故，其遗属可享受的一次性抚恤金为14.2万元

E. 若许某被认定为病故，其遗属可享受的一次性抚恤金为13万元

【解析】现役军人死亡，根据其死亡性质和死亡时的月工资标准，由县级人民政府民政部门发给其遗属一次性抚恤金，标准是：烈士和因公牺牲的，为上一年度全国城镇居民人均可支配收入的20倍加本人生前40个月的基本工资；病故的，为上一年度全国城镇居民人均可支配收入的2倍加本人生前40个月的基本工资。月工资或者津贴低于排职少尉军官工资标准的，按照排职少尉军官工资标准计算。本题中，若许某被认定为烈士或因公牺牲，其遗属可享受的一次性抚恤金为：$15000 \times 20 + 2500 \times 40 = 400000$(元)；若许某被认定为病故，其遗属可享受的一次性抚恤金为：$15000 \times 2 + 2500 \times 40 = 130000$(元)。

8. 贾某是某边防武警部队的现役军人，在执行任务时不幸牺牲。根据规定，其遗属可以享受定期抚恤金。在关于定期抚恤金的说法，正确的有(　　)。

A. 定期抚恤金对符合条件的遗属按季度发放

B. 定期抚恤金的标准应当参照全国城乡居民家庭人均收入水平确定

C. 烈士、因公牺牲军人、病故军人的子女均可享受定期抚恤金

D. 享受定期抚恤金的遗属死亡的，增发8个月其原享受的定期抚恤金作为丧葬补助费，同时注销其领取定期抚恤金的证件

E. 烈士、因公牺牲军人、病故军人的未满18周岁或者已满18周岁但因上学无生活费来源且由该军人生前供养的兄弟姐妹，可以享受定期抚恤金

【解析】A项，定期抚恤金是国家对符合规定条件的烈士、因公牺牲军人、病故军人的遗属按月给予的抚恤金，用以抚慰遗属，帮助解决生活困难。B项，定期抚恤金的数量也有一定的标准，该标准应当参照全国城乡居民家庭人均收入水平确定。C项，烈士的子女未满18周岁，或者已满18周岁但因残疾或者正在上学而无生活来源的，可享受定期抚恤金。D项，享受定期抚恤金的烈士遗属、因公牺牲军人遗属、病故军人遗属死亡的，增发6个月其原享受的定期抚恤金作为丧葬补助费，同时注销其领取定期抚恤金的证件。E项，烈士遗属、因公牺牲军人遗属、病故军人的兄弟姐妹未满18周岁或者已满18周岁但因上学无生活费来源且由该军人生前供养的，可享受定期抚恤金。

7ACE　8BE

9. 下列情形中，可以认定为因公牺牲的有(　　)。

A. 现役军人张某在上班回家途中遭遇车祸死亡

B. 士官李某在工作岗位上突发心脏病死亡

C. 义务兵赵某被认定为因公致残后因旧伤复发而死亡

D. 军官钱某为抢救和保护国家财产而死亡

E. 现役军人孙某在执行抢险救灾的任务中失踪，经法定程序宣告死亡

【解析】现役军人死亡，符合下列情形之一的，确认为因公牺牲：①在执行任务中或者在上下班途中，由于意外事件死亡的；②被认定为因战、因公致残后因旧伤复发死亡的；③因患职业病死亡的；④在执行任务中或者在工作岗位上因病猝然死亡，或者因医疗事故死亡的；⑤其他因公死亡的。此外，现役军人在执行对敌作战、边海防执勤或者抢险救灾以外的其他任务中失踪，经法定程序宣告死亡的，按照因公牺牲对待。D项中的当事人应认定为烈士。

10. 享受定期抚恤金的遗属应具备的条件包括(　　)。

A. 无劳动能力、无生活费来源的

B. 收入水平低于当地居民平均生活水平的

C. 子女未满18周岁或已满18周岁但因上学或残疾无生活费来源的

D. 兄弟姐妹已满18周岁的

E. 兄弟姐妹已满18周岁但因上学无生活费来源且由该军人生前供养的

【解析】遗属享受定期抚恤金需要具备一定的条件，对符合下列条件之一的烈士遗属、因公牺牲军人遗属、病故军人遗属，发给定期抚恤金：①父母(抚养人)、配偶无劳动能力、无生活费来源，或者收入水平低于当地居民平均生活水平的；②子女未满18周岁或者已满18周岁但因上学或者残疾无生活费来源的；③兄弟姐妹未满18周岁或者已满18周岁但因上学无生活费来源且由该军人生前供养的。

第三节　退役士兵安置法规与政策

一、单项选择题(每题的备选项中，只有1个最符合题意)

1. 根据《退役士兵安置条例》，我国退役士兵安置制度以(　　)为主。[2015年真题]

A. 自主就业　　B. 扶持就业　　C. 安排工作　　D. 退休供养

【解析】退役士兵是指依照《中国人民解放军现役士兵服役条例》的规定退出现役的义务兵和士官。国家建立以扶持就业为主，自主就业、安排工作、退休、供养等多种方式相结合的退役士兵安置制度，妥善安置退役士兵。

2. 根据《退役士兵安置条例》，下列关于退役士兵教育培训的说法中，正确的是(　　)。[2017年真题]

A. 自主就业的退役士兵，在退役2年内免费参加职业教育和技能培训

B. 退役士兵职业教育和技能培训所需费用，由县级以上人民政府民政部门负担

C. 自主就业退役士兵的职业教育和技能培训经费列入县级以上人民政府财政预算

D. 县级以上人民政府教育主管部门应当组织有需要的退役士兵参加职业教育和技能培训

9ABCE　10ABCE　｜　1B　2C

【解析】县级以上地方人民政府退役士兵安置工作主管部门，应当组织自主就业的退役士兵参加职业教育和技能培训，经考试考核合格的，发给相应的学历证书、职业资格证书并推荐就业。退役士兵退役1年内参加职业教育和技能培训的，费用由县级以上人民政府承担；退役士兵退役1年以上参加职业教育和技能培训的，按照国家相关政策执行。自主就业退役士兵的职业教育和技能培训经费列入县级以上人民政府财政预算。

3. 根据《退役士兵安置条例》，安置地县级以上人民政府在对符合安排工作条件的退役士兵进行安置时，应当按照（　　）的原则办理。［2016年真题］

A. 归口管理　　B. 部门管理　　C. 属地管理　　D. 垂直管理

【解析】《退役士兵安置条例》第三十三条规定，安置地县级以上地方人民政府应当按照属地管理的原则，对符合安排工作条件的退役士兵进行安置，保障其第一次就业。

4. 钱某是一名有城镇户口的退伍义务兵，正等待安置工作，入伍前钱某是一家企业的正式职工，目前该企业仍存在。根据《退伍义务兵安置条例》，对钱某的安置方式应当是（　　）。［2008年真题］

A. 与其他退伍义务兵一并重新安置

B. 回原企业复工复职

C. 根据本人意愿，重新安置工作

D. 由其原企业的上一级机关重新安置工作

【解析】《退役士兵安置条例》第二十五条规定，自主就业的退役士兵入伍前是国家机关、社会团体、企业事业单位工作人员或者职工的，退出现役后可以选择复职复工，其工资、福利和其他待遇不得低于本单位同等条件人员的平均水平。

5. 士官小马，服役期间因战致六级残疾，2014年6月退役时选择由甲市人民政府安排工作，同年7月1日小马持退役士兵安置主管部门出具的介绍信到当地某国企报到。根据《退役士兵安置条例》，下列关于小马工作安排的说法，正确的是（　　）。［2015年真题］

A. 该国企应当与其签订无固定期限劳动合同

B. 该国企应当在2014年9月1日前安排其上岗

C. 小马享受与该国企工伤员工同等的生活福利和医疗待遇

D. 若该国企无法及时安排小马上岗，应给予其每月2000元的生活费

【解析】AB两项，根据《退役士兵安置条例》，承担安排退役士兵工作任务的单位应当按时完成所在地人民政府下达的安排退役士兵工作任务，在退役士兵安置工作主管部门开出介绍信1个月内安排退役士兵上岗，并与退役士兵依法签订期限不少于3年的劳动合同或者聘用合同。C项，按照《军人抚恤优待条例》的规定，在国家机关、社会团体、企业事业单位工作的残疾军人，享受与所在单位工伤人员同等的生活福利和医疗待遇。D项，非因退役士兵本人原因，接收单位未按照规定安排退役士兵上岗的，应当从所在地人民政府退役士兵安置工作主管部门开出介绍信的当月起，按照不低于本单位同等条件人员平均工资80%的标准逐月发给退役士兵生活费至其上岗为止。

3C　4B　5C

6. 根据《退役士兵安置条例》，由人民政府安排工作的退役士兵，非因退役士兵本人原因，接收单位未按照规定安排退役士兵上岗的，应当从所在地人民政府退役士兵安置工作主管部门开出介绍信的当月起，按照不低于(　　)的标准逐月发给退役士兵生活费至其上岗为止。[2014 年真题]

A. 当地城市居民最低生活保障　　B. 当地居民人均收入

C. 本单位同等条件人员平均工资 80%　　D. 原部队排职干部平均工资 60%

【解析】《退役士兵安置条例》第三十八条规定，非因退役士兵本人原因，接收单位未按照规定安排退役士兵上岗的，应当从所在地人民政府退役士兵安置工作主管部门开出介绍信的当月起，按照不低于本单位同等条件人员平均工资 80% 的标准逐月发给退役士兵生活费至其上岗为止。

7. 小李是一名普通士兵，在部队服役期间，因战致残被评定为五级残废，2013 年以义务兵身份退出现役。根据《退役士兵安置条例》，小李的安置方式应当是(　　)。[2014 年真题]

A. 由人民政府安排工作　　B. 由人民政府作退休安置

C. 由国家集中供养　　D. 由国家分散供养

【解析】《退役士兵安置条例》第二十九规定，退役士兵符合下列条件之一的，由人民政府安排工作：①士官服现役满 12 年的；②服现役期间平时荣获二等功以上奖励或者战时荣获三等功以上奖励的；③因战致残被评定为五级至八级残疾等级的；④是烈士子女的。

8. 小林从农村入伍，服现役满 3 年，退役后他选择在家乡进行养殖创业，下列关于小林可享受的自主就业待遇的陈述错误的是(　　)。

A. 小林可以利用部队发放的一次性退役金作为创业启动资金

B. 退役一年以内小林可在当地县级人民政府的资金支持下参加职业教育与技能培训

C. 小林的养殖场可以申请承包农村土地，村民委员会或村民小组应当优先解决

D. 小林创办的养殖场在注册登记之日起 2 年内，免收管理类、登记类和证照类的行政事业性收费

【解析】依据《退役士兵安置条例》规定，对于自主就业的退役士兵可享受的待遇主要有：①由部队发给一次性退役金，一次性退役金由中央财政专项安排；②县级以上地方人民政府退役士兵安置工作主管部门，应当组织自主就业的退役士兵参加职业教育和技能培训，退役士兵退役 1 年内参加职业教育和技能培训的，费用由县级以上人民政府承担；③自主就业的退役士兵回入伍时户口所在地落户，属于农村集体经济组织成员但没有承包农村土地的，可以申请承包农村土地，村民委员会或者村民小组应当优先解决；④对从事个体经营的退役士兵，按照国家规定给予税收优惠，给予小额担保贷款扶持，从事微利项目的给予财政贴息。除国家限制行业外，自其在工商行政管理部门首次注册登记之日起 3 年内，免收管理类、登记类和证照类的行政事业性收费。

9. 大学生小李于 2013 年从学校应征入伍，2016 年从部队退伍后他继续回到学校读书。下列关于小李可以享受的待遇表述错误的是(　　)。

A. 小李退出现役后 3 年内允许入学或者复学

6C　7A　8D　9A

B. 小李可按照国家有关规定享受奖学金、助学金和减免学费等优待

C. 小李复学期间可以免修公共体育、军事技能和军事理论等课程，直接获得学分

D. 小李复学后参加国防生选拔，可优先录取

【解析】《退役士兵安置条例》对退役士兵复学入学安置的相关规定如下：①入伍前已被普通高等学校录取并保留入学资格或者正在普通高等学校就学的退役士兵，退出现役后2年内允许入学或者复学，并按照国家有关规定享受奖学金、助学金和减免学费等优待，家庭经济困难的，按照国家有关规定给予资助；②入学后或者复学期间可以免修公共体育、军事技能和军事理论等课程，直接获得学分；③入学或者复学后参加国防生选拔、参加国家组织的农村基层服务项目人选选拔，以及毕业后参加军官人选选拔的，优先录取。

10. 小吴在服现役期间因公致残，因残疾情况较为严重，已不适合继续服役。根据规定，因战、因公致残被评定为(　　)残疾等级的中级以上士官，本人自愿放弃退休安置的，可以选择由国家供养。

A. 一级至四级　　B. 一级至五级　　C. 一级至六级　　D. 一级至八级

【解析】中级以上士官符合下列条件之一的，作退休安置：年满55周岁的；服现役满30年的；因战、因公致残被评定为一级至六级残疾等级的；经军队医院证明和军级以上单位卫生部门审核确认因病基本丧失工作能力的。因战、因公致残被评定为一级至四级残疾等级的中级以上士官，本人自愿放弃退休安置的，可以选择由国家供养。

11. 小何在服现役期间因公致残，根据《军人残疾等级评定标准》，其被认定为三级残疾。退役后小何选择回到老家与父母生活，但因为家里住房拥挤且破旧，小何打算在市区购买经济适用房。根据规定，小何能按照当地经济适用房平均价格享受(　　)的购房经费。

A. 40平方米　　B. 50平方米　　C. 60平方米　　D. 70平方米

【解析】被评定为一级至四级残疾等级的义务兵和初级士官退出现役的，由国家供养终身。国家供养分为集中供养和分散供养。分散供养的残疾退役士兵购(建)房所需经费的标准，按照安置地县(市)经济适用住房平均价格和60平方米的建筑面积确定；没有经济适用住房的地区按照普通商品住房价格确定。

二、多项选择题(每题的备选项中，有2个或2个以上符合题意，至少有1个错项)

1. 退役士兵符合(　　)条件的，由人民政府安排工作。

A. 士官服现役满12年的

B. 服现役期间平时荣获二等功以上奖励或者战时荣获三等功以上奖励的

C. 因战致残被评定为五级至八级残疾等级的

D. 服现役满15年的

E. 是烈士子女的

【解析】退役士兵符合下列条件之一的，由人民政府安排工作：①士官服现役满12年的；②服现役期间平时荣获二等功以上奖励或者战时荣获三等功以上奖励的；③因战致残被评定为五级至八级残疾等级的；④是烈士子女的。符合前款规定条件的退役士兵在艰苦

10A　11C　┃　1ABCE

地区和特殊岗位服现役的，优先安排工作。

2. 中级以上士官符合(　　)条件的，作退休安置。
A. 年满 55 周岁的
B. 服现役满 30 年的
C. 致残被评定为七级残疾等级的
D. 因战、因公致残被评定为一级至六级残疾等级的
E. 经军队医院证明和军级以上单位卫生部门审核确认因病基本丧失工作能力的
【解析】《退役士兵安置条件》第四十一条规定，中级以上士官符合下列条件之一的，作退休安置：①年满 55 周岁的；②服现役满 30 年的；③因战、因公致残被评定为一级至六级残疾等级的；④经军队医院证明和军级以上单位卫生部门审核确认因病基本丧失工作能力的。

第四节　军队离退休干部安置法规与政策

一、单项选择题(每题的备选项中，只有 1 个最符合题意)

1. 根据《军队离退休干部休养所暂行规定》，军队离退休干部移交地方后，负责安置管理的部门是(　　)。[2015 年真题]
A. 人力资源社会保障部门　　B. 老干部管理部门
C. 民政部门　　D. 组织部门
【解析】军休干部安置和服务管理工作是直接服务于军队和国防建设的一项重要工作。根据国务院和中央军委规定，军队退休干部和部分离休干部(主要是解放战争时期入伍的团职以下和抗日战争时期入伍的营职以下以及相当职级的离休干部)移交地方后，由民政部门管理。

2. 根据国家有关规定，下列关于军队离休退休干部移交政府安置的说法，正确的是(　　)。[2011 年真题]
A. 军队现役干部符合退休条件的，不得作转业安置
B. 军队退休干部党员逝世后骨灰盒可覆盖党旗和军旗
C. 军队离休退休干部生活待遇和政治待遇不变
D. 抗日战争时期入伍的营职以下离休干部应当交由民政部门管理
【解析】A 项，军队现役干部符合退休条件的，作转业安置；B 项，党员军队离休退休干部逝世后骨灰盒可覆盖党旗，军队离休干部逝世后骨灰盒可覆盖军旗；C 项，军队退休干部移交地方后，对其服务管理坚持“基本政治待遇不变，生活待遇还要略为从优”的原则；D 项，根据国务院和中央军委规定，军队退休干部和部分离休干部(主要是解放战争时期入伍的团职以下和抗日战争时期入伍的营职以下以及相当职级的离休干部)移交地方后，由民政部门管理。

3. 根据军队离退休干部安置法规和政策，军队离退休干部休养所要认真落实军队离退休干部的政治待遇和生活待遇。下列军队离退休干部政治待遇的说法中错误的是(　　)。[2010 年真题]

2ABDE　|　1C　2D　3D

A. 军队离退休干部可阅读相应级别的文件

B. 军队离退休干部可参加一些重大节日和庆祝纪念活动

C. 军队离退休干部可被安排担任一定的荣誉职务

D. 军队离退休干部逝世后骨灰盒可覆盖军旗

【解析】军队离退休干部政治待遇主要包括阅读文件，听报告，参加一些重大节日和庆祝纪念活动，参加一些力所能及的社会活动，授予离休干部《离休干部荣誉证》、功勋荣誉章，安排离退休干部担任一定的荣誉职务等。根据有关规定，党员军队离休退休干部逝世后骨灰盒可覆盖党旗，军队离休干部逝世后骨灰盒可覆盖军旗。D 项，退休干部逝世后骨灰盒不可以覆盖军旗。

4. 军队干部经批准退休后，由部队(　　)填发退休干部证明书和介绍信，并将干部个人档案材料转至退休安置地区的民政部门。[2013 年真题]

A. 团级政治机关　　　　B. 军以上政治机关

C. 团级后勤部门　　　　D. 军以上后勤部门

【解析】军队干部经批准退休后，由军以上政治机关填发退休干部证明书和介绍信，并将干部个人档案材料转至退休安置地区的民政部门。退休干部证明书所填项目在退休后的变动，由安置地区的民政部门负责填写。退休干部的交接工作，由军以上单位派人到安置地区的省、市、自治区人民政府民政部门办理。

5. 老梁，残疾军人，退休安置在某地军队离休退休干部休养所。根据《军队离休退休干部服务管理办法》，下列服务保障工作中，不属于该休养所提供的是(　　)。[2016 年真题]

A. 按时发放退休费　　　　B. 及时评定残疾等级

C. 定期了解个性需求　　　　D. 引导参与社会文化活动

【解析】根据《军队离休退休干部服务管理办法》的规定，服务管理机构应当做好以下服务保障工作：①按时发放军休干部离退休费和津贴补贴。②按规定落实军休干部医疗、交通、探亲等待遇，帮助符合条件的军休干部落实优抚待遇。③协调做好军休干部的医疗保障工作，建立健康档案，开展医疗保健知识普及活动，引导军休干部科学保健、健康养生。④组织开展适宜军休干部的文化体育活动，引导和鼓励军休干部参与社会文化活动。⑤定期了解军休干部情况和需求，提供必要的关心照顾。⑥协助办理军休干部去世后的丧葬事宜，按照政策规定落实遗属待遇。同时，服务管理机构还要加强思想政治工作，开展学习宣传活动，提高军休干部遵纪守法和遵守服务管理机构规章制度的自觉性。组织军休干部开展文明创建活动，引导军休干部保持和发扬优良传统，发挥政治优势和专业特长，参与社会公益活动。

6. 军队退休干部移交地方后，对其服务管理坚持的原则是(　　)。

A. 基本政治待遇不变，生活待遇还要略为从优

B. 基本政治待遇提高，生活待遇还要略为从优

C. 基本政治待遇降低，生活待遇略为从优

D. 基本政治待遇不变，生活待遇大幅提高

【解析】军队退休干部移交地方后，对其服务管理坚持“基本政治待遇不变，生活待遇还

4B　5B　6A

要略为从优”的原则，由地方各级民政部门的专门机构负责组织实施服务管理工作。所需工作人员、经费、车辆、附属用房等均按照移交安置退休干部数量的一定比例由政府财政保障。

二、多项选择题（每题的备选项中，有 2 个或 2 个以上符合题意，至少有 1 个错项）

1. 根据国务院、中央军委的有关规定，下列人员中，应当移交政府安置管理的军队离休退休干部有（　　）。［2011 年真题］

A. 解放战争时期入伍的团职以下干部　　B. 解放战争时期入伍的团职以上干部

C. 抗日战争时期入伍的营职以上干部　　D. 抗日战争时期入伍的营职以下干部

E. 土地革命战争时期入伍的连职以上干部

【解析】根据国务院和中央军委规定，军队退休干部和部分离休干部（主要是解放战争时期入伍的团职以下和抗日战争时期入伍的营职以下以及相当职级的离休干部）移交地方后，由民政部门管理。

2. 根据《军队离退休干部服务管理办法》，下列关于军休干部管理委员会的说法，正确的有（　　）。［2017 年真题］

A. 服务管理机构应当设立军休干部管理委员会

B. 服务管理机构应当加强对军休干部管理委员会的指导

C. 军休干部管理委员会是服务管理机构做好工作的参谋和助手

D. 军休干部管理委员会的成员由服务管理机构全体工作人员推选产生

E. 军休干部管理委员会是军休干部自我教育、自我管理、自我服务的群众性组织

【解析】军休干部管理委员会是在服务管理机构内军休干部自我教育、自我管理、自我服务的群众性组织。服务管理机构内设有军休干部管理委员会的，服务管理机构应当加强对军休干部管理委员会的指导，按照有关规定组织开展活动，发挥军休干部管理委员会的作用，定期听取军休干部管理委员会工作情况报告，研究解决其反映的问题。

3. 关于军队干部退休安置办法，下列说法正确的有（　　）。

A. 军队干部经批准退休后，由团以上政治机关填发退休干部证明书和介绍信

B. 退休干部个人档案材料应继续保存在其所服役的部队

C. 退休干部证明书所填项目在退休后的变动，由安置地区的民政部门负责填写

D. 退休干部的交接工作，由军以上单位派人到安置地区的省、市、自治区人民政府民政部门办理

E. 军队退休干部移交地方后，由地方各级民政部门的专门机构负责组织实施服务管理工作

【解析】AB 两项，军队干部经批准退休后，由军以上政治机关填发退休干部证明书和介绍信，并将干部个人档案材料转至退休安置地区的民政部门。C 项，退休干部证明书所填项目在退休后的变动，由安置地区的民政部门负责填写。D 项，退休干部的交接工作，由军以上单位派人到安置地区的省、市、自治区人民政府民政部门办理。E 项，军队退休干部移交地方后，对其服务管理坚持“基本政治待遇不变，生活待遇还要略为从优”的原则，由地方各级民政部门的专门机构负责组织实施服务管理工作。

1AD　2ABCE　3CDE

第九章　我国城乡基层群众自治和社区建设法规与政策

第一节　城市社区居民自治法规与政策

一、单项选择题(每题的备选项中，只有1个最符合题意)

1. 根据《城市居民委员会组织法》，居民委员会的性质是(　　)。[2014年真题]

A. 基层行政性自治组织　　B. 基层群众性自治组织

C. 基层行政性服务组织　　D. 基层群众性服务组织

【解析】居民委员会是居民自我管理、自我教育、自我服务的基层群众性自治组织。作为居民自治组织，居民委员会的特殊性质有：群众性、自治性和地域性。

2. 红光社区部分居民代表认为本社区居委会规模较小，建议与一路之隔同属某区某街道办事处的阳光社区居委会合并，并建议两个居委会的居民户代表会议通过投票表决作出两个居委会合并的决定。根据《城市居民委员会组织法》，下列关于两个居委会合并的说法，正确的是(　　)。[2014年真题]

A. 两个居委会分别组织召开居民会议，均表决通过后即可合并

B. 两个居委会应当联合召开居民会议，并经2/3以上居民表决同意后方可合并

C. 两个居委会均可提出建议，但应得到街道办事处审核批准方可合并

D. 两个居委会的合并，应当由区人民政府决定

【解析】《城市居民委员会组织法》第六条规定，居民委员会根据居民居住情况，按照便于居民自治的原则，一般在100户至700户的范围内设立。居民委员会的设立、撤销、规模调整，由不设区的市、市辖区的人民政府决定。

3. 根据《城市居民委员会组织法》，居民委员会的设立、撤销、规模调整由(　　)决定。[2012年真题]

A. 省级人民政府民政部门　　B. 市级人民政府民政部门

C. 不设区的市、市辖区的人民政府　　D. 街道办事处

【解析】参见《城市居民委员会组织法》第六条规定。

4. 根据《关于加强和改进城市社区居民委员会建设工作的意见》，下列关于社区居民委员会建设的说法中，正确的是(　　)。[2017年真题]

A. 社区居民委员会是街道办事处下设机构

B. 社区居民委员会可以设置下属的委员会

C. 社区居民委员会成员应由社区专职工作人员担任

D. 新建住宅区居民入住率达到30%，应及时成立社区居民委员会

【解析】A项，居民委员会既不是一级政权组织，也不是基层政府的派出机构，而是一种群众性组织；C项，《关于加强和改进城市社区居民委员会建设工作的意见》鼓励社区民

1B　2D　3C　4B

警、群团组织负责人通过民主选举程序担任社区居民委员会成员，鼓励党政机关、企事业单位在职或退休党员干部、社会知名人士以及社区专职工作人员参与社区居民委员会选举，经过民主选举担任社区居民委员会成员；D 项，新建住宅区居民入住率达到 50% 的，应及时成立社区居民委员会。

5. 根据《关于加强和改进城市社区居民委员会建设工作的意见》，新建住宅区居民入住率达到（　　）的，应及时成立社区居民委员会。［2016 年真题］

A. 20%　　B. 30%　　C. 40%　　D. 50%

【解析】根据《关于加强和改进城市社区居民委员会建设工作的意见》，要加快社区居民委员会组织全覆盖。新建住宅区居民入住率达到 50% 的，应及时成立社区居民委员会，在此之前应成立居民小组或由相邻的社区居民委员会代管，实现对社区居民的全员管理和无缝隙管理。

6. 根据《城市居民委员会组织法》，下列工作中，属于居民委员会责任的是（　　）。［2014 年真题］

A. 批准低保待遇　　B. 处罚违法行为　　C. 确定征兵人选　　D. 调解民间纠纷

【解析】居民委员会的主要职能有：①依法组织居民开展自治活动，包括调解民间纠纷，及时化解居民群众间的矛盾纠纷，开展社区互助服务和志愿服务活动，促进家庭和睦及邻里和谐等；②依法协助城市基层人民政府或其派出机关开展工作；③依法依规组织开展有关监督活动，包括对供水、供电、供气、环境卫生、园林绿化等市政服务单位在社区的服务情况进行监督，并指导和监督社区内社会组织、业主委员会、业主大会、物业服务企业开展工作，维护社区居民的合法权益。

7. 根据《城市居民委员会组织法》，社区居民委员会每届任期（　　）年，其成员可以连选连任。［2016 年真题］

A. 2　　B. 3　　C. 4　　D. 5

【解析】《城市居民委员会组织法》第八条规定，居民委员会每届任期 3 年，其成员可以连选连任。年满 18 周岁的本居住地区居民，不分民族、种族、性别、职业、家庭出身、宗教信仰、教育程度、财产状况、居住期限，都有选举权和被选举权；但是，依照法律被剥夺政治权利的人除外。

8. 做好选民登记工作是社区居民委员会选举的重要步骤。老孙属于人户分离的城镇居民，经常居住在本社区但户口不在本社区。根据《关于切实做好城市社区居民委员会换届选举工作的通知》，下列关于老孙参加社区居民委员会换届选举进行选民登记的说法，正确的是（　　）。［2015 年真题］

A. 原则上应当在户口所在地进行选民登记

B. 原则上应当在经常居住地进行选民登记

C. 在户口所在地、经常居住地均进行选民登记

D. 由其居住地居民会议决定其是否进行选民登记

【解析】《居民委员会组织法》及相关文件要求，要认真做好选民登记工作，对人户分离

5D　6D　7B　8B

的城镇居民，原则上要在经常居住地进行登记，对愿意参加户口所在地选举的，要尊重其自主选择的权利，但不得重复行使选举权利。

9. 根据《城市居民委员会组织法》，居民会议由(　　)召集。[2013 年真题]

A. 业主委员会　　B. 居民委员会

C. 社区选举委员会　　D. 社区协商议事会

【解析】《居民委员会组织法》和《关于加强和改进城市社区居民委员会建设工作的意见》对召开居民会议主要有以下规定或要求：①居民会议由居民委员会召集和主持，居民委员会向居民会议负责并报告工作；②居民会议由 18 周岁以上的居民组成；③有 1/5 以上的 18 周岁以上的居民、1/5 以上的户或者 1/3 以上的居民小组提议，应当召集居民会议；④规定了居民会议行使一系列职能。

10. 队伍建设是社区居民委员会建设的重要内容。根据《中共中央办公厅、国务院办公厅关于加强和改进城市社区居民委员会建设工作的意见》，社区专职工作人员的报酬标准原则上不低于上年度当地(　　)。[2014 年真题]

A. 事业单位平均工资水平　　B. 社会平均工资水平

C. 公务员平均工资水平　　D. 城镇职工平均工资水平

【解析】根据《中共中央办公厅、国务院办公厅关于加强和改进城市社区居民委员会建设工作的意见》，社区居民委员会成员、社区专职工作人员的报酬问题由县级以上地方人民政府统筹解决，其标准原则上不低于上年度当地社会平均工资水平。社区居民委员会成员和社区专职工作人员按国家有关规定参加基本养老、失业、基本医疗、生育、工伤保险，有条件的地方逐步落实住房公积金政策。

11. H 社区居委会于 2017 年 3 月进行了换届选举，以下说法正确的是(　　)。

A. 何倩因盗窃罪被判入狱 1 年，于 2016 年 1 月出狱，出狱后的何倩改过自新，但因其曾犯过罪，没有资格参与居民委员会换届选举

B. 王蒙是在校学生，2017 年 6 月份年满 18 周岁，可以参与居民委员会的换届选举

C. 李佳是外地户口，在 H 社区居住了 1 年，不能参加居民委员会的换届选举

D. 居民委员会李主任，已经连续 3 届当选为居民委员会主任，仍然可以参与本次竞选

【解析】《居民委员会组织法》第八条规定，居民委员会每届任期 3 年，其成员可以连选连任。年满 18 周岁的本居住地区居民，不分民族、种族、性别、职业、家庭出身、宗教信仰、教育程度、财产状况、居住期限，都有选举权和被选举权；但是，依照法律被剥夺政治权利的人除外。A 项，何倩虽犯过罪，但没有被剥夺政治权利，因此有资格参与换届选举；B 项，王蒙直到 2017 年 6 月份年满 18 周岁才享有选举权和被选举权；C 项，李佳虽然是外地户口，但是在本社区居住，属于本社区居民，享有选举权和被选举权。

12. 某城市社区有居民小组 12 个，居民家庭 3000 户，年满 18 周岁的居民 6500 人。该社区若要召集居民会议，须获得(　　)提议。

A. 599 户　　B. 1301 名年满 18 周岁的居民

9B　10B　11D　12B

C. 所在街道办事处　　D. 3 个居民小组

【解析】《居民委员会组织法》第十条第二款规定，居民会议由居民委员会召集和主持。由 1/5 以上的 18 周岁以上的居民、1/5 以上的户或者 1/3 以上的居民小组提议，应当召集居民会议。涉及全体居民利益的重要问题，居民委员会必须提请居民会议讨论决定。依据此规定，该城市社区的居民会议可由 1300 名以上年满 18 周岁的居民、600 个以上的户或者 4 个以上居民小组提议。

13. 根据《居民委员会组织法》，市、市辖区人民政府有关部门需要居委会协助工作的，应当经由(　　)同意并统一安排。

A. 居委会主任　　B. 居民会议

C. 社区党组织　　D. 市、市辖区人民政府或者其派出机关

【解析】《居民委员会组织法》第二十条规定，市、市辖区的人民政府有关部门，需要居民委员会或者它的下属委员会协助进行的工作，应当经市、市辖区的人民政府或者它的派出机关同意并统一安排。市、市辖区的人民政府的有关部门，可以对居民委员会有关的下属委员会进行业务指导。

二、多项选择题(每题的备选项中，有 2 个或 2 个以上符合题意，至少有 1 个错项)

1. 根据《城市居民委员会组织法》，下列居委会组成人数符合规定的有(　　)。[2017 年真题]

A. 3 人　　B. 5 人　　C. 7 人　　D. 9 人

E. 11 人

【解析】《居民委员会组织法》第七条规定，居民委员会由主任、副主任和委员共五至九人组成。多民族居住地区，居民委员会中应当有人数较少的民族的成员。

2. 居民委员会是城市基层群众性自治组织，依法承担多项任务。根据《城市居民委员会组织法》，下列关于居委会的基本任务的说法中，错误的有(　　)。[2010 年真题]

A. 居委会要依法组织居民开展自治活动，不必完成政府交办的任务

B. 居委会既要依法组织开展自治活动，也要协助政府开展工作

C. 居委会虽然是自治性组织，但仍应以完成政府交办的工作为主

D. 居委会组织居民开展自治活动的工作计划应报请政府主管部门批准后实施

E. 居民委员会开展自治活动，街道办事处负责并报告工作

【解析】居民委员会是基层群众自治性自治组织，具有自治性。居民委员会组织的自治性是指在国家法律法规和政策规定的范围内，在基层党组织的领导和基层政府及其派出机关的指导下拥有一定的自主权和自决权，实行居民自我管理、自我教育、自我服务、自我监督。居民委员会的主要职能包括三个方面：①依法组织居民开展自治活动；②依法协助城市基层人民政府或其派出机关开展工作；③依法依规组织开展有关监督活动。即居民委员会依法组织开展自治活动，也要协助政府开展工作。

3. 某社区居民委员会正在制定年度工作经费预算。根据《关于加强和改进城市社区居民委员会建设工作的意见》，下列经费中，可向街道办事处申请纳入财政预算的有(　　)。

13D　▍　1BCD　2ACDE　3ABDE

［2016 年真题］

A. 工作经费　　B. 人员报酬

C. 居民互助经费　　D. 服务设施建设经费

E. 社区信息化建设经费

【解析】《关于加强和改进城市社区居民委员会建设工作的意见》明确提出，要将社区居民委员会的工作经费、人员报酬以及服务设施和社区信息化建设等项经费纳入财政预算。街道办事处要将社区居民委员会工作经费纳入街道办事处银行账户管理，实行专款专用，分账核算，不得挪用、挤占、截留，并定期向社区居民委员会及居民公开使用情况，接受居民监督。

4. 下列各项属于居民委员会选举办法的有(　　)。

A. 由本居住区的全体居民选举产生

B. 由本居住地区全体有选举权的居民选举产生

C. 每个居民小组派 1 名代表选举产生

D. 每户派代表选举产生

E. 每个居民小组选 2 ~3 名代表选举产生

【解析】《居民委员会组织法》提出了民主选举产生居民委员会主任、副主任和委员的具体方式：①由本居住地区全体有选举权的居民选举产生，即“直接选举”；②可以由每户派代表选举产生；③根据居民意见，也可以由每个居民小组选举代表 2 ~3 人选举产生。

5. 阳光社区被评为全国优秀社区，并多次被评为市级优秀社区，这些荣誉称号与社区工作者多年来的辛勤付出密不可分。关于社区居民委员会的工作人员，下列说法正确的有(　　)。

A.《居民委员会组织法》规定，居民委员会由主任、副主任和委员共 6 ~10 人组成

B. 在多民族居住地区，居民委员会中应当有人数较少的民族的成员

C. 城市基层人民政府或者它的派出机关每年至少对社区居民委员会主任培训一次，其他成员每 2 年至少接受培训一次

D. 提倡社区党组织班子成员、社区居民委员会成员与业主委员会成员交叉任职

E. 社区居民委员会下属的委员会和居民小组的负责人应为居民委员会成员

【解析】AB 两项，《居民委员会组织法》第七条规定，居民委员会由主任、副主任和委员共 5 ~9 人组成。多民族居住地区，居民委员会中应当有人数较少的民族的成员。C 项，城市基层人民政府或者它的派出机关每年至少对社区居民委员会主任培训一次，其他成员每 2 年至少接受培训一次。DE 两项，《中共中央办公厅、国务院办公厅关于加强和改进城市社区居民委员会建设工作的意见》提倡社区党组织班子成员、社区居民委员会成员与业主委员会成员交叉任职，社区居民委员会下属的委员会和居民小组的负责人可以由社区居民推选产生，也可以由社区居民委员会成员或社区专职工作人员经过民主程序兼任。

4BDE　5BCD

第二节　农村村民自治法规与政策

一、单项选择题（每题的备选项中，只有 1 个最符合题意）

1. 根据《村民委员会组织法》，村民委员会每届任期（　　）。［2013 年真题］

A. 2 年　　B. 3 年　　C. 4 年　　D. 5 年

【解析】《村民委员会组织法》第十一条第二款规定，村民委员会每届任期 3 年，届满应当及时举行换届选举。

2. 某村正在进行村民委员会选举前的选民登记工作，根据《村民委员会组织法》，户籍在该村的下列人员中，应当列入选民名单的是（　　）。［2017 年真题］

A. 小刘，17 岁，居住在该村

B. 小王，26 岁，居住在县城，本人表示不参加选举

C. 小张，35 岁，居住在邻村且参加了邻村的选举，仍表示要参加本次选举

D. 老杨，75 岁，骨折后在乡敬老院住养

【解析】《村民委员会组织法》规定，年满 18 周岁的村民都有选举权和被选举权（但依照法律被剥夺政治权利的人除外）。村民委员会选举前，应当对下列人员进行登记，列入参加选举的村民名单：①户籍在本村并且在本村居住的村民；②户籍在本村，不在本村居住，本人表示参加选举的村民；③户籍不在本村，在本村居住一年以上，本人申请参加选举，并且经村民会议或者村民代表会议同意参加选举的公民。已在户籍所在村或者居住村登记参加选举的村民，不得再参加其他地方村民委员会的选举。经村民选举委员会告知，本人书面表示不参加选举的，不列入参加选举的村民名单。

3. 江湾村正在登记参加村民委员会选举的村民名单，根据《村民委员会组织法》，下列人员中，应当列入此名单的是（　　）。［2016 年真题］

A. 小虎，17 周岁，户籍在本村，居住在本村，本人表示愿意参加选举

B. 兰花，27 周岁，户籍不在本村，嫁到本村半年，申请参加选举，村民代表会议不同意

C. 张数，37 周岁，户籍在本村，经商致富后定居外地，经选举委员会与其联系，无明确答复

D. 郑仁，47 周岁，户籍不在本村，3 年前来村居住，申请参加选举，村民代表会议同意

【解析】根据《村民委员会组织法》规定，A 项，小虎不满 18 周岁，没有选举权；B 项，兰花户籍不在本村，在本村居住不到 1 年，且未经村民代表会议同意，无权参加选举；C 项，张数虽然户籍在本村，不在本村居住，但未明确表示参加选举，也不应列入名单。

4. 下列关于村民委员会选举原则的说法，正确的是（　　）。［2011 年真题］

A. 有选举权的村民过半数投票，选举有效

B. 候选人获得全体村民过半数选票，始得当选

C. 当选人数不足应选名额的，重新选举

1B　2D　3D　4A

D. 候选人的名额应当与应选名额相同

【解析】根据《村民委员会组织法》的规定，A 项，选举村民委员会，有登记参加选举的村民过半数投票，选举有效；B 项，候选人获得参加投票的村民过半数的选票，始得当选；C 项，当选人数不足应选名额的，不足的名额另行选举；D 项，选举村民委员会，由登记参加选举的村民直接提名候选人。候选人的名额应当多于应选名额。

5. 某村有村民代表 60 名，该村村委会擅自将石灰石矿开采权转让给无相关资质企业，开采导致地面明显沉降，村民住房开裂损坏，村民在开展维权的同时，拟联名罢免村委会成员。根据《村民委员会组织法》，该村(　　)名以上的村民代表联名，即可提出罢免村民委员会成员的要求，启动罢免程序。[2016 年真题]

A. 5　　B. 10　　C. 15　　D. 20

【解析】根据《村民委员会组织法》第十六条第一款的规定，本村 1/5 以上有选举权的村民或者 1/3 以上的村民代表联名，可以提出罢免村民委员会成员的要求，启动罢免程序。本题中，该村有村民代表 60 名，则 20 名以上的村民代表联名，可以提出罢免村民委员会成员的要求。

6. 根据《村民委员会组织法》和《村民委员会选举规程》，下列关于村民会议的说法，正确的是(　　)。[2014 年真题]

A. 召开村民会议应当有本村 18 周岁以上村民的过半数，或者本村 3/4 以上的户的代表参加

B. 村民会议作决定应经到会人数的 2/3 通过

C. 有 1/10 以上的村民提议，应当召集村民会议

D. 本村 1/5 以上有选举权的村民联名提出罢免村民委员会成员的要求时，应召开村民会议审议罢免要求

【解析】AB 两项，村民会议由本村 18 周岁以上的村民组成。召开村民会议，应当有本村 18 周岁以上村民的过半数，或者本村 2/3 以上的户的代表参加，村民会议所作决定应当经到会人员的过半数通过。C 项，村民会议由村民委员会召集。有 1/10 以上的村民或者 1/3 以上的村民代表提议，应当召集村民会议。D 项，本村 1/5 以上有选举权的村民或者 1/3 以上的村民代表联名，可以提出罢免村民委员会成员的要求，启动罢免程序。

7. 根据《村民委员会组织法》，村民会议由村民委员会召集，有 1/10 以上的村民或 1/3 以上的村民代表提议，应当召集村民会议，召集村民会议，应当提前(　　)天通知村民。[2015 年真题]

A. 3　　B. 5　　C. 8　　D. 10

【解析】《村民委员会组织法》规定，村民会议由村民委员会召集。有 1/10 以上的村民或者 1/3 以上的村民代表提议，应当召集村民会议。召集村民会议，应当提前 10 天通知村民。

8. 根据《村民委员会组织法》，下列关于民主监督制度的说法，正确的是(　　)。[2011 年真题]

5D　6C　7D　8A

A. 村应当建立村务监督委员会或者其他形式的村务监督机构

B. 村务监督机构成员由村民委员会任命

C. 村民委员会成员离任审计结果应当与下一届村民委员会选举结果同时公布

D. 村民委员会成员一次被评议不称职的，其职务即终止

【解析】根据《村民委员会组织法》的规定，A 项，村应当建立村务监督机构，负责村民民主理财和村务公开等制度的落实；B 项，村务监督委员会成员由村民会议或者村民代表会议在村民中推选产生；C 项，村民委员会成员的任期和离任责任审计，由县级人民政府农业部门、财政部门或者乡、民族乡、镇的人民政府负责组织，审计结果应当公布，其中离任经济责任审计结果应当在下一届村民委员会选举之前公布；D 项，民主评议每年至少进行一次，由村务监督机构主持。村民委员会成员连续两次被评议不称职的，其职务终止。

9. 下列关于村民委员会选举的说法，正确的是(　　)。

A. 村民委员会委员，由村民直接选举产生

B. 村民委员会选举，由村民会议主持

C. 选举村民委员会，由村民小组提名候选人

D. 本村 1/5 以上村民联名，可直接罢免村民委员会成员

【解析】根据《村民委员会组织法》，A 项，村民委员会实行民主选举，村民委员会主任、副主任和委员，由村民直接选举产生。任何组织或者个人不得指定、委派或者撤换村民委员会成员。B 项，村民委员会选举，由村民选举委员会主持。C 项，村民委员会成员候选人，应当由登记参加选举的村民直接提名，根据拟定的候选人名额，按照得票多少确定。D 项，本村 1/5 以上有选举权的村民或者 1/3 以上的村民代表联名，可以提出罢免村民委员会成员的要求，启动罢免程序。

10. 寨子村于 2015 年 6 月换届选举产生了新一届村委会。2016 年 6 月村主任李某因故辞职，张某经法定程序当选为村主任。2017 年 6 月，张某因不称职被依法罢免。王某于同月当选为新村主任。根据现行规定，王某的任期应当到(　　)结束。

A. 2021 年 6 月　　B. 2020 年 6 月　　C. 2019 年 6 月　　D. 2018 年 6 月

【解析】村民委员会实行民主选举，每届任期 3 年，届满应当及时举行换届选举。村民委员会成员出缺，可以由村民会议或者村民代表会议进行补选。补选程序参照村民委员会选举投票程序。补选的村民委员会成员的任期到本届村民委员会任期届满时止。本题中，王某属于补选的村委会成员，所以他的任期是到本届村民委员会任期届满时止，即 2018 年 6 月。

11. 前山村有选举权的选民数为 1050 人，本届选民数为 1000 人。村民委员会换届选举时，全村发出的全部选票数为 620 张，收回的有效选票数为 600 张。候选人要获得(　　)以上赞成票，才有资格当选。

A. 301 张　　B. 311 张　　C. 310 张　　D. 526 张

【解析】《村民委员会组织法》第十五条规定，选举村民委员会，由登记参加选举的村民直接提名候选人。候选人的名额应当多于应选名额。选举村民委员会，有登记参加选

9A　10D　11A

举的过半数投票，选举有效；候选人获得参加投票的村民的过半数的选票，始得当选。本题中，虽然发出选票为620张，但是收回的有效票数只有600张。故只要超过600张的半数便可通过。

二、多项选择题(每题的备选项中，有2个或2个以上符合题意，至少有1个错项)

1. 根据《村民委员会组织法》，村民委员会是村民(　　)的基层群众性自治组织。[2016年真题]

A. 自我管理　B. 自我发展　C. 自我教育　D. 自我服务

E. 自我协商

【解析】《村民委员会组织法》第二条第一款规定，村民委员会是村民自我管理、自我教育、自我服务的基层群众性自治组织，实行民主选举、民主决策、民主管理、民主监督。

2. 根据《村民委员会组织法》，村民委员会的基本任务有(　　)。[2011年真题]

A. 办理本村公共事业　B. 调解民间纠纷

C. 协助维护社会治安　D. 向人民政府反映村民意见

E. 组织开展植树造林

【解析】《村民委员会组织法》第二条规定，村民委员会办理本村的公共事务和公益事业，调解民间纠纷，协助维护社会治安，向人民政府反映村民的意见、要求和提出建议。

3. 根据《村民委员会组织法》，下列关于村民委员会选举的说法，正确的有(　　)。[2017年真题]

A. 候选人的名额应当等于或多于应选名额

B. 有登记参加选举的村民超过三分之一投票选举有效

C. 候选人获得参加投票的村民超过三分之一的选票始得当选

D. 选举村民委员会由登记参加选举的村民直接提名候选人

E. 村民选举委员会应当组织候选人与村民见面，由候选人介绍履行职责的设想，回答村民提出的问题

【解析】A项，村民选举委员会应当根据村民委员会主任、副主任、委员的职数，分别拟定候选人名额。候选人名额应当多于应选名额。B项，选举村民委员会，有登记参加选举的村民过半数投票，选举有效。C项，候选人获得参加投票的村民过半数的选票，始得当选。D项，村民委员会成员候选人，应当由登记参加选举的村民直接提名，根据拟定的候选人名额，按照得票多少确定。E项，村民选举委员会应当对候选人的选举竞争材料进行审核把关，应当组织候选人与村民见面，由候选人介绍履职设想，回答村民提问。

4. 小河村要进行村委会换届选举，村选举委员会对是否设立和如何使用秘密写票处产生了意见分歧。下列意见中正确的有(　　)。[2009年真题]

A. 许多选民都说设了秘密写票处也没有人去，因此不用设

B. 不管有没有人使用，都必须设立秘密写票处

1ACD　2ABCD　3DE　4BDE

C. 所有选民都必须到秘密写票处划票

D. 选民去不去秘密写票处划票由选民自己决定

E. 如果选民想去秘密写票处划票，村选举委员会应满足选民的要求

【解析】村民委员会选举实行无记名投票、公开计票的方法，选举结果应当当场公布。选举时，应当设立秘密写票处。AC 两项，村选举委员会应当按照规定设置秘密写票处，保障选民们的选举权利。

5. 根据《村民委员会组织法》的有关规定，下列符合对村民委员会委员罢免规定的有(　　)。[2008 年真题]

A. 村民委员会主任可以直接罢免村民委员会委员

B. 本村 1/5 以上有选举权的村民可以联名提出罢免要求

C. 被提出罢免的村民委员会成员有权提出申辩意见

D. 村民委员会依法召开村民会议，投票表决罢免要求

E. 乡镇人民政府可直接罢免村民委员会委员

【解析】《村民委员会组织法》第十六条规定，本村 1/5 以上有选举权的村民或者 1/3 以上的村民代表联名，可以提出罢免村民委员会成员的要求，并说明要求罢免的理由。被提出罢免的村民委员会成员有权提出申辩意见。罢免村民委员会成员，须有登记参加选举的村民过半数投票，并须经投票的村民过半数通过。

6. 根据《村民委员会组织法》的有关规定，下列事项中，经村民会议讨论决定后方可办理的有(　　)。[2014 年真题]

A. 本村享受误工补贴的人员及补贴标准

B. 本村公益事业的经费筹集方案及建设承包方案

C. 征地补偿费用的使用、分配方案

D. 宅基地的使用方案

E. 本村享受医疗救助的人员

【解析】根据《村民委员会组织法》规定，涉及村民利益的下列事项，经村民会议讨论决定方可办理：①本村享受误工补贴的人员及补贴标准；②从村集体经济所得收益的使用；③本村公益事业的兴办和筹资筹劳方案及建设承包方案；④土地承包经营方案；⑤村集体经济项目的立项、承包方案；⑥宅基地的使用方案；⑦征地补偿费的使用、分配方案；⑧以借贷、租赁或者其他方式处分村集体财产；⑨村民会议认为应当由村民会议讨论决定的涉及村民利益的其他事项。

7. 小李是乡人民政府工作人员，在全乡村民委员会换届选举前，负责组织对甲、乙、丙三个村的村民委员会成员进行离任审计，根据《村民委员会组织法》，下列事项中，属于法定审计事项的有(　　)。[2015 年真题]

A. 甲村财务收支情况

B. 丙村债权债务情况

C. 甲村征地补偿费的使用、分配情况

D. 乙村村民委员会主任家庭承包果园收支情况

5BCD　6ABCD　7ABC

E. 丙村 1/6 的村民要求审计的族谱修缮集资款使用情况

【解析】村民委员会成员实行任期和离任经济责任审计。审计事项包括：①本村财务收支情况；②本村债权债务情况；③政府拨付和接受社会捐赠的资金、物资管理使用情况；④本村生产经营和建设项目的发包管理以及公益事业建设项目招标投标情况；⑤本村资金管理使用以及本村集体资产、资源的承包、租赁、担保、出让情况，征地补偿费的使用、分配情况；⑥本村 1/5 以上的村民要求审计的其他事项。

8. 关于村民委员会的选举，下列说法错误的有（　　）。

A. 村民委员会负责人均由村民直接选举产生

B. 村民委员会每届任期 5 年

C. 村民委员会成员最多可以连任两届

D. 村民委员会主任、副主任由村民直接选举的办法产生，委员由村委会主任提名产生

E. 村民委员会成员中，妇女应当有适当的名额，多民族村民居住的村应当有人数较少的民族的成员

【解析】《村民委员会组织法》第六条规定，村民委员会由主任、副主任和委员共 3 ~ 7 人组成。村民委员会成员中，应当有妇女成员，多民族村民居住的村应当有人数较少的民族的成员。第十一条规定，村民委员会主任、副主任和委员，由村民直接选举产生。村民委员会每届任期 3 年，届满应当及时举行换届选举。村民委员会成员可以连选连任。

9. 沈某因在外地打工无法回村参加新一届村民委员会成员的换届选举，他在村民选举委员会成员老李的提议下决定委托其弟弟代投。下列关于委托投票的说法正确的有（　　）。

A. 根据规定，沈某可以委托其有选举权的弟弟代为投票

B. 沈某的弟弟接受委托投票的人数不得超过 5 人

C. 若沈某的弟弟提名为村民委员会候选人，不得接受委托

D. 沈某应当办理书面委托手续

E. 村民选举委员会应当及时公布委托人和受委托人的名单

【解析】《村民委员会组织法》第十五条规定，登记参加选举的村民，选举期间外出不能参加投票的，可以书面委托本村有选举权的近亲属代为投票。每一登记参加选举的村民接受委托投票不得超过 3 人。提名为村民委员会候选人的，不得接受委托。委托投票应当办理书面委托手续。村民选举委员会应当及时公布委托人和受委托人的名单。

10. 林河村村民委员会开展了新一届成员班子的选举，但因为选举过程中出现些许问题，导致该次选举结果被作了无效处理。根据相关规定，可能是下列哪些原因导致了选举无效？（　　）

A. 村民选举委员会不是推选产生，而是由村民委员会成员直接兼任

B. 村民委员会成员候选人，不是由登记参加选举的村民直接提名

C. 参加投票的村民人数未超过登记参加选举的村民的 2/3

D. 候选人名额与应选人名额相等，故采取了等额选举

E. 收回的选票多于发出选票

【解析】村民选举委员会必须经过推选产生，而不能由村民委员会成员直接兼任。村民

8BCD　9ACDE　10ABDE

委员会成员候选人必须是由登记参加选举的村民直接提名。有下列情形之一的，选举无效：①村民选举委员会未按照法定程序产生的；②候选人的产生不符合法律规定的；③参加投票的村民人数未过登记参加选举的村民半数的；④违反差额选举原则，采取等额选举的；⑤收回的选票多于发出选票的；⑥没有公开唱票、计票的；⑦没有当场公布选举结果的；⑧其他违反法律、法规有关选举程序规定的。

第三节　社区建设法规与政策

一、单项选择题(每题的备选项中，只有1个最符合题意)

1. 社区建设把满足社会居民的合理需求作为工作目标和内容，把服务社区居民作为根本出发点和归宿。这体现了社区建设的(　　)原则。[2012年真题]

A. 以人为本，服务居民　　B. 扩大民主，民主自治

C. 资源共享，共驻共建　　D. 因地制宜，循序渐进

【解析】社区建设的基本原则有：①以人为本，服务居民。坚持以不断满足社区居民的社会需求，提高居民生活质量和文明程度为宗旨，把服务社区居民作为社区建设的根本出发点和归宿。②资源共享，共驻共建。③责权统一，管理有序。④扩大民主，居民自治。⑤因地制宜，循序渐进。

2. 根据《社区服务体系建设规划(2011—2015年)》，力争到“十二五”期末，每百户居民拥有的社区综合性服务设施面积不低于(　　)平方米。[2015年真题]

A. 5　　B. 10　　C. 15　　D. 20

【解析】《国务院办公厅关于印发社区服务体系建设规划(2011—2015年)的通知》等文件提出，要将社区居民委员会工作用房和居民公益性服务设施建设纳入城市规划、土地利用规划和社区发展相关专项规划，并与社区卫生、警务、文化、体育、养老等服务设施统筹规划建设，使每百户居民拥有的社区综合性服务设施面积不低于20平方米。

3. 根据《关于加强和改进城市社区居民委员会建设工作的意见》，已建成居住区没有居民公益性服务设施或不能满足需要的，可通过新建、调剂、置换、租借等方式解决，所需资金由(　　)统筹解决。[2016年真题]

A. 社区居委会　　B. 街道办事处

C. 地方各级人民政府　　D. 中央人民政府

【解析】根据《关于加强和改进城市社区居民委员会建设工作的意见》的规定，要加强工作用房和居民公益性服务设施建设。老城区和已建成居住区没有社区居民委员会工作用房和居民公益性服务设施的或者不能满足需要的，由区(县、市)人民政府负责建设，也可以从其他社区设施中调剂置换，或者以购买、租借等方式解决，所需资金由地方各级人民政府统筹解决。

4. 某社区利用所辖区域驻有武警消防中队的优势，聘请消防官兵做辅导员，大力开展防灾减灾宣传和演练，社区居民广泛参与，消防意识明显增强。根据《关于加强和改进城市社区居民委员会建设工作的意见》，该项举措属于社区建设中的(　　)。[2015年真题]

1A　2D　3C　4C

A. 社会组织参与　　B. 社区居民互助

C. 驻区单位共驻共建　　D. 业主委员会协作

【解析】中国特色社区建设的运行机制突出表现为党委政府主导、社会广泛参与。其中，社会广泛参与是社区建设不可或缺的主体力量，《关于加强和改造城市社区居民委员会建设工作的意见》要求：①积极引导各种社会组织和各类志愿者参与社区管理和服务；②鼓励和支持社区居民开展互助服务；③发挥业主大会和业主委员会在社区管理和服务中的积极作用；④强化驻区单位的社区建设责任，推动共驻共建、资源共享。而且要求把驻区单位履行社区建设责任的情况纳入和谐社区示范单位创建内容。

5. 根据《关于推进社区公共服务综合信息平台建设的指导意见》，到 2020 年，除部分不具备条件的地区外，全国大部分街道均应用社区公共服务综合信息平台，(　　)事项主要依托社区公共服务综合信息平台统一办理。[2016 年真题]

A. 社区卫生环境管理　　B. 社区服务设施管理

C. 政府基本公共服务　　D. 慈善捐赠信息发布

【解析】根据《关于推进社区公共服务综合信息平台建设的指导意见》的规定，推进社区公共服务综合信息平台建设的总体目标是：到“十二五”期末，社区公共服务综合信息平台建设试点工作全面推开；到 2020 年，除部分不具备条件的地区外，全国大部分街道均应用社区公共服务综合信息平台，乡镇应用比例大幅度提高，政府基本公共服务事项主要依托社区公共服务综合信息平台统一办理，逐步实现社区公共服务事项的全人群覆盖、全口径集成和全区域通办，切实改善社区信息技术装备条件，提高社区管理运行效率，增强部门协同服务能力，提升居民群众使用率和满意度。

6. 根据《社区服务体系建设规划(2011—2015 年)》，下列 400 户居民的社区中，社区服务体系建设单项达标的是(　　)。[2016 年真题]

A. 甲社区，拥有社区社会组织 4 个

B. 乙社区，拥有专业社会工作者 3 人

C. 丙社区，拥有志愿者服务队伍 2 支

D. 丁社区，拥有社区服务设施面积 75 平方米

【解析】根据《社区服务体系建设规划(2011—2015 年)》，社区服务体系建设的发展目标为：①合理配置社区服务设施。力争到“十二五”期末，社区服务设施综合覆盖率达到 90%，每百户居民拥有的社区服务设施面积不低于 20 平方米，基本建成以社区综合服务设施为主体、各类专项服务设施相配套的综合性、多功能的社区服务设施网络。②优化社区服务内容。力争到“十二五”期末，基本公共服务项目覆盖到所有社区。③壮大社区服务队伍。力争到“十二五”期末，新增社区服务从业人员 200 万人，每个社区至少拥有一名大学生或一名社会工作专业人员，80% 以上的社区党员和 30% 以上的社区居民参与社区志愿服务活动，基本形成一支专业素质较高、服务能力较强、社区居民满意的社区服务队伍。④完善社区服务体制机制。力争到“十二五”期末，80% 以上的社区居民委员会实行直接选举，每个社区拥有 5 个以上的社区社会组织，80% 以上的驻区单位与社区签订共驻共建协议。基本建立多方参与、优势互补、利益协调、规范有序的社区服务

5C　6B

运行机制。据此，400 户居民的社区中应至少拥有 5 个以上的社区社会组织，一名大学生或一名社会工作专业人员，一支社区服务队伍，并拥有不低于 80 平方米的社区服务设施面积。

7. 多年以来，清泉社区积极链接政府、社区共建单位以及社会组织等资源，使得外部资源与社区力量形成合力，共同促进社区的发展。这体现了社区建设(　　)的特征。

A. 整合性　　B. 综合性

C. 服务性　　D. 党的领导和政府主导，社会广泛参与

【解析】社区建设具有以下基本特征：①整合性。社区建设特别强调通过整合社区资源和社区力量来共同解决社区问题，合力推进社区发展。②综合性。社区建设是指整个社区的全方位建设，而不是特指社区某一方面的工作。不管是从内容来看，还是从方法手段来看，都具有明显的综合性特征，是综合性极强的系统工程。③中国特色社区建设的运行机制突出表现为党的领导和政府主导，以及社会广泛参与。

二、多项选择题(每题的备选项中，有 2 个或 2 个以上符合题意，至少有 1 个错项)

馨园社区是一个非常综合的社区，社区内配有卫生服务站、活动中心、图书室、健身器材等各类服务设施，以满足社区居民的多元需求。下列关于社区综合服务设施建设的说法，正确的有(　　)。

A. 要将社区居民委员会工作用房和居民公益性服务设施建设纳入城市规划、土地利用规划和社区发展相关专项规划

B. 新建住宅小区和旧城区连片改造居民区的建设单位必须按照国家有关标准要求，将公共服务设施配套建设纳入建设工程规划设计方案

C. 老城区和已建成居住区没有社区居民委员会工作用房和居民公益性服务设施的或者不能满足需要的，由街道办事处负责建设

D. 提倡“一室多用”，提高使用效益

E. 社区居民委员会办公服务设施的供暖、水电、煤气、电信等费用全免

【解析】建设社区综合性服务设施是社区建设的一项重要任务。对此，相关文件提出了一系列要求。概括地说，主要包括以下几点：①要将社区居民委员会工作用房和居民公益性服务设施建设纳入城市规划、土地利用规划和社区发展相关专项规划，并与社区卫生、警务、文化、体育、养老等服务设施统筹规划建设，使每百户居民拥有的社区综合性服务设施面积不低于 20 平方米；②新建住宅小区和旧城区连片改造居民区的建设单位必须按照国家有关标准要求，将公共服务设施配套建设纳入建设工程规划设计方案；③老城区和已建成居住区没有社区居民委员会工作用房和居民公益性服务设施的或者不能满足需要的，由区(县、市)人民政府负责建设，也可以从其他社区设施中调剂置换，或者以购买、租借等方式解决，所需资金由地方各级人民政府统筹解决；④提倡“一室多用”，提高使用效益。社区居民委员会办公服务设施的供暖、水电、煤气、电信等费用应按照当地居民使用价格标准收取。

7A　|　ABD

第四节　社区服务法规与政策

一、单项选择题(每题的备选项中，只有1个最符合题意)

1. 下列服务项目中，不属于社区公共服务内容的是(　　)。[2013年真题]

   A. 开展社区再就业人员培训　　B. 开设社区连锁经营小型超市

   C. 建立社区居民健康档案　　D. 对社区流动人口进行管理和服务

   【解析】《关于加强和改进社区服务工作的意见》指出，公共服务体系的内容包括八种：①推进社区就业服务；②推进社区救助服务；③推进社会保障服务；④推进社区卫生和计划生育服务；⑤推进社区文化、教育、体育服务；⑥推进社区流动人口管理和服务；⑦推进社区安全服务；⑧不断改进政府公共服务方式。A项属于推进社区就业服务的内容；C项属于推进社区卫生和计划生育服务的内容；D项属于推进社区流动人口管理和服务的内容。

2. 根据《关于加快推进社区社会工作服务的意见》，加快推进社区社会工作服务的主要任务之一是建立健全社区、社会组织和(　　)联动服务机制。[2015年真题]

   A. 社会治安　　B. 社会保障

   C. 社区志愿者　　D. 社会工作专业人才

   【解析】根据《关于加快推进社区社会工作服务的意见》，加快推进社区社会工作服务的主要任务有：①大规模培养和使用社区社会工作专业人才队伍；②不断拓宽社区社会工作服务平台；③分类推进社区社会工作服务；④建立健全社区、社会组织和社会工作专业人才联动服务机制；⑤建立健全社区社会工作专业人才引领志愿者服务机制。

3. 大鹏，职业技术学院康复专业毕业生，受聘于家政服务机构暖阳中心，被派到小张家护理张大爷。暖阳中心与小张签订了家庭服务合同。根据《家庭服务业管理暂行办法》，下列暖阳中心的做法中，正确的是(　　)。[2017年真题]

   A. 暖阳中心要求小张必须购买某品牌治疗仪

   B. 小张要求暖阳中心扣留大鹏的身份证，暖阳中心予以拒绝

   C. 小张要求暖阳中心为大鹏建立工作档案，暖阳中心予以拒绝

   D. 大鹏要求复印暖阳中心与小张签订的家庭服务合同，暖阳中心予以拒绝

   【解析】AB两项，根据《家庭服务业管理暂行办法》第十二条，家庭服务机构在家庭服务活动中不得利用家庭服务之便强行向消费者推销商品；不得扣押家庭服务员身份、学历、资格证明等证件原件。C项，第十条规定，家庭服务机构须建立家庭服务员工作档案，接受并协调消费者和家庭服务员投诉，建立家庭服务员服务质量跟踪管理制度。D项，第十五条规定，家庭服务机构应当明确告知涉及家庭服务员利益的服务合同内容，应允许家庭服务员查阅、复印家庭服务合同，保护其合法权益。

4. 某社区为方便居民的日常生活，积极鼓励和支持各类组织、企业和个人在社区兴办居民服务业。下列关于各类组织、企业和个人兴办居民服务业的说法，错误的是(　　)。

   A. 应重点发展社区居民购物、餐饮、维修、美容美发、洗衣、家庭服务、物流配送、快递派送和再生资源回收等服务，培育新型服务业态和服务品牌

1B　2D　3B　4D

B. 鼓励有实力的企业运用连锁经营的方式到社区设立超市、便利店、标准化菜店和早餐网点等便民利民网点

C. 推动驻区单位后勤服务社会化，支持有关单位参与社区服务，按照互惠互利、资源共享原则，积极引导社区内或周边单位内部食堂、文体和科教设施等向社区居民开放

D. 引进物业管理服务，物业公司在居民委员会的领导下为居民提供便利的服务

【解析】国务院《关于加强和改进社区服务工作的意见》中指出，鼓励和支持各类组织、企业和个人兴办居民服务业：①重点发展社区居民购物、餐饮、维修、美容美发、洗衣、家庭服务、物流配送、快递派送和再生资源回收等服务，培育新型服务业态和服务品牌；②鼓励有实力的企业运用连锁经营的方式到社区设立超市、便利店、标准化菜店和早餐网点等便民利民网点；③积极推动驻区单位后勤服务社会化，支持有关单位参与社区服务，按照互惠互利、资源共享原则，积极引导社区内或周边单位内部食堂、浴池、文体和科教设施等向社区居民开放。

二、多项选择题(每题的备选项中，有2个或2个以上符合题意，至少有1个错项)

李静热衷于志愿服务，课余时间在某社区服务中心做志愿者，志愿服务累计时间已有600小时，该服务中心还有很多像李静一样热衷于志愿服务活动的志愿者。下列关于建立社区志愿服务激励保障机制的说法，正确的有(　　)。

A. 该社区服务中心应制订志愿者星级认定制度，对志愿者进行认定

B. 按照相关规定，李静可被认定为四星级志愿者

C. 该社区服务中心应建立志愿者嘉许制度，对优秀志愿者进行褒扬和嘉奖，授予荣誉称号

D. 该社区服务中心应建立志愿服务回馈制度，志愿者可利用参加志愿服务的工时，适度换取一定的社区服务，同时在就学、就业、就医等方面享受优惠或优待

E. 志愿服务回馈需与志愿者参加志愿服务的工时等价，以发挥志愿者的积极性

【解析】在社区志愿服务激励保障机制中，建立志愿者星级认定制度，要根据民政部确定的认定标准，志愿服务累计达到100小时、300小时、600小时、1000小时和1500小时的志愿者，可依次认定为一至五星级志愿者。建立志愿者嘉许制度，对优秀志愿者进行褒扬和嘉奖，授予荣誉称号。建立志愿服务回馈制度，志愿者可以利用参加志愿服务的工时，适度换取一定的社区服务，同时在就学、就业、就医等方面享受优惠或优待。但回馈要适度，充分体现志愿服务自愿、无偿、利他的特点，不能搞成等价交换。本题中，李静可被认定为三星级志愿者。

ACD

第十章　我国公益慈善事业与志愿服务法规与政策

第一节　公益慈善事业法规与政策

一、单项选择题（每题的备选项中，只有1个最符合题意）

1. 某集团董事长与某慈善组织负责人商谈后决定，拟举办一场大型文艺演出，承诺将所有收入捐赠给该慈善组织的“关爱留守儿童”公益项目，同时作了一些口头约定。根据《慈善法》，下列口头约定中，错误的是(　　)。[2017年真题]

   A. 举办活动前，双方应当签订捐赠协议

   B. 举办活动中，可以放置集团烟草产品广告牌

   C. 活动结束后，该集团应按协议履行捐赠义务

   D. 活动结束后，捐赠情况应及时向社会公开

   【解析】ACD三项，《慈善法》第三十七条规定，自然人、法人和其他组织开展演出、比赛、销售、拍卖等经营性活动，承诺将全部或者部分所得用于慈善目的的，应当在举办活动前与慈善组织或者其他接受捐赠的人签订捐赠协议，活动结束后按照捐赠协议履行捐赠义务，并将捐赠情况向社会公开。B项，第四十条规定，任何组织和个人不得利用慈善捐赠违反法律规定宣传烟草制品，不得利用慈善捐赠以任何方式宣传法律禁止宣传的产品和事项。

2. 2015年，泽恩集团年度利润总额是5000万元，当年，泽恩集团向某公募基金会公益项目捐赠500万元，向某非公募基金会公益项目捐赠300万元。根据《公益事业捐赠法》和《企业所得税法》，泽恩集团当年应纳税所得额为(　　)万元。[2017年真题]

   A. 4200　　B. 4400　　C. 4500　　D. 4700

   【解析】《公益事业捐赠法》第二十四条规定，公司和其他企业依照本法的规定捐赠财产用于公益事业，依照法律、行政法规的规定享受企业所得税方面的优惠。《企业所得税法》第九条规定，企业发生的公益性捐赠支出，在年度利润总额12%以内的部分，准予在计算应纳税所得额时扣除。本题中，泽恩集团2015年度公益性捐赠支出总额为：500+300=800(万元)，其中在年度利润总额12%以内的部分为：5000×12%=600(万元)，即有600万元准许在计算应纳税所得额时扣除，则其当年应纳税所得额为：5000-600=4400(万元)。

3. 根据《企业所得税法》、《个人所得税法实施条例》和《全国性社会团体公益性捐赠税前扣除资格初审暂行办法》，下列捐赠中，捐赠人可以获得应纳税所得额扣除税收优惠的是(　　)。[2016年真题]

   A. 某企业向某“自行车骑行协会”捐赠30万元

   B. 某家电企业法人代表向某“电商经理人联谊会”捐赠20万元

1B　2B　3C

C. 某企业向青少年发展基金会捐赠“留守儿童暑假看妈妈”活动经费 60 万元，该企业年利润 7000 万元

D. 某企业高级管理人员资助一名贫困大学生每月 500 元生活费，其同年已经向灾区捐款 10 万元，该捐赠人年应纳税所得额为 30 万元

【解析】《企业所得税法》第九条规定，企业发生的公益性捐赠支出，在年度利润总额 12% 以内的部分，准予在计算应纳税所得额时扣除；第十条规定，在计算应纳税所得额时，“本法第九条规定以外的捐赠支出”不得扣除。《个人所得税法》第六条规定，个人将其所得对教育事业和其他公益事业捐赠的部分，按照国务院有关规定从应纳税所得中扣除；《个人所得税法实施条例》第二十四条规定，捐赠额未超过纳税义务人申报的应纳税所得额 30% 的部分，可以从其应纳税所得额中扣除。AB 两项中的“自行车骑行协会”和“电商经理人联谊会”都不是公益性组织，故该两家企业的捐赠支出不属于公益性捐赠支出，不应予以扣除。C 项，该企业的 60 万元公益性捐赠支出在该企业年利润总额的 12% 以内，可以获得应纳税所得额扣除税收优惠。D 项，该捐赠人年应纳税所得额为 30 万元，其进行公益捐赠可获得应纳税所得额扣除税收优惠的数额最高为 9 万元。资助贫困生一年的金额为 6000 元，向灾区捐款 10 万元，则其中超过 9 万元的部分不能获得应纳税所得额扣除税收优惠。

4. 某县政府办公室发出通知，在全县开展慈善捐赠活动，要求所有机关工作人员都参加捐款，捐赠款全部用于改善山区小学教学条件。根据《公益事业捐赠法》，该活动违背公益事业捐赠的(　　)原则。[2014 年真题]

A. 自愿　　B. 有偿　　C. 营利　　D. 强制

【解析】《公益事业捐赠法》第四条规定，捐赠应当是自愿和无偿的，禁止强行摊派或者变相摊派，不得以捐赠为名从事营利活动。本题中，该活动违背了公益事业捐赠的自愿原则。

5. 企业家沈某向遭受地质灾害的家乡捐赠 20 万元为灾民购买食品，与县人民政府签订了捐赠协议。根据《公益事业捐赠法》与《合同法》有关规定，沈某的下列做法中，错误的是(　　)。[2015 年真题]

A. 撤销 20 万元的捐赠

B. 查询捐赠款到位后的使用情况

C. 同意将 20 万元改用于购买灾民急需的衣物

D. 接受当地县人民政府对其捐赠行为的公开表彰

【解析】A 项，《合同法》第一百八十六条规定，关于捐赠协议，不得随意撤销。赠与人在赠与财产的权利转移之前可以撤销赠与。具有救灾、扶贫等社会公益、道德义务性质的赠与合同或者经过公证的赠与合同，不适用前款规定。B 项，《公益事业捐赠法》第二十一条规定，捐赠人有权向受赠人查询捐赠财产的使用、管理情况，并提出意见和建议。C 项，《公益事业捐赠法》第十八条规定，受赠人与捐赠人订立了捐赠协议的，应当按照协议约定的用途使用捐赠财产，不得擅自改变捐赠财产的用途。如果确需改变用途的，应当征得捐赠人的同意。D 项，《公益事业捐赠法》第八条规定，对捐赠人进行公开

4A　5A

表彰，应当事先征求捐赠人的意见。

6. 根据《公益事业捐赠法》，捐赠人单独捐赠的工程项目，可以由捐赠人提出工程项目的名称，但应报(　　)批准。[2012 年真题]

A. 县级以上人民政府　　B. 县级以上人民政府主管部门

C. 设区的市级以上人民政府　　D. 设区的市级以上人民政府主管部门

【解析】《公益事业捐赠法》第十四条规定，捐赠人对于捐赠的公益事业工程项目可以留名纪念；捐赠人单独捐赠的工程项目或者主要由捐赠人出资兴建的工程项目，可以由捐赠人提出工程项目的名称，报县级以上人民政府批准。

7. 境外捐赠人宋先生拟在某县单独捐建一所小学。根据《公益事业捐赠法》，下列关于办理宋先生捐赠事务的说法，不符合规定的是(　　)。[2011 年真题]

A. 宋先生可以对该小学工程项目留名纪念

B. 宋先生可以对该小学工程项目提出项目名称，但应报县级以上人民政府批准

C. 宋先生如果是华侨，其在办理有关物品入境手续时，该县人民政府侨务部门可以给予协助

D. 宋先生要求县教育局作为受赠人，县教育局应当接受捐赠，并对捐赠财产严格管理

【解析】根据《公益事业捐赠法》的规定，AB 两项，捐赠人对于捐赠的公益事业工程项目可以留名纪念，捐赠人单独捐赠的工程项目或者主要由捐赠人出资兴建的工程项目，可以由捐赠人提出工程项目的名称，报县级以上人民政府批准。C 项，境外捐赠人向公益性社会团体和公益性非营利的事业单位捐赠的用于公益事业的物资，依照法律、行政法规的规定减征或者免征进口关税和进口环节的增值税。入境手续的办理，相关部门应给予协助。D 项，县级以上人民政府及其部门作为受赠人时，可以将受赠财产转交公益性社会团体或者公益性非营利的事业单位；也可以按照捐赠人的意愿分发或者兴办公益事业，但是不得以本机关为受益对象。

8. 某市慈善总会举办大型赈灾文艺晚会。晚会现场，某著名企业举牌认捐人民币 100 万元，并签署捐赠协议。一周后，该企业向慈善总会提出，由于企业调整营销方向，致使资金紧张，只能捐赠人民币 10 万元。根据有关法律法规，下列关于该企业改变捐赠数额行为的说法，正确的是(　　)。[2013 年真题]

A. 一周之内该企业有权自主决定和改变捐赠数额

B. 该企业调整营销方向时可以减少捐赠数额

C. 该企业资金紧张时可以减少捐赠数额

D. 该企业的捐赠数额不得改变

【解析】《公益事业捐赠法》规定，捐赠人可以与受赠人就捐赠财产的种类、质量、数量和用途等内容订立捐赠协议。捐赠人有权决定捐赠的数量、用途和方式。捐赠人应当依法履行捐赠协议，按照捐赠协议约定的期限和方式将捐赠财产转移给受赠人。D 项，该企业签署的捐赠协议具有法律效力，应依法履行，故捐赠数额不得改变。

9. 律师李某是某公益信托项目受托人，根据《信托法》，下列关于李某行为的说法中，正确

6A　7D　8D　9D

的是(　　)。[2017 年真题]

A. 李某不得辞任该项目受托人

B. 李某不得在该项目中获取报酬

C. 李某应当接受公益事业管理机构对其个人财产的检查

D. 李某应当在该信托项目终止 15 日内，向公益事业管理机构报告终止事由

【解析】A 项，《信托法》第六十六条规定，公益信托的受托人未经公益事业管理机构批准，不得辞任。B 项，第三十五条规定，受托人有权依照信托文件的约定取得报酬。信托文件未做事先约定的，经信托当事人协商同意，可以做出补充约定；未做事先约定和补充约定的，不得收取报酬。约定的报酬经信托当事人协商同意，可以增减其数额。C 项，第六十七条规定，公益事业管理机构应当检查受托人处理公益信托事务的情况及财产状况。D 项，第七十条规定，公益信托终止的，受托人应当于终止事由发生之日起 15 日内，将终止事由和终止日期报告公益事业管理机构。

10. 根据《救灾捐赠管理办法》有关规定，变卖对灾区不适用的境外救灾捐赠物资，应当报(　　)批准。[2014 年真题]

A. 省级外事部门　　B. 省级民政部门

C. 县级外事部门　　D. 县级民政部门

【解析】《救灾捐赠管理办法》规定，对灾区不适用的救灾捐赠物资，变卖应当由县级以上地方人民政府民政部门统一组织实施，一般应当采取公开拍卖方式。

11. 根据《彩票管理条例》，下列关于彩票的说法，错误的是(　　)。[2013 年真题]

A. 彩票发行机构可以委托单位代理销售彩票

B. 禁止在中华人民共和国境内发行、销售境外彩票

C. 国务院民政部门负责全国的彩票监督管理工作

D. 彩票代销者不得向未成年人销售彩票

【解析】A 项，《彩票管理条例》第十五条规定，彩票发行机构、彩票销售机构可以委托单位、个人代理销售彩票。B 项，第三条规定，禁止在中华人民共和国境内发行、销售境外彩票。C 项，第五条规定，国务院财政部负责全国的彩票监督管理工作；民政部、体育行政部门按照各自的职责分别负责全国的福利彩票、体育彩票管理工作。D 项，第十八条规定，彩票发行机构、彩票销售机构、彩票代销者不得有下列行为：①进行虚假性、误导性宣传；②以诋毁同业者等手段进行不正当竞争；③向未成年人销售彩票；④以赊销或者信用方式销售彩票。

12. 根据《公益事业捐赠法》的相关规定，以下不属于公益事业的是(　　)。

A. 环境保护　　B. 扶助残疾人　　C. 招商引资　　D. 救济贫困

【解析】《公益事业捐赠法》第三条规定，公益事业是指非营利的下列事项：①救助灾害、救济贫困、扶助残疾人等困难的社会群体和个人的活动；②教育、科学、文化、卫生、体育事业；③环境保护、社会公共设施建设；④促进社会发展和进步的其他社会公共和福利事业。

10B　11C　12C

13. 境外捐赠人李先生拟出资在老家兴建若干饮水设施，改善当地村民饮水卫生状况。根据《公益事业捐赠法》，关于李先生的捐赠行为，下列说法正确的是(　　)。

A. 对于李先生向境内捐赠的物品，当地人民政府相关部门可以协助办理入境手续

B. 该项目需要审批，李先生需要按照国家有关规定办理卫生饮水项目审批手续

C. 对于李先生从国外进口的先进饮水设备，应由其本人按规定办理入境手续

D. 李先生只能将款物捐赠给我国的公益性社团或公益性非营利事业单位，由后者具体实施

【解析】AC 两项，《公益事业捐赠法》第十五条规定，境外捐赠人捐赠的财产，由受赠人按照国家有关规定办理入境手续；捐赠实行许可证管理的物品，由受赠人按照国家有关规定办理许可证申领手续，海关凭许可证验放、监管。华侨向境内捐赠的，县级以上人民政府侨务部门可以协助办理有关入境手续，为捐赠人实施捐赠项目提供帮助。B 项，第十三条规定，捐赠的公益事业工程项目由受赠单位按照国家有关规定办理项目审批手续。D 项，捐赠人包括境内外、具备民事行为能力的自然人、法人或其他组织；受赠人主要包括依法成立的公益性社会团体、公益性非营利的事业单位；另外，在发生自然灾害时或者境外捐赠人要求县级以上人民政府及其部门作为受赠人时，县级以上人民政府及其部门也可以接受捐赠。

14. 根据我国《公益事业捐赠法》，在发生自然灾害时，以下可以作为捐款受赠人的是(　　)。

A. 居民委员会或者村民委员会　　　　B. 街道办事处

C. 乡(镇)人民政府　　　　　　　　D. 县级人民政府民政部门

【解析】根据《公益事业捐赠法》的规定，受赠人主要包括依法成立的公益性社会团体、公益性非营利的事业单位；另外，在发生自然灾害时或者境外捐赠人要求县级以上人民政府及其部门作为受赠人时，县级以上人民政府及其部门也可以接受捐赠。

15. 在某赈灾募捐活动中，某牛奶企业捐赠了价值数万元的酸奶。在运送酸奶到灾区的途中，因交通中断，滞留在某地，即将变质。此种情形下，下列处理方式符合相关规定的是(　　)。

A. 酸奶是救灾物资，不得挪作他用，只能等交通恢复，快速运到灾区

B. 为避免物资浪费，马上免费送给路人

C. 运回牛奶企业，让其自行处理

D. 将酸奶就地变卖，获得资金捐赠灾区

【解析】公益性社会团体受赠的财产及其增值为社会公共财产，受国家法律保护，任何单位和个人不得侵占、挪用和损毁。根据《公益事业捐赠法》规定，对于不易储存、运输和超过实际需要的受赠财产，受赠人可以变卖，所取得的全部收入，应当用于捐赠目的。

16. 某公司向某县环境保护社会团体捐赠一笔现金，以资助其建立环保公益网站，另赠送三辆汽车以供该社会团体赴农村宣传环保之用，双方就上述内容签订了协议。下列行为符合《公益事业捐赠法》规定的是(　　)。

13A　14D　15D　16A

A. 政府有关部门接到群众关于该社会团体有违法使用和管理受赠财产的举报，依法对其进行了财务审计

B. 开展环保活动中，该社会团体发现两辆汽车足够使用，遂变卖了一辆汽车，所得收入用于支付拖欠工作人员的部分工资和办公费用

C. 适逢该县发生重大洪涝灾害，许多民居被毁，该社会团体把该公司捐赠的部分现金转赠县民政局，以资助灾民倒房重建

D. 该公司向该社会团体提出查询所赠款物使用、管理情况，该社会团体以涉及业务秘密为由婉拒查询

【解析】A 项，第二十条规定，受赠人每年度应当向政府有关部门报告受赠财产的使用、管理情况，接受监督。必要时，政府有关部门可以对其财务进行审计。B 项，第十八条规定，受赠人与捐赠人订立了捐赠协议的，应当按照协议约定的用途使用捐赠财产，不得擅自改变捐赠财产的用途。如果确需改变用途的，应当征得捐赠人的同意。C 项，第十七条规定，公益性社会团体应当将受赠财产用于资助符合其宗旨的活动和事业。D 项，第二十一条规定，捐赠人有权向受赠人查询捐赠财产的使用、管理情况，并提出意见和建议。对于捐赠人的查询，受赠人应当如实答复。

17. 根据我国《公益事业捐赠法》，以下有关捐赠财产使用和管理的说法正确的是(　　)。

A. 公益性非营利的事业单位可以通过各种途径实现捐赠财产的保值增值

B. 公益性非营利的事业单位应当将受赠财产用于发展本单位的公益事业，不得挪作他用

C. 受赠人不得以任何原因对受赠财产进行变卖或者拍卖

D. 受赠人与捐赠人订立了捐赠协议的，任何情况下都不得改变捐赠财产的用途

【解析】ABC 三项，《公益事业捐赠法》第十七条规定，公益性社会团体应当严格遵守国家的有关规定，按照合法、安全、有效的原则，积极实现捐赠财产的保值增值。公益性非营利的事业单位应当将受赠财产用于发展本单位的公益事业，不得挪作他用。对于不易储存、运输和超过实际需要的受赠财产，受赠人可以变卖，所取得的全部收入，应当用于捐赠目的。D 项，第十八条规定，受赠人与捐赠人订立了捐赠协议的，应当按照协议约定的用途使用捐赠财产，不得擅自改变捐赠财产的用途。如果确需改变用途的，应当征得捐赠人的同意。

18. 根据《公益事业捐赠法》，境外向境内公益性社会团体和公益性非营利事业单位捐赠的用于公益事业的物资，可以减征或免征的税种是(　　)。

A. 营业税　　B. 进口关税　　C. 车船使用税　　D. 特别消费税

【解析】《公益事业捐赠法》第二十六条规定，境外向公益性社会团体和公益性非营利的事业单位捐赠的用于公益事业的物资，依照法律、行政法规的规定减征或者免征进口关税和进口环节的增值税。

19. 境外慈善组织捐赠了一批救灾物资给遭遇雪灾的 C 市 D 县。根据《公益事业捐赠法》，下列说法正确的是(　　)。

A. 必须由 C 市人民政府及其部门接受捐赠

17B　18B　19D

B. 可以由 D 县受灾地区的村委会接受捐赠

C. 可以由受灾地区的重灾民代表接受捐赠

D. 如果境外组织指定 C 市人民政府为受赠人，则该市人民政府及其部门可以将受赠财产转交公益性社会团体或者公益性非营利的事业单位

【解析】《救灾捐赠管理办法》第三条规定，救灾捐赠受赠人包括：①县级以上人民政府民政部门及其委托的社会捐助接收机构；②经县级以上人民政府民政部门认定的具有救灾宗旨的公益性民间组织；③法律及行政法规规定的其他组织。《公益事业捐赠法》第十一条规定，在发生自然灾害时或者境外捐赠人要求县级以上人民政府及其部门作为受赠人时，县级以上人民政府及其部门可以接受捐赠，并依照本法的有关规定对捐赠财产进行管理。而灾民不能作为受赠人。

20. 某地发生重大自然灾害，该省一家经民政部门认定的具有救灾宗旨的公募基金会准备开展募捐活动，支持灾区人民抢险救灾。该公募基金会的下列行为中，符合《救灾捐赠管理办法》规定的是(　　)。

A. 通过广泛宣传号召，募得善款 800 万元。根据灾区实际情况，捐给灾区 600 万元，余款用于增加基金会的原始基金，以备将来开展其他救灾活动

B. 将募集到的价值近 300 万元的药品直接运送到灾区，并直接分发到灾民手中

C. 组织了义演、义卖等大型筹款活动，并于活动结束后 25 日内报当地民政部门备案

D. 对于募款过程中接收到的一批不适用于灾区救援的物资，直接通过公开拍卖的方式予以变卖，所得款项用于灾区救助

【解析】A 项，《救灾捐赠管理办法》第十条规定，具有救灾宗旨的公募基金会，可以依法开展救灾募捐活动，但是在发生自然灾害时所募集的资金不得用于增加原始基金。B 项，第三条规定，救灾捐赠受赠人包括：①县级以上人民政府民政部门及其委托的社会捐助接收机构；②经县级以上人民政府民政部门认定的具有救灾宗旨的公益性民间组织；③法律及行政法规规定的其他组织。灾民不能作为受赠人。C 项，第九条规定，开展义演、义赛、义卖等大型救灾捐赠和募捐活动，举办单位应当在活动结束后 30 日内，报当地人民政府民政部门备案。D 项，第二十七条规定，对灾区不适用的境内救灾捐赠物资，经捐赠人书面同意，报县级以上地方人民政府民政部门批准后可以变卖。

21. 根据《彩票管理条例》的规定，下列关于彩票发行和销售的说法错误的是(　　)。

A. 彩票发行遵循公开、公平、公正的原则

B. 经国家财政部批准，发行机构可以发行体育彩票

C. 彩票发行机构可以委托其他单位代为销售彩票

D. 彩票代销者不得另行委托他人代销彩票

【解析】A 项，彩票的发行、销售和开奖，应当遵循公开、公平、公正和诚实信用的原则。B 项，国务院特许发行福利彩票、体育彩票。未经国务院特许，禁止发行其他彩票。禁止在中华人民共和国境内发行和销售境外彩票。CD 两项，彩票发行机构、彩票销售机构可以委托单位、个人代理销售彩票，且应当与接受委托的彩票代销者签订彩票代销合同。彩票代销者不得另行委托他人代销彩票。

20C　21B

二、多项选择题(每题的备选项中，有2个或2个以上符合题意，至少有1个错项)

1. 大学生小王身患重症，经媒体报道后，得到社会各界捐款80万元。小王痊愈后，将剩余的捐款捐给了某公益性基金会。下列关于捐赠活动的说法，正确的有(　　)。[2011年真题]

   A. 社会各界直接向小王捐款的行为，适用《公益事业捐赠法》

   B. 小王将剩余的捐款捐给公益性基金会，适用《公益事业捐赠法》

   C. 该基金会接受小王的捐款后，应当向小王出具合法有效的收据

   D. 小王有权向该基金会查询捐款使用情况

   E. 社会各界无权向该基金会查询捐款的使用管理情况

   【解析】《公益事业捐赠法》规定，捐赠人可以是境内外的自然人、法人或其他组织。捐赠人有权向受赠人查询捐赠财产的使用、管理情况，并提出意见和建议。公益事业捐赠受赠人包括：①公益性社会团体；②公益性非营利的事业单位；③在发生自然灾害时或者境外捐赠人要求县级以上人民政府及其部门作为受赠人时，县级以上人民政府及其部门可以接受捐赠。受赠人具有以下义务：①受赠人接受捐赠后，应当向捐赠人出具合法、有效的收据，将受赠财产登记造册，妥善保管。②对于捐赠人查询捐赠财产的使用、管理情况的，受赠人应当如实答复。A项，小王是自然人不是公益事业的受赠人，因此社会各界向小王捐款的行为不属于公益事业捐赠；E项，社会各界有权向该基金会查询捐款的使用管理情况。

2. 2011年4月，某太阳能电力有限公司与某慈善基金会签订捐赠协议，通过该慈善基金会向一批学校捐赠价值1500万元的光伏发电组件。慈善基金会向该公司开具了1500万元的捐赠发票，该公司由此而申报税收减免。2011年8月，媒体报道一些学校根本没有得到捐赠物资，还有一些学校收到的捐赠物资与该公司承诺的不一样，由此引发了“诈捐门”事件。下列关于该事件说法正确的有(　　)。[2012年真题]

   A. 该公司应当依法履行捐赠协议，按照协议约定方式捐赠

   B. 该公司有权向慈善基金会查询捐赠财产的使用、管理情况

   C. 该公司由于捐赠的是物资，因而无法享受企业所得税优惠

   D. 慈善基金会应当根据捐赠协议约定，及时把捐赠物资转赠给学校

   E. 慈善基金会应当及时向社会公开接受捐赠的情况，以及受赠财产的使用和管理情况

   【解析】AD两项，《公益事业捐赠法》第十八条规定，受赠人与捐赠人订立了捐赠协议的，应当按照协议约定的用途使用捐赠财产，不得擅自改变捐赠财产的用途。如果确需改变用途的，应当征得捐赠人的同意。B项，第二十一条规定，捐赠人有权向受赠人查询捐赠财产的使用、管理情况，并提出意见和建议。对于捐赠人的查询，受赠人应当如实答复。C项，第二十四条规定，公司和其他企业依照本法的规定捐赠财产用于公益事业，依照法律、行政法规的规定享受企业所得税方面的优惠。E项，第二十二条规定，受赠人应当公开接受捐赠的情况和受赠财产的使用、管理情况，接受社会监督。

3. 根据《彩票管理条例》和《彩票管理条例实施细则》，彩票中奖奖金可以(　　)形式一次性兑付。[2016年真题]

1BCD　2ABDE　3AC

A. 人民币现金　　B. 外币现金
C. 人民币现金支票　　D. 外币现金支票
E. 实物

【解析】《彩票管理条例》第二十六条第二款规定，彩票中奖奖金应当以人民币现金或者现金支票形式一次性兑付。《彩票管理条例实施细则》第四十四条规定，彩票中奖奖金不得以人民币以外的其他货币兑付，不得以实物形式兑付，不得分期多次兑付。

4. 根据《彩票管理条例实施细则》，彩票公益金可专项用于(　　)。[2014 年真题]
A. 老年人事业　B. 残疾人事业　C. 体育事业　D. 儿童福利事业
E. 国防事业

【解析】根据相关规定，上缴中央财政的彩票公益金，用于社会福利事业、体育事业、补充全国社会保障基金和国务院批准的其他专项公益事业，具体使用管理办法由财政部会同民政部、国家体育总局等有关部门制定。

5. 田先生拟出资在老家兴建科技展览馆，提升农村的学习氛围及文化素质。根据《公益事业捐赠法》，关于田先生的捐赠行为，以下说法正确的有(　　)。
A. 该科技展览馆的兴建需要审批，田先生应按照国家有关规定办理项目审批手续
B. 田先生对于其捐赠的科技展览馆可以留名纪念
C. 对于科技展览馆的选址、建筑风格，以田先生的要求为主
D. 当地人民政府对于田先生捐赠的科技展览馆，应当给予支持和优惠
E. 田先生与受赠人应订立捐赠协议，对科技展览馆的资金、建设、管理和使用作出约定

【解析】A 项，工程项目的审批手续由受赠单位按照国家有关规定办理；施工过程可由受赠人单方组织或由受赠人与捐赠人共同组织。B 项，捐赠人对于捐赠的公益事业工程项目可以留名纪念。C 项，捐赠人单独捐赠的工程项目或者主要由捐赠人出资兴建的工程项目，可以由捐赠人提出工程项目的名称，报县级以上人民政府批准。D 项，当地人民政府对于捐赠的工程项目，应当给予支持和优惠。E 项，捐赠人与受赠人应当订立捐赠协议，对工程项目的资金、建设、管理和使用作出约定。

第二节　志愿服务法规与政策

一、单项选择题(每题的备选项中，只有 1 个最符合题意)

1. 上海世博会期间，16 岁的小吴参加了某青年志愿者组织，为世博会提供志愿服务。下列关于小吴作为志愿者权利和义务的说法，正确的是(　　)。[2011 年真题]
A. 小吴有权带领亲属优先参观世博场馆
B. 小吴可以要求该组织出具志愿服务证明
C. 小吴有权挑选任何自己感兴趣的服务项目
D. 小吴可以随时退出志愿服务活动

【解析】志愿者的权利主要包括：①获得志愿服务的真实、准确、完整的信息；②根据自己的意愿和时间、能力等条件，选择参加志愿服务活动；③获得志愿服务必需的条件和

4CD　5BDE　┃　1B

必要的保障；④获得志愿服务活动所需的教育和培训；⑤拒绝超出约定范围的志愿服务；⑥请求志愿服务组织帮助解决在志愿服务活动中遇到的问题；⑦有困难时优先获得志愿服务组织和其他志愿者提供的服务；⑧志愿者的个人信息未经志愿者本人同意不得公开；⑨对志愿服务组织进行监督，提出批评和建议；⑩退出志愿服务组织。志愿者的义务主要包括：①遵守志愿服务活动的管理规定；②履行志愿服务承诺并完成志愿服务活动；③参加志愿服务所需的教育和培训；④按照规定佩戴和使用志愿服务标识；⑤维护志愿者、志愿服务组织的形象和声誉，传播志愿服务理念；⑥不得向志愿服务对象收取报酬；⑦尊重志愿服务对象，保守在参与志愿服务活动过程中获悉的隐私、秘密或者其他依法受保护的信息；⑧不得损害志愿服务对象的合法权益；⑨不得利用志愿者身份从事与志愿服务活动宗旨、目的不符的行为；⑩不能继续从事志愿服务活动时，及时告知志愿服务活动的组织者。

2. 高某，北京某高校毕业后应征入伍，在驻拉萨某部服役。在校期间，高某参加志愿服务累计230小时，在拉萨又参加志愿服务80小时。根据《志愿服务记录办法》，下列关于高某志愿服务的说法，正确的是（　　）。[2017年真题]

A. 拉萨的志愿者组织可以认定高某为二星级志愿者

B. 拉萨的志愿者组织应当向北京志愿者组织提供高某志愿服务记录

C. 高某志愿服务记录应当记录其服务技能、兴趣爱好、婚姻状况

D. 北京的志愿者组织应当及时将高某志愿服务记录转移至拉萨志愿组织

【解析】A项，根据《志愿服务记录办法》第二十一条，志愿服务记录时间累计达到100小时、300小时、600小时、1000小时和1500小时的志愿者，可以依次申请评定为一星级、二星级、三星级、四星级、五星级志愿者。B项，第十五条规定，未经志愿者本人同意，不得公开或者向第三方提供志愿服务记录。C项，第五条规定，志愿服务记录应当记载志愿者的个人基本信息、志愿服务信息、培训信息、表彰奖励信息、被投诉信息等内容。D项，第十六条规定，经志愿者本人同意，志愿服务记录可以在其加入的志愿者组织、公益慈善类组织和社会服务机构之间进行转移和共享。

3. 根据《志愿服务记录办法》，下列关于志愿服务记录的说法，正确的是（　　）。[2016年真题]

A. 志愿者服务时间是指志愿者提供志愿服务的时间，包括往返交通时间

B. 志愿者服务组织将志愿服务信息记入志愿服务记录前，应向社会公示不少于2个工作日

C. 志愿服务机构组织注销志愿者身份后，该志愿者志愿服务记录应自注销之日起，由原志愿服务组织保存1年

D. 鼓励城市公共交通、博物馆、体育场馆、旅游景点等设施和场所对有良好志愿服务记录的志愿者免费或优待优惠

【解析】A项，《志愿服务记录办法》第八条第一款规定，志愿服务时间是指志愿者实际提供志愿服务的时间，以小时为计量单位，不包括往返交通时间。B项，第十四条规定，志愿者组织、公益慈善类组织和社会服务机构将志愿服务信息记入志愿服务记录

2A　3C

前，应当在本组织或机构内进行公示，接受社会监督。公示时间不得少于 3 个工作日，公示期满无异议的，记入志愿服务记录。D 项，第二十五条规定，鼓励博物馆、公共图书馆、体育场馆等公共文化体育设施和公园、旅游景点等场所，对有良好志愿服务记录的志愿者免费或者优惠开放；第二十六条规定，鼓励城市公共交通对有良好志愿服务记录的志愿者给予票价减免优待。

4. 小赵是某志愿服务组织的志愿者，主要是为社区老年人提供服务。关于小赵作为志愿者的权利和义务的说法，错误的是(　　)。

A. 小赵最近家里出了一些事情，他可以根据自己的情况减少参加志愿服务的时间与次数

B. 小赵可获得志愿服务活动所需的教育和培训

C. 小赵因个人原因不能继续从事志愿服务活动，应及时告知该服务组织

D. 在服务过程中，某位老人向小赵透露了自己早年的隐私，小赵对其所在的服务组织不必保守秘密

【解析】志愿者的义务包括尊重志愿服务对象，保守在参与志愿服务活动过程中获悉的隐私、秘密或者其他依法受保护的信息。D 项中小赵应保守老人的秘密。

二、多项选择题(每题的备选项中，有 2 个或 2 个以上符合题意，至少有 1 个错项)

1. 在参加志愿服务过程中，志愿者有权(　　)。[2013 年真题]

A. 拒绝提供超出约定范围的志愿服务

B. 选择与自身行为能力相适应的志愿服务项目

C. 拒绝提供违反法律和违背社会公德的服务

D. 要求志愿者组织出具志愿服务证明

E. 向服务对象收取必要的服务费用

【解析】志愿者的权利主要包括：①获得志愿服务的真实、准确、完整的信息；②根据自己的意愿和时间、能力等条件，选择参加志愿服务活动；③获得志愿服务必需的条件和必要的保障；④获得志愿服务活动所需的教育和培训；⑤拒绝超出约定范围的志愿服务；⑥请求志愿服务组织帮助解决在志愿服务活动中遇到的问题；⑦有困难时优先获得志愿服务组织和其他志愿者提供的服务；⑧志愿者的个人信息未经志愿者本人同意不得公开；⑨对志愿服务组织进行监督，提出批评和建议等；⑩退出志愿服务组织；⑪其他依法享有的权利。E 项，志愿者的义务中包含不得向志愿服务对象收取报酬。

2. 张平是某高校的学生，热衷于志愿服务，从大一开始就在某志愿服务协会做志愿者。根据相关规定，若有下列(　　)情况发生，她应当与该协会签订书面志愿服务协议。

A. 张平报名参加暑假贫困山区志愿支教服务，但其身体状况不太好

B. 大四时张平选择在该协会完成自己的毕业实习，服务时间长达半年

C. 该协会要开展大型社会活动，张平报名参加该志愿服务

D. 张平这个学期课程较多，参与志愿服务的时间比较机动且次数较短

E. 该志愿服务协会要求参与的志愿者都签订书面协议

【解析】志愿者、志愿服务组织和志愿服务对象之间应当根据平等、自愿的原则开展志愿

4D　｜　1ABCD　2ABCE

服务活动。若有下列情况发生，应当签订书面志愿服务协议：①可能危及人身安全、身心健康的；②连续 3 个月以上专职服务的；③为大型社会活动提供志愿服务的；④组织志愿者在志愿服务组织所隶属行政区域以外开展志愿服务活动的；⑤志愿服务活动涉及外籍人员的；⑥任何一方要求签订书面协议的。

3. 某志愿服务组织因服务范围及内容的扩大，新招募了一批志愿者。下列关于志愿者培训管理的说法正确的有( )。

A. 在开展志愿服务活动前，应对志愿者进行必备知识和安全须知等内容的培训

B. 该组织根据志愿服务活动的需要安排志愿者，志愿者须服从安排

C. 对拒不履行义务的志愿者，该组织可取消其注册的志愿者身份

D. 该组织应建立健全注册志愿者档案或信息管理系统

E. 该组织需为志愿者办理必要的保险

【解析】A 项，志愿服务组织应当对新招募的志愿者进行志愿服务基础知识的培训；在开展志愿服务活动前，对志愿者进行必备知识和安全须知等内容的培训。B 项，志愿者本人可以根据自己的意愿、时间、能力等条件，选择参加志愿服务活动，有权拒绝超出约定范围的志愿服务。C 项，对拒不履行义务的，注册机构可取消其注册志愿者身份。DE 两项，志愿者日常管理要求建立健全注册志愿者档案或信息管理系统，为志愿者办理必要的保险。

3ACDE

第十一章　我国社会组织法规与政策

第一节　社会团体管理法规与政策

一、单项选择题(每题的备选项中，只有1个最符合题意)

1. 根据《社会团体登记管理条例》，下列关于成立社会团体所需最低会员数的说法，正确的是(　　)。[2014年真题]

   A. 如果会员全部是个人会员，则为40个
   B. 如果会员全部是单位会员，则为30个
   C. 如果由个人会员和单位会员混合组成，则为30个
   D. 如果由个人会员和单位会员混合组成，则为40个

   【解析】根据《社会团体登记管理条例》关于社会团体会员数量的规定，如果会员全部为单位会员，则会员数应在30个以上；如果会员全部由个人会员组成，则会员数应在50个以上；如果会员由个人会员和单位会员混合组成，则会员总数不得少于50个。

2. 根据《社会团体登记管理条例》，申请成立社会团体应当提交有关文件。下列文件中，发起人应当向登记管理机关提交的是(　　)。[2015年真题]

   A. 章程草案　　　　B. 可行性报告
   C. 银行存款证明　　D. 工作人员构成情况

   【解析】《社会团体登记管理条例》(2016年修订)第九条规定，申请成立社会团体，应当经其业务主管单位审查同意，由发起人向登记管理机关申请登记。筹备期间不得开展筹备以外的活动。第十一条规定，申请登记社会团体，发起人应当向登记管理机关提交下列文件：①登记申请书；②业务主管单位的批准文件；③验资报告、场所使用权证明；④发起人和拟任负责人的基本情况、身份证明；⑤章程草案。

3. 根据《社会团体登记管理条例》，下列关于全国性社会团体分支机构的说法，正确的是(　　)。[2017年真题]

   A. 全国性社会团体可以设立地域性分支机构
   B. 全国性社会团体分支机构不具有法人资格
   C. 全国性社会团体分支机构可以下设分支机构
   D. 全国性社会团体分支机构可视情况超出授权范围开展活动

   【解析】《社会团体登记管理条例》(2016年修订)第十七条规定，社会团体的分支机构、代表机构是社会团体的组成部分，不具有法人资格，应当按照其所属于的社会团体的章程所规定的宗旨和业务范围，在该社会团体授权的范围内开展活动、发展会员。社会团体的分支机构不得再设立分支机构。社会团体不得设立地域性的分支机构。

4. 根据《社会团体登记管理条例》和国家有关规定，下列关于社会团体设立分支机构的说法，正确的是(　　)。[2013年真题]

1B　2A　3B　4C

A. 分支机构不得发展会员

B. 社会团体可向分支机构收取适当管理费

C. 社会团体不得设立地域性分支机构

D. 分支机构在业务需要时可再设立分支机构

【解析】根据《社会团体登记管理条例》和《民政部关于贯彻落实国务院取消全国性社会团体分支机构、代表机构登记行政审批项目的决定有关问题的通知》，A 项，社会团体的分支机构、代表机构是社会团体的组成部分，不具有法人资格，应当按照其所属于的社会团体的章程所规定的宗旨和业务范围，在该社会团体授权的范围内开展活动、发展会员；B 项，社会团体应当将分支机构、代表机构的财务、账户纳入社会团体统一管理，不得以设立分支机构、代表机构的名义收取或变相收取管理费、赞助费等，不得将上述机构委托其他组织运营，确保分支机构、代表机构依法办事，按章程开展活动；CD 两项，社会团体的分支机构不得再设立分支机构，社会团体不得设立地域性的分支机构。

5. 根据《社会团体登记管理条例》，下列关于社会团体的说法，错误的是(　　)。[2014 年真题]

A. 社会团体章程应当规定会员权利和义务

B. 社会团体分支机构应在该社会团体授权范围内发展会员

C. 社会团体变更法定代表人应由业务主管单位予以公告

D. 社会团体的经费不得在会员中分配

【解析】C 项，《社会团体登记管理条例》(2016 年修订)第十八条规定，社会团体的登记事项需要变更的，应当自业务主管单位审查同意之日起 30 日内，向登记管理机关申请变更登记。社会团体修改章程，应当自业务主管单位审查同意之日起 30 日内，报登记管理机关核准。A 项，社会团体的章程须明确的事项包括名称、住所，宗旨、业务范围和活动地域，会员资格的取得及其权利、义务，组织管理制度及执行机构的产生程序，负责人须具备的条件和产生、罢免负责人的程序，资产管理和使用的原则，章程的修改程序，终止程序和终止后资产的处理。B 项，社会团体的分支机构、代表机构不具有法人资格，不得另行制定章程，在社会团体授权的范围内开展活动、发展会员，法律责任由设立该分支机构、代表机构的社会团体承担。D 项，经社会团体登记管理机关批准成立的社会团体，可以向个人会员和单位会员收取会费。

6. 根据《财政部、国家税务总局关于非营利组织企业所得税免税收入问题的通知》，社会团体的下列收入中，不属于免税收入的是(　　)。[2017 年真题]

A. 财政补助　　B. 社会捐赠

C. 政府购买服务收入　　D. 按规定收取的会费

【解析】根据《财政部、国家税务总局关于非营利组织企业所得税免税收入问题的通知》，非营利组织的下列收入为免税收入：①接受其他单位或者个人捐赠的收入；②除《中华人民共和国企业所得税法》第七条规定的财政拨款以外的其他政府补助收入，但不包括因政府购买服务取得的收入；③按照省级以上民政、财政部门规定收取的会费；④不征

5C　6C

税收入和免税收入孳生的银行存款利息收入；⑤财政部、国家税务总局规定的其他收入。

7. 根据《社会组织评估管理办法》，社会组织的评估等级有效期为（　　）年。［2016 年真题］

A. 5　　B. 6　　C. 7　　D. 8

【解析】根据《社会组织评估管理办法》的规定，社会组织的评估等级有效期为 5 年。评估等级有效期满前 2 年，社会组织可以申请重新评估。

8. 下列团体中，属于《社会团体登记管理条例》规定登记范围的是（　　）。

A. 中国科学技术协会　　B. 中国国际商会

C. 民盟中央委员会　　D. 中国职工思想政治工作研究会

【解析】按照民政部的有关规定，以下四类社会团体可以免予登记：①机关、团体、企业事业单位内部经本单位批准成立、在本单位内部活动的团体。②参加中国人民政治协商会议的人民团体，包括中华全国总工会、中国共产主义青年团、中华全国妇女联合会、中国科学技术协会、中华全国归国华侨联合会、中华全国台湾同胞联谊会、中华全国青年联合会、中华全国工商业联合会。③由国务院机构编制管理机关核定，并经国务院批准免于登记的团体，可以免予社团登记，包括中国文学艺术界联合会、中国作家协会、中华全国新闻工作者协会、中国人民对外友好协会、中国人民外交学会、中国国际贸易促进委员会、中国残疾人联合会、宋庆龄基金会、中国法学会、中国红十字会总会、中国职工思想政治工作研究会、欧美同学会、黄埔军校同学会、中华职业教育社。④其他免予登记的社会团体。除上述社会团体外，其他社会团体均需要依法登记。

9. 根据《社会团体登记管理条例》，下列机构不得作为单位会员加入社会团体的是（　　）。

A. 某重点大学　　B. 某大型国有企业

C. 某省电子商会　　D. 某县政府

【解析】《社会团体登记管理条例》（2016 年修订）第二条规定，本条例所称社会团体是指中国公民自愿组成，为实现会员共同意愿，按照其章程开展活动的非营利性社会组织。国家机关以外的组织可以作为单位会员加入社会团体。D 项属于国家机关，不得加入社会团体。

10. 某家企业想在内部筹建一个女工互助小组，用来缓解或解决女职工在工作或生活中遇到的一些压力或困难。关于该小组的建立，下列说法正确的是（　　）。

A. 其成员的人数不低于 30 个

B. 可由该企业职工自由组建，无须通过企业相关部门的批准

C. 应当首先经过当地民政部门审查同意、进行登记并具备法人条件

D. 无须经过登记

【解析】根据《社会团体登记管理条例》（2016 年修订），A 项，社会团体会员由个人组成的，会员数应在 50 个以上；B 项，申请成立该互助小组，应当经单位批准成立；CD

7A　8B　9D　10D

两项，机关、团体、企业事业单位内部经本单位批准成立、在本单位内部活动的团体无须登记。

11. 根据《社会团体登记管理条例》的规定，下列关于社团登记管理机关的表述正确的是(　　)。

A. 某大学校园内部成立的学生社团须到市级登记管理机关登记

B. A省和B省联合成立某社会团体时，须向经济较发达的一方省级登记管理机关登记

C. 在某市成立的社会团体应向本市的登记管理机关登记

D. A市和B市联合成立某社会团体时，向A市或B市登记管理机关登记即可

【解析】《社会团体登记管理条例》(2016年修订)第七条规定，全国性的社会团体由国务院的登记管理机关负责登记管理；地方性的社会团体由所在地人民政府的登记管理机关负责登记管理；跨行政区域的社会团体由所跨行政区域共同的上一级人民政府的登记管理机关负责登记管理。A项中的学生社团属于免予登记的团体；BD两项的表述均不符合上述规定的要求。

12. 某全国性社会团体为加强内部管理，制定了内部规范性文件，文件中包括下列内容，其中符合国家有关社会团体法规和政策的是(　　)。

A. 各分支机构下面若再设立分支机构应报社会团体理事会批准

B. 明确规定开展业务活动和发展会员的范围

C. 社会团体与其办事机构会员部签订承包协议，每年按会费收入的20%收取管理费

D. 决定把某专业委员会改名为某省分会，全力拓展在该省的业务

【解析】AB两项，《社会团体登记管理条例》(2016年修订)第十七条规定，社会团体的分支机构、代表机构是社会团体的组成部分，不具有法人资格，应当按照其所属于的社会团体的章程所规定的宗旨和业务范围，在该社会团体授权的范围内开展活动、发展会员；社会团体的分支机构不得再设立分支机构。社会团体不得设立地域性的分支机构。C项，社会团体应当将分支机构、代表机构的财务、账户纳入社会团体统一管理，不得以设立分支机构、代表机构的名义收取或变相收取管理费、赞助费等，不得将上述机构委托其他组织运营，确保分支机构、代表机构依法办事，按章程开展活动。D项，社会团体的登记事项需要变更的，应当自业务主管单位审查同意之日起30日内，向登记管理机关申请变更登记。社会团体修改章程，应当自业务主管单位审查同意之日起30日内，报登记管理机关核准。

二、多项选择题(每题的备选项中，有2个或2个以上符合题意，至少有1个错项)

1. 根据《社会团体登记管理条例》，下列拟成立的社会团体中，活动资金符合社会团体法人登记条件的有(　　)。[2014年真题]

A. 某全国性的学会，活动资金6万元

B. 甲省某学术性社团，活动资金5万元

C. 乙省某社区社会组织联合会，活动资金4万元

D. 丙省某保护流经省内两相邻城市河流的环保促进会，活动资金3万元

E. 丁省某村的农村专业经济协会，活动资金2万元

11C　12B　▎　1BCD

【解析】根据《社会团体登记管理条例》(2016 年修订)第十条规定，成立社会团体应当有合法的资产和经费来源，全国性的社会团体有 10 万元以上活动资金；地方性的社会团体和跨行政区域的社会团体有 3 万元以上活动资金。

2. 根据《社会团体登记管理条例》，下列人员中，不得担任社会团体法定代表人的有(　　)。[2014 年真题]
   A. 曾经受到剥夺政治权利刑事处罚的甲
   B. 正担任另一社会团体法定代表人的乙
   C. 曾经受到 10 年有期徒刑刑事处罚的丙
   D. 曾受到行政拘留的丁
   E. 限制民事行为能力人戊

   【解析】《社会团体登记管理条例》(2016 年修订)第十三条规定，有下列情形之一的，登记管理机关不予登记：①有根据证明申请筹备的社会团体的宗旨、业务范围不符合本条例第四条的规定的；②在同一行政区域内已有业务范围相同或者相似的社会团体，没有必要成立的；③发起人、拟任负责人正在或者曾经受到剥夺政治权利的刑事处罚，或者不具有完全民事行为能力的；④在申请登记时弄虚作假的；⑤有法律、行政法规禁止的其他情形的。另外，社会团体的法定代表人不得同时担任其他社会团体的法定代表人。

3. 根据《民政部关于贯彻落实国务院取消全国性社会团体分支机构、代表机构登记行政审批项目的决定有关问题的通知》，下列关于全国性社会团体分支机构的说法中，正确的有(　　)。[2016 年真题]
   A. 社会团体的分支机构不得另行制定章程
   B. 社会团体的分支机构下不得再设立分支机构
   C. 社会团体为加强管理，可以向分支机构收取管理费
   D. 社会团体可以将分支机构委托其他组织运营，但要确保其按章程开展活动
   E. 社会团体的分支机构名称中使用“中国”字样的，应当使用冠有所属社会团体名称的规范全称

   【解析】A 项，社会团体的分支机构、代表机构不具有法人资格，不得另行制定章程。B 项，全国性社会团体根据本团体章程规定的宗旨和业务范围，可以自行决定分支机构、代表机构的设立、变更和终止。C 项，社会团体应当建立健全管理制度，切实加强对其分支机构、代表机构的监督管理。社会团体应当将分支机构、代表机构的财务、账户纳入社会团体统一管理，不得以设立分支机构、代表机构的名义收取或变相收取管理费、赞助费等。D 项，社会团体不得将分支、代表机构委托其他组织运营，应确保分支机构、代表机构依法办事，按章程开展活动。E 项，社会团体的分支机构、代表机构名称不得以各类法人组织的名称命名，不得在名称中使用“中国”“中华”“全国”“国家”等字样，开展活动应当使用冠有所属社会团体名称的规范全称。

4. 根据《关于非营利组织免税资格认定管理有关问题的通知》，下列关于基金会申请免税资格认定条件的说法，正确的有(　　)。[2015 年真题]
   A. 基金会申请前年度的检查结论为“基本合格”

2ABCE　3AB　4BCDE

B. 投入人对投入基金会的财产不保留任何财产权利

C. 基金会对取得的应纳税收入与免税收入分别核算

D. 基金会注销后的剩余财产用于公益性或者非营利性目的

E. 基金会工作人员平均工资薪金水平不得超过上年度税务登记所在地人均工资水平的2倍

【解析】根据《财政部、国家税务总局关于非营利组织免税资格认定管理有关问题的通知》的规定，社会团体、基金会、民办非企业单位等，申请免税资格认定，须同时满足以下条件：①依法登记成立；②从事公益性或者非营利性活动；③取得的收入除用于与该组织有关的、合理的支出外，全部用于章程规定的公益性或者非营利性事业；④财产及其孳息不用于分配，但不包括合理的工资薪金支出；⑤按照章程规定，该组织注销后的剩余财产用于公益性或者非营利性目的，或者由登记管理机关转赠给予该组织性质、宗旨相同的组织，并向社会公告；⑥投入人对投入该组织的财产不保留或者享有任何财产权利；⑦工作人员工资、福利开支控制在规定的比例内，不变相分配该组织的财产。特别需要注意的是，要获得免税资格，非营利组织的工作人员福利须按照国家有关规定执行，工作人员平均工资薪金水平不得超过上年度税务登记所在地人均工资水平的两倍；⑧除当年新设立或登记的社会组织外，社会组织申请前年度的检查结论为"合格"；⑨对取得的应纳税收入及其有关的成本、费用、损失应与免税收入及其有关的成本、费用、损失分别核算。

5. 根据《社会团体登记管理条例》，成立社会团体应当具备的条件包括(　　)。

A. 有50个以上的个人会员

B. 有规范的名称和相应的组织机构

C. 有与其业务活动相适应的专职工作人员

D. 有较高社会声望的人担任负责人

E. 有固定的住所

【解析】《社会团体登记管理条例》(2016年修订)第十条规定，成立社会团体，应当具备下列条件：①有50个以上的个人会员或者30个以上的单位会员；个人会员、单位会员混合组成的，会员总数不得少于50个；②有规范的名称和相应的组织机构；③有固定的住所；④有与其业务活动相适应的专职工作人员；⑤有合法的资产和经费来源，全国性的社会团体有10万元以上活动资金，地方性的社会团体和跨行政区域的社会团体有3万元以上活动资金；⑥有独立承担民事责任的能力。

第二节　民办非企业单位管理法规与政策

一、单项选择题(每题的备选项中，只有1个最符合题意)

1. 根据《民办非企业单位登记暂行办法》，下列民办非企业单位中，应当申请法人登记的是(　　)。[2016年真题]

A. 企业与个人共同举办的　　B. 三人举办且签订合伙协议的

C. 个人出资举办且担任负责人的　　D. 两人举办且共同承担连带责任的

【解析】根据《民办非企业单位登记暂行办法》的规定，个人出资且担任民办非企业单位

5BCE　▌　1A

负责人的，可申请办理民办非企业单位(个体)登记；两人或两人以上合伙举办的，可申请办理民办非企业单位(合伙)登记；两人或两人以上举办且具备法人条件的，可申请办理民办非企业单位(法人)登记。需要注意的是，由企业事业单位、社会团体和其他社会力量举办的或由上述组织与个人共同举办的，应当申请民办非企业单位(法人)登记。

2. 根据《民办非企业单位登记管理暂行条例》，下列组织和个人向某市民政部门申请登记成立民办非企业单位，可以被批准的是(　　)。[2014 年真题]

A. 某国企申请利用国有资产举办的银龄服务中心

B. 张某申请利用自有资金成立营利性律师事务所

C. 李某申请利用自有资金成立法律援助中心

D. 某民办非企业单位申请利用自有资金设立一个分支机构

【解析】ABC 三项，《民办非企业单位登记管理暂行条例》第二条规定，民办非企业单位是指企业事业单位、社会团体和其他社会力量以及公民个人利用非国有资产举办的，从事非营利性社会服务活动的社会组织。D 项，第十三条规定，民办非企业单位不得设立分支机构。

3. 根据《民办非企业单位登记暂行办法》，依照依法承担民事责任的不同方式，下列关于民办非企业单位的分类，正确的是(　　)。[2015 年真题]

A. 内资民办非企业单位、外资民办非企业单位、合资民办非企业单位

B. 民办非企业单位(法人)、民办非企业单位(合伙)、民办非企业单位(个体)

C. 教育卫生类民办非企业单位、科技文化类民办非企业单位、劳动民政类民办非企业单位

D. 直接登记的民办非企业单位、双重管理的民办非企业单位、需经前置许可的民办非企业单位

【解析】民办非企业单位根据其依法承担民事责任的不同方式分为民办非企业单位(法人)、民办非企业单位(合伙)和民办非企业单位(个体)三种。A 项，无此分类。C 项，根据行业分类，民办非企业单位可分为：教育事业、卫生事业、文化事业、科技事业、体育事业、法律服务业、民政事业、社会中介服务业、劳动事业。D 项，根据等级程序分类，民办非企业单位可分为：直接登记的民办非企业单位和须经业务主管部门同意后才能进行登记的民办非企业单位。

4. 根据《民办非企业单位登记管理暂行条例》及国家有关规定，下列关于举办民办非企业单位的说法，正确的是(　　)。[2013 年真题]

A. 民办非企业单位只能申请法人登记

B. 民办非企业单位可以设立相应的分支机构

C. 民办非企业单位开办资金须达到本行(事)业所规定的最低限额

D. 民办非企业单位可以使用县以上行政区划名称作为字号

【解析】A 项，《民办非企业单位登记暂行办法》第二条规定，民办非企业单位根据其依法承担民事责任的不同方式分为民办非企业单位(法人)、民办非企业单位(合伙)和民办非企业单位(个体)三种。B 项，《民办非企业单位登记管理暂行条例》第十三条规定，

2C　3B　4C

民办非企业单位不得设立分支机构。C 项，《民办非企业单位登记暂行办法》第五条规定，民办非企业单位必须拥有与其业务活动相适应的合法财产，且其合法财产中的非国有资产份额不得低于总财产的 2/3，开办资金必须达到本行(事)业所规定的最低限额。D 项,《民办非企业单位名称管理暂行规定》第五条规定，民办非企业单位的字号应当由两个以上的汉字组成。可以使用本地或者异地的地名作字号，但不得使用县以上(含县)行政区划名称作字号。

5. 根据《民办非企业单位登记暂行办法》，民办非企业单位必须拥有与其业务活动相适应的合法财产，且其合法财产中的非国有资产份额不得低于总财产的(　　)。[2015 年真题]

A. 4/5　　B. 3/4　　C. 2/3　　D. 1/2

【解析】《民办非企业单位登记暂行办法》第五条规定，民办非企业单位必须拥有与其业务活动相适应的合法财产，且其合法财产中的非国有资产份额不得低于总财产的 2/3。开办资金必须达到本行(事)业所规定的最低限额。

6. 为促进社会工作专业发展，某公办高校决定与本校社会工作系教师共同出资 12 万元成立一家民办非企业社会工作专业服务机构。根据《民办非企业单位登记暂行办法》，该高校提供的开办资金不得高于(　　)。[2014 年真题]

A. 4 万元　　B. 6 万元　　C. 8 万元　　D. 10 万元

【解析】民办非企业单位必须拥有与其业务活动相适应的合法财产，且其合法财产中的非国有资产份额不得低于总财产的 2/3。本题中，民办非企业社会工作专业服务机构的资金总额为 12 万元，故该高校提供的开办资金不得高于 4 万元。

7. 根据《民办非企业单位登记暂行办法》，下列事项中，属于民办非企业单位登记事项的是(　　)。[2011 年真题]

A. 业务主管单位　　B. 评估等级

C. 税务登记证号　　D. 举办单位

【解析】根据《民办非企业单位登记暂行办法》的规定，经审核准予登记的，登记管理机关应当书面通知民办非企业单位，由登记管理机关登记民办非企业单位的名称、住所、宗旨和业务范围、法定代表人或者负责人、开办资金、业务主管单位，并根据其依法承担民事责任的不同方式，分别发给《民办非企业单位(法人)登记证书》、《民办非企业单位(合伙)登记证书》或《民办非企业单位(个体)登记证书》。

8. 某培智学校是一所民办学校，办理了民办非企业单位登记。根据《民办非企业单位登记管理暂行条例》，该学校的下列收入中，应当接受审计机关监督的是(　　)。[2017 年真题]

A. 来自社会捐赠的收入　　B. 提供咨询服务的收入

C. 组织教师编写出版教材的收入　　D. 转让自主知识产权取得的收入

【解析】根据《民办非企业单位登记管理暂行条例》，民办非企业单位财务接受审计监督有两种情形：①民办非企业资产来源属于国家资助或者社会捐赠、资助时，应当接受审计机关的监督；②民办非企业单位变更法定代表人或者负责人时，登记管理机关、业务

5C　6A　7A　8A

主管单位应当组织对其进行财务审计。

9. 根据《民办非企业单位登记管理暂行条例》和《民办非企业单位登记暂行办法》，下列关于民办非企业单位的财产及其管理的说法，正确的是(　　)。[2012 年真题]
   A. 民办非企业单位合法财产中的非国有资产份额不得低于总财产的3/4
   B. 民办非企业单位开办资金来源于发起人的，应接受审计机关的监督
   C. 民办非企业单位应当遵守国家财务管理制度，接受财政部门的监督
   D. 民办非企业单位成立时的验资报告，只能由具有验资资格的会计师事务所出具

   【解析】C 项，《民办非企业单位登记管理暂行条例》规定，民办非企业单位必须执行国家规定的财务管理制度，接受财政部门的监督。A 项，民办非企业单位必须拥有与其业务活动相适应的合法财产，且其合法财产中的非国有资产份额不得低于总财产的2/3；B 项，社会团体的资产如果来源于国家拨款或者社会捐赠、资助，应当接受审计机关的监督；D 项，验资报告应由会计师事务所或其他有验资资格的机构出具。

10. 根据《民办非企业单位登记暂行办法》，由企事业单位、社会团体和其他社会力量举办的民办非企业单位，应当申请(　　)登记。
   A. 民办非企业单位(法人)　　B. 民办非企业单位(合伙)
   C. 民办非企业单位(个体)　　D. 民办非企业单位(合资)

   【解析】民办非企业单位根据其依法承担民事责任的不同方式分为民办非企业单位(法人)、民办非企业单位(合伙)和民办非企业单位(个体)三种。根据《民办非企业单位登记暂行办法》的规定，由企业事业单位、社会团体和其他社会力量举办的或由上述组织与个人共同举办的，应当申请民办非企业单位(法人)登记。

11. 根据《民办非企业单位登记管理暂行条例》的规定，申请民办非企业单位登记，申办者无须向登记管理机关提交的文件是(　　)。
   A. 验资报告　　B. 章程草案　　C. 银行账号　　D. 场所使用权证明

   【解析】《民办非企业单位登记管理暂行条例》第九条规定，申请民办非企业单位登记，举办者应当向登记管理机关提交下列文件：①登记申请书；②业务主管单位的批准文件；③场所使用权证明；④验资报告；⑤拟任负责人的基本情况、身份证明；⑥章程草案。

12. 民办非企业单位应当规范财务管理制度，接受政府主管部门的监督，下列关于民办非企业单位财务管理的说法中，正确的是(　　)。
   A. 民办非企业单位应按照《民间非营利组织会计制度》进行会计核算，编制财务会计报告
   B. 民办非企业单位在开展业务活动中需要收取有关费用时，应当经税务部门审批
   C. 民办非企业单位应依法开立银行账户，并将银行账号报业务主管单位备案
   D. 民办非企业单位的资产有来源于社会捐赠资助的，应当接受登记管理机关和业务主管单位的监督

   【解析】A 项，根据《民办非企业单位登记管理暂行条例》的规定，民办非企业单位属非

9C　10A　11C　12A

营利组织，应按照《民间非营利组织会计制度》的规定，进行会计核算，编制财务会计报告，及时反映民办非企业单位的资源状况、负债水平、资金使用情况及其效果、现金流量等信息；B 项，根据财政部《关于对明确民办非企业单位财务管理制度等问题的函》的规定，民办非企业单位在开展业务需要收取有关费用时，应按照现行行政事业性收费审批管理的有关规定，履行收费审批程序，即申请设立收费项目须经中央和省级财政主管部门会同价格主管部门审批，收费标准须由中央和省级价格主管部门会同财政主管部门核定；C 项，经核准登记的民办非企业单位，应开立银行账户，并将银行账号报登记管理机关备案；D 项，民办非企业资产来源属于国家资助或者社会捐赠、资助时，应当接受审计机关的监督。

13. 民办非企业单位在(　　)情况下，应当接受审计监督。

A. 变更注册资本　B. 变更住所　C. 变更业务范围　D. 变更法定代表人

【解析】民办非企业单位接受审计监督有两种情形：①民办非企业资产来源属于国家资助或者社会捐赠、资助时，应当接受审计机关的监督；②民办非企业单位变更法定代表人或者负责人时，登记管理机关、业务主管单位应当组织对其进行财务审计。

14. 某民办非企业单位在年检中被评定为不合格，登记管理机关的做法，错误的是(　　)。

A. 责令其进行整改　B. 责令其整改期间停止活动

C. 撤销其登记证书　D. 封存其财务凭证

【解析】对年检不合格的民办非企业单位，登记管理机关根据情况，可以责令其在整改期间停止活动。民办非企业单位被限期停止活动的，登记管理机关可以封存其登记证书、印章和财务凭证。

二、多项选择题(每题的备选项中，有 2 个或 2 个以上符合题意，至少有 1 个错项)

1. 根据《中共中央关于全面深化改革若干重大问题的决定》，下列类别的社会组织中，可直接向民政部门依法申请登记，无需业务主管单位审查同意的有(　　)类社会组织。[2017 年真题]

A. 科技　B. 宗教　C. 公益慈善　D. 政治法律

E. 城市社区服务

【解析】按照《国务院机构改革和职能转变方案》及《中共中央关于全面深化改革若干重大问题的决定》的规定，行业协会商会类、科技类、公益慈善类、城乡社区服务类社会组织，成立这些社会组织，直接向民政部门依法申请登记，不再需要业务主管单位审查同意。

2. 根据《民办非企业单位登记暂行办法》，举办民办非企业单位应按照行(事)业类别申请登记。下列单位中，应当以教育部门为业务主管单位的有(　　)。[2012 年真题]

A. 民办幼儿园　B. 民办专修学校

C. 民办职业培训中心　D. 民办科学研究中心

E. 民办人才交流中心

【解析】《民办非企业单位登记暂行办法》第四条规定，举办民办非企业单位，应按照所

13D　14C　┃　1ACE　2AB

属行(事)业申请登记，各行业主管部门为该行业民办非企业单位的业务主管单位。因此，以教育部门为业务主管单位的是教育事业。教育事业民办非企业单位主要包括：民办幼儿园，民办小学、中学、学校、学院、大学，民办专修(进修)学院或学校，民办培训(补习)学校或中心等。C 项，民办职业培训中心属于劳动事业单位；D 项，民办科学研究中心属于科技事业单位；E 项，民办人才交流中心属于社会中介服务业单位。

3. 某民办养老院在某市民政局登记，该民政局同时也是其业务主管单位。2011 年 4 月 20 日，入住该院的李老伯病逝。为感谢养老院长期精心照顾，李老伯在遗嘱中明确将财产中的 20 万元捐赠给该养老院，用于更新康复设施。根据《民办非企业单位登记管理暂行条例》和国家有关规定，下列关于该笔捐赠的说法，正确的有(　　)。[2011 年真题]
   A. 养老院应当接受财政部门和审计部门对该笔赠款的监督
   B. 养老院应当对李老伯的捐赠开具行政事业性收费票据
   C. 养老院应当向该市民政局报告接受使用捐赠的有关情况
   D. 养老院可将赠款中的 8 万元捐赠给该市民政局用于救灾
   E. 养老院可将赠款中的 5 万元用于员工技能培训

   【解析】根据《民办非企业单位登记管理暂行条例》第二十一条，民办非企业单位接受捐赠、资助，必须符合章程规定的宗旨和业务范围，必须根据与捐赠人、资助人约定的期限、方式和合法用途使用。民办非企业单位应当向业务主管单位报告接受、使用捐赠、资助的有关情况，并应当将有关情况以适当方式向社会公布。第二十二条规定，民办非企业单位必须执行国家规定的财务管理制度，接受财政部门的监督；资产来源属于国家资助或者社会捐赠、资助的，还应当接受审计机关的监督。B 项，民办非企业单位在开展业务并根据规定向接受特定服务的公民、法人收取费用时才应出具行政事业性收费票据，接受捐赠应当向捐赠人出具有效、合法的收据。DE 两项，遗嘱中明确说明将赠款用于更新康复设施，不能挪作他用。

4. 民办非企业单位有以下(　　)情形的，登记管理机关可以撤销登记。
   A. 在申请登记时弄虚作假骗取登记
   B. 年检不合格
   C. 业务主管单位撤销批准的
   D. 拒不接受监督检查
   E. 从事营利性的经营活动

   【解析】根据《民办非企业单位登记管理暂行条例》的规定，撤销登记适用于下列情形：①在申请登记时弄虚作假，骗取登记。②业务主管单位撤销批准。③严重违规的，比如设立分支机构，从事营利性的经营活动，涂改、出租、出借《民办非企业单位登记证书》，出租、出借民办非企业单位印章，超出其章程规定的宗旨和业务范围进行活动，不按照规定办理变更登记，侵占、私分、挪用民办非企业单位的资产或者所接受的捐赠、资助，违反国家有关规定收取费用、筹集资金或者接受、使用捐赠、资助，擅自设立分支机构、代表机构，或者对分支机构、代表机构疏于管理，造成严重后果的。④社会团体的活动违反其他法律、法规，有关国家机关认为应当撤销登记的，由登记管理机关撤销登记。

3AC　4ACDE

第三节　基金会管理法规与政策

一、单项选择题（每题的备选项中，只有 1 个最符合题意）

1. 根据《基金会管理条例》，公募基金会分为全国性公募基金会与地方性公募基金会，其区分的依据是基金会（　　）。［2016 年真题］

A. 业务活动的范围　　B. 募捐的地域范围

C. 收入来源的范围　　D. 理事会成员的范围

【解析】《基金会管理条例》第三条规定，基金会分为面向公众募捐的基金会（简称公募基金会）和不得面向公众募捐的基金会（简称非公募基金会）。公募基金会按照募捐的地域范围，分为全国性公募基金会和地方性公募基金会。

2. 某集团拟成立非公募教育基金会，根据《基金会管理条例》，该基金会的原始基金不得低于（　　）万元人民币。［2017 年真题］

A. 200　　B. 400　　C. 600　　D. 800

【解析】根据《基金会管理条例》第八条规定，原始基金必须为到账货币资金，且应达到规定的额度。全国性公募基金会的原始基金不低于 800 万元人民币，地方性公募基金会的原始基金不低于 400 万元人民币，非公募基金会的原始基金不低于 200 万元人民币。

3. 根据《基金会管理条例》，下列关于基金会原始基金的说法，错误的是（　　）。［2013 年真题］

A. 全国性公募基金会的原始基金不低于 800 万元人民币

B. 地方性公募基金会的原始基金不低于 400 万元人民币

C. 非公募基金会的原始基金不低于 200 万元人民币

D. 原始基金可以是货币资金，也可以是有价证券

【解析】参见《基金会管理条例》第八条规定。

4. 某境外基金会拟在中国内地设立代表机构。根据《基金会管理条例》，该基金会向登记管理机关申请登记时，下列材料中，不需要提交的是（　　）。［2014 年真题］

A. 基金会在境外依法登记成立的证明　　B. 拟设代表机构负责人身份证明及简历

C. 基金会在境外的纳税证明　　D. 基金会章程和住所证明

【解析】《基金会管理条例》第十三条规定，境外基金会在中国内地设立代表机构，应当经有关业务主管单位同意后，向登记管理机关提交下列文件：①申请书；②基金会在境外依法登记成立的证明和基金会章程；③拟设代表机构负责人身份证明及简历；④住所证明；⑤业务主管单位同意在中国内地设立代表机构的文件。本题中，不需要提交基金会在境外的纳税证明。

5. 根据《基金会管理条例》，下列基金会存在的情形中，符合规定的是（　　）。［2017 年真题］

A. 某地方性公募基金会有理事 15 人，其中领取报酬的有 6 人

B. 某基金会章程规定理事任期为 3 年，该基金会中某理事连任 3 届

1B　2A　3D　4C　5B

C. 某全国性公募基金会的理事长，同时担任某有限公司的法定代表人

D. 某基金会为用私人财产设立的非公募基金会，理事 9 人，其中相互间有近亲关系的有 4 人

【解析】根据《基金会管理条例》，A 项，未在基金会担任专职工作的理事不得从基金会获取报酬，在基金会领取报酬的理事不得超过理事总人数的 1/3；C 项，作为基金会的法定代表人，理事长不得同时担任其他组织的法定代表人；D 项，用私人财产设立的非公募基金会，相互间有近亲属关系的基金会理事，总数不得超过理事总人数的 1/3，其他基金会，具有近亲属关系的不得同时在理事会任职。

6. 某公募基金会现有理事 24 人，近日召开理事会，18 名理事出席，会议就章程规定对属于理事会职权内的事项进行了研究性表决。根据《基金会管理条例》，下列理事会所作的表决中，有效的是(　　)。[2010 年真题]

A. 9 名理事赞同免去 1 名副秘书长的职务

B. 10 名理事赞同将理事每届任期由 5 年变为 4 年

C. 10 名理事赞同进行章程规定的某个重大募捐项目

D. 11 名理事赞同选举 1 名理事担任理事长

【解析】《基金会管理条例》第二十一条规定，理事会每年至少召开两次会议。理事会会议须有 2/3 以上理事出席方能召开；理事会决议须经出席理事过半数通过方为有效。下列重要事项的决议，须经出席理事表决，2/3 以上通过方为有效：①章程的修改；②选举或者罢免理事长、副理事长、秘书长；③章程规定的重大募捐、投资活动；④基金会的分立、合并。BCD 三项都为重要事项的决议，应当有出席理事的 2/3 以上通过方为有效，即至少 12 人。

7. 下列关于基金会监事的说法，正确的是(　　)。[2013 年真题]

A. 监事任期可与理事任期不同

B. 监事可以从基金会获取适当报酬

C. 监事及其近亲属可以与其所在基金会有交易行为

D. 理事、理事的近亲属和基金会财会人员不得兼任监事

【解析】《基金会管理条例》规定，基金会设监事。关于监事有以下规定：①监事任期与理事任期相同；②理事、理事的近亲属和基金会财会人员不得兼任监事；③监事不得从基金会获取报酬；④监事及其近亲属不得与其所在的基金会有任何交易行为。

8. 某非公募基金会成立于 2005 年 12 月，初始基金为 1 亿元，2006 年度其公益事业支出 500 万元，收入 1000 万元。2007 年度其公益事业支出 800 万元，收入 2000 万元。2008 年度其公益事业支出 1000 万元，收入 1500 万元。2009 年度其公益支出 900 万元，收入 1000 万元。如果不计工作人员工资福利和行政办公支出，根据《基金会管理条例》，该基金会的财务收支状况符合要求的是在(　　)。[2010 年真题]

A. 2006 年度　　B. 2007 年度　　C. 2008 年度　　D. 2009 年度

【解析】《基金会管理条例》第二十九条规定，非公募基金会每年用于从事章程规定的公益事业支出，不得低于上一年基金余额的 8%。由此可计算得出，在不计工作人员工资

6A　7D　8C

福利和行政办公支出的情况下，该基金会2006年度的公益事业支出应不低于800万；2007年度的公益事业支出应不低于840万；2008年度的公益事业支出应不低于936万；2009年度的公益事业支出应不低于976万。故该基金会只有2008年度的财务收支状况符合要求。

9. 根据《关于加强和完善基金会注册会计师审计制度的通知》，下列重大公益项目中，应当实施专项审计的是(　　)。[2016年真题]

A. 甲基金会通过义卖义演获得22万元用于帮助留守儿童，该收入超过基金会当年捐赠总收入的1/5

B. 乙基金会对预防艾滋病项目支出33万元，该支出超过基金会当年总支出的1/5

C. 丙基金会接受企业捐赠44万元用于古村落文化保护，该收入超过基金会当年捐赠总收入的1/5

D. 丁基金会对帮扶救助失独老人项目支出55万元，该支出超过基金会当年总支出的1/5

【解析】根据《关于加强和完善基金会注册会计师审计制度的通知》，基金会开展以下活动的，应当实施专项审计，在活动结束后向登记管理机关报送经注册会计师审计的专项审计报告，并按照登记管理机关的要求向社会公布：①重大公益项目，分为三种情形：当年该项目的捐赠收入占基金会当年捐赠总收入的1/5以上且金额超过人民币50万元的；当年该项目的支出占基金会当年总支出的1/5以上且金额超过人民币50万元的；持续时间超过3年的。②因参与处理自然灾害等突发事件需要开展的募捐活动。③登记管理机关要求进行专项审计的其他活动。

10. 关于非公募基金会理事会，以下说法属于法定要求的是(　　)。

A. 理事会的规模为5至20人

B. 理事任期由章程规定，但每届任期不得超过5年

C. 理事任期届满，可以连选连任两届

D. 具有亲属关系的不得同时在理事会任职

【解析】关于理事会的组成，有如下规定：①理事会的规模为5人至25人。②理事任期由章程规定，但每届任期不得超过5年。理事任期届满，可以连选连任。③理事选任限制。用私人财产设立的非公募基金会，相互间有近亲属关系的基金会理事，总数不得超过理事总人数的1/3；其他基金会，具有近亲属关系的不得同时在理事会任职。未在基金会担任专职的理事不得从基金会获取报酬，在基金会领取报酬的理事不得超过理事总人数的1/3。④理事会设理事长、副理事长和秘书长，从理事中选举产生。⑤理事长是基金会的法定代表人。

11. 用私人财产设立的非公募基金会，相互间有近亲属关系的基金会理事，总数不得超过理事总人数的(　　)。

A. 1/2　　B. 1/3　　C. 2/3　　D. 3/5

【解析】《基金会管理条例》规定，用私人财产设立的非公募基金会，相互间有近亲属关系的基金会理事，总数不得超过理事总人数的1/3；其他基金会，具有近亲属关系的不

9D　10B　11B

得同时在理事会任职。未在基金会担任专职工作的理事不得从基金会获取报酬，在基金会领取报酬的理事不得超过理事总人数的1/3。

12. 某基金会是一家公募基金会，2016年该基金会的总收入为3亿元人民币。根据《基金会管理条例》的规定，该基金会2017年度的公益事业支出不得低于(　　)亿元。

A. 1.5　　B. 1.8　　C. 2.1　　D. 2.4

【解析】《基金会管理条例》第二十九条规定，公募基金会每年用于从事章程规定的公益事业支出，不得低于上一年总收入的70%；非公募基金会每年用于从事章程规定的公益事业支出，不得低于上一年基金余额的8%。本题中，该公募基金会2016年的总收入是3亿元，则其2017年度的公益事业支出不得低于：3×70%＝2.1(亿元)。

13. 根据《基金会管理条例》关于公募基金会与非公募基金会的规定，下列行为正确的是(　　)。

A. 某省古迹遗址保护基金会准备启动古迹遗址保护项目，被业务主管单位告知应当在登记管理机关指定的全省性报刊和基金会自愿选择的其他媒体上，向社会公布所开展的公益项目种类以及申请和评审程序

B. 某省一非公募基金会为提高群众慈善意识，在住所地的银行和大型商场柜台旁，设置宣传栏，发放基金会有关宣传资料，并摆放慈善箱，接受群众捐赠

C. 某地方性公募基金会的宗旨是癌症预防与救助，其住所地设在某县城。2016年基金会启动“关爱贫困癌症患者”计划，不但在该县城多方动员社会捐助，而且在本省主要媒体上进行广泛宣传，公开募得款物近300万元

D. 某小型非公募基金会2015年年末基金余额为450万元，发起人原准备2016年初增加捐赠100万元，但受金融危机影响，实际捐赠为50万元。基金会决定2016年减少资助金额，公益事业支出不超过35万元，工作人员的工资福利和行政办公支出不超过今年总支出的8%

【解析】A项，《基金会管理条例》和《基金会信息发布办法》规定，基金会开展公益资助项目，应当向社会公布所开展的公益资助项目种类以及申请、评审程序；B项，非公募基金会不得面向公众募捐；C项，全国性公募基金会可以在全国范围内面向公众募捐，地方性公募基金会只能在一定地域内面向公众募捐；D项，在基金会财产的管理和使用中规定，非公募基金会每年用于从事章程规定的公益事业支出，不得低于上一年基金余额的8%。该小型非公募基金会2015年年末基金余额为450万元，所以2016年其公益事业的支出不得低于：450×8%＝36(万元)。

二、多项选择题(每题的备选项中，有2个或2个以上符合题意，至少有1个错项)

1. 某非公募基金会理事会有理事9人，上一年度基金余额为1500万元。根据《基金会管理条例》，该基金会下列行为中，符合规定的有(　　)。[2012年真题]

A. 理事会表决中经5名理事赞同修改了章程

B. 基金会确定了本年度的公益事业预算支出为130万元

C. 理事会表决中经6名理事的同意罢免了秘书长

D. 理事会表决同意领取报酬理事人数增加到4人

12C　13A　▎　1BCE

E．理事会表决同意理事每届任期由 4 年改为 5 年

【解析】AC 两项，根据《基金会管理条例》的规定，理事会每年至少召开两次会议。理事会会议须有 2/3 以上理事出席方能召开；理事会决议须经出席理事过半数通过方为有效。但下列重要事项的决议，须经出席理事表决，2/3 以上通过方为有效：①章程的修改；②选举或者罢免理事长、副理事长、秘书长；③章程规定的重大募捐、投资活动；④基金会的分立、合并。B 项，公募基金会每年用于从事章程规定的公益事业支出，不得低于上一年总收入的 70%；非公募基金会每年用于从事章程规定的公益事业支出，不得低于上一年基金余额的 8%。D 项，未在基金会担任专职工作的理事不得从基金会获取报酬，在基金会领取报酬的理事不得超过理事总人数的 1/3。E 项，理事任期由章程规定，但每届任期不得超过 5 年。改变理事任期需要修改章程，即需通过理事会表决同意。

2．根据《基金会管理条例》，基金会理事会决议的下列事项中，须经出席理事表决且 2/3 以上通过方为有效的有(　　)。[2016 年真题]

A．选举秘书长　　　　B．基金会的合并

C．专职理事的报酬　　　　D．基金会分支机构的设立

E．章程规定的重大募捐活动

【解析】根据《基金会管理条例》的规定，理事会每年至少召开 2 次会议。理事会会议须有 2/3 以上理事出席方能召开；理事会决议须经出席理事过半数通过方为有效。但下列重要事项的决议，须经出席理事表决，2/3 以上通过方为有效：①章程的修改；②选举或者罢免理事长、副理事长、秘书长；③章程规定的重大募捐、投资活动；④基金会的分立、合并。

3．国内某有限责任公司出资设立一非公募基金会，原始基金为 2000 万元。基金会设理事会，理事 19 人，其中 2 人为香港居民。近日，理事会就下列事项作出决议。按照《基金会管理条例》，其中有效的决议有(　　)。[2011 年真题]

A．12 名理事同意将理事任期由 4 年改为 3 年

B．13 名理事同意将某项目有偿委托给一理事设立的民营企业实施

C．14 名理事同意理事中的某香港居民担任基金会的法定代表人

D．15 名理事同意将原始基金的 30% 用于购买某商业银行新推出的理财产品

E．16 名理事同意设定基金会接受社会捐赠最低限额为 100 万元

【解析】按照《基金会管理条例》的规定，理事会会议须有 2/3 以上理事出席方能召开；理事会决议须经出席理事过半数通过方为有效。但下列重要事项的决议，须经出席理事表决，2/3 以上通过方为有效：①章程的修改。②选举或者罢免理事长、副理事长、秘书长。③章程规定的重大募捐、投资活动。④基金会的分立、合并。A 项，理事任期由章程规定，但每届任期不得超过 5 年。改变理事任期需要修改章程，则须经出席理事表决，2/3 以上通过方为有效。B 项，《基金会管理条例》第二十三条第三款规定，基金会理事遇有个人利益与基金会利益关联时，不得参与相关事宜的决策；基金会理事、监事及其近亲属不得与其所在的基金会有任何交易行为。C 项，公募基金会和原始基金来自中国内地的非公募基金会，应当由内地居民担任法定代表人(理事长)。

2ABE　3DE

4. 根据《基金会管理条例》，基金会监事的下列行为中，正确的有(　　)。[2017 年真题]

A. 监事甲，从基金会领取必要的薪酬和工作经费

B. 监事乙，依照章程规定的程序检查基金会会计资料

C. 监事丙，连任基金会两任监事，任期和理事任期相同

D. 监事丁，将一笔教学仪器捐赠的合理性向理事会提出质询

E. 监事戊，将本人的小汽车以明显低于市场的价格出售给基金会

【解析】基金会设监事。对监事的规定有：①监事任期与理事任期相同；②理事、理事的近亲属和基金会财会人员不得兼任监事；③监事不得从基金会获取报酬；④监事及其近亲属不得与其所在的基金会有任何交易行为。监事的职责有：①依照章程规定的程序检查基金会财务和会计资料，监督理事会遵守法律和章程的情况；②列席理事会会议，有权向理事会提出质询和建议；③向登记管理机关、业务主管单位以及税务、会计主管部门反映情况。

5. 为丰富儿童精神文化生活，吕某、谭某、孙某、卢某、袁某等几位著名儿童文学作家，准备成立一个促进儿童文学发展的非营利组织，但在成立何种非营利组织方面，作家们看法不一。下列建议中，符合现行规定的有(　　)。[2009 年真题]

A. 谭某："我建议成立民办非企业单位。民办非企业单位可以享受国家税收优惠，其举办人还可以从中分取红利"

B. 吕某："我建议成立社会团体。我们已有不少作家，再争取几家儿童文学研究单位加入，成员达到 50 个，就能满足会员人数的要求"

C. 孙某："我认为成立基金会更好。基金会都可以向社会公开募集资金，资助儿童文学创作，奖励优秀作品"

D. 卢某："我认为成立民办非企业单位是个更现实的选择。社会团体登记需要经过筹备申请，程序相对复杂。基金会登记需要最低 200 万元的原始基金，门槛较高。相比之下，民办非企业单位无须筹备申请，资金门槛也不高"

E. 袁某："我赞成成立社会团体，但暂不登记，先以社会团体名义开展活动。运作几年，如果发展顺利，再去申请登记也不迟"

【解析】A 项，民办非企业单位的资产必须用于合法用途，禁止单位和个人侵占、私分和挪用民办非企业单位的资产；C 项，基金会分为面向公众募捐的基金会和不得面向公众募捐的基金会；E 项，社会团体要进行活动，必须具备法人资格，除了免予登记的社会团体外，其他社会团体要取得法人资格，必须满足一定的条件并依法进行登记。

6. 下列人员中，不得担任基金会理事长的有(　　)。

A. 甲，现为某省人大代表

B. 乙，曾因过失犯罪被判处刑罚，执行期满未逾 5 年

C. 丙，被判处剥夺政治权利，且正在执行中

D. 丁，香港居民，长期居住在中国内地

E. 戊，曾在被注销登记的基金会担任副理事长

【解析】《基金会管理条例》第二十三条规定，基金会理事长、副理事长和秘书长不得由

4BCD　5BD　6ABC

现职国家工作人员兼任。因犯罪被判处管制、拘役或者有期徒刑，刑期执行完毕之日起未逾5年的人员，因犯罪被判处剥夺政治权利正在执行期间或者曾经被判处剥夺政治权利的人员，以及曾在因违法被撤销登记的基金会担任理事长、副理事长或者秘书长，且对该基金会的违法行为负有个人责任，自该基金会被撤销之日起未逾5年的人员，不得担任基金会的理事长、副理事长或者秘书长。第二十四条规定，担任基金会理事长、副理事长或者秘书长的香港居民、澳门居民、台湾居民、外国人，每年在中国内地居留时间不得少于3个月。

7. 王女士想在P市用自己的资产筹建一个大学生助学基金会，按照《基金会管理条例》，则下列说法正确的有(　　)。

A. 该基金会的理事会应设理事长、副理事长、秘书长和副秘书长

B. 该基金会的理事会中，具有近亲属关系的不得同时在理事会任职

C. 该基金会应该有不低于400万元人民币的原始基金

D. 该基金会的理事会中，有近亲属关系的理事总数不得超过理事总人数的1/3

E. 该基金会领取报酬的理事不得超过理事总人数的1/3

【解析】A项，理事会设理事长、副理事长、秘书长，从理事中选举产生；B项，用私人财产设立的非公募性基金会，相互间有近亲属关系的可以在理事会任职，但总数不得超过理事总人数的1/3；C项，非公募性基金会的原始基金的最低限额是200万人民币。

8. 基金会应当申请注销登记的情形包括(　　)。

A. 基金会年度检查不合格的

B. 按照基金会的章程规定应当终止的

C. 基金会无法按照章程规定的宗旨继续从事公益活动的

D. 基金会有违法行为的

E. 基金会申请登记时弄虚作假的

【解析】《基金会管理条例》第十六条规定，基金会、境外基金会代表机构有下列情形之一的，应当向登记管理机关申请注销登记：①按照章程规定终止的；②无法按照章程规定的宗旨继续从事公益活动的；③由于其他原因终止的。

9. 按照《基金会管理条例》，基金会注销后的剩余财产(　　)。

A. 应当由登记管理机关收回

B. 无法按照章程规定处理的，由登记管理机关组织捐赠给与该基金会性质、宗旨相同的社会公益组织，并向社会公告

C. 应当按照章程的规定用于公益目的

D. 应当由基金会理事会讨论决定其剩余财产分配

E. 应当返还给捐赠方

【解析】《基金会管理条例》第三十三条规定，基金会注销后的剩余财产应当按照章程的规定用于公益目的；无法按照章程规定处理的，由登记管理机关组织捐赠给与该基金会性质、宗旨相同的社会公益组织，并向社会公告。

7DE　8BC　9BC

第十二章　我国劳动就业和劳动关系法规与政策

第一节　促进就业的法规与政策

一、单项选择题（每题的备选项中，只有1个最符合题意）

1. 为缓解就业压力，甲市乙区某公共就业服务中心决定举办应届大学毕业生就业专场招聘会。该消息一经发布，咨询电话络绎不绝。根据《就业促进法》，下列就业服务中心做出的决定中，正确的是（　　）。[2014年真题]

   A. 为限制入场人数，向每位求职者收取2元入场费

   B. 为前来咨询就业政策的求职者提供咨询，并收取一定的费用

   C. 请来著名职业规划师为求职者提供职业规划服务，并收取低廉的费用

   D. 为更好提供服务，向甲市政府申请专场招聘补贴

   【解析】《就业促进法》第三十五条规定，县级以上人民政府建立健全公共就业服务体系，设立公共就业服务机构，为劳动者免费提供下列服务：①就业政策法规咨询；②职业供求信息、市场工资指导价位信息和职业培训信息发布；③职业指导和职业介绍；④对就业困难人员实施就业援助；⑤办理就业登记、失业登记等事务；⑥其他公共就业服务。公共就业服务机构应当不断提高服务的质量和效率，不得从事经营性活动。公共就业服务经费纳入同级财政预算。

2. 根据《就业服务与就业管理规定》，下列就业服务中，应当由公共就业服务机构免费提供的是（　　）。[2015年真题]

   A. 为劳动者提供职业介绍服务　　B. 为劳动者提供职业培训服务

   C. 为用人单位提供代理招聘服务　　D. 为用人单位提供劳动保障事务代理服务

   【解析】公共就业服务机构为劳动者免费提供下列服务：①就业政策法规咨询；②职业供求信息、市场工资指导价位信息和职业培训信息发布；③职业指导和职业介绍；④对就业困难人员实施就业援助；⑤办理就业登记、失业登记等事务；⑥其他公共就业服务。

3. 职业中介机构向劳动者收取押金的，由劳动行政部门责令限期退还劳动者，依据劳动者人数并按一定标准处以罚款。根据《就业促进法》，下列罚款金额，符合标准的是每人（　　）元。[2017年真题]

   A. 100　　B. 300　　C. 1000　　D. 3000

   【解析】《就业促进法》第四十一条规定，职业中介机构不得扣押劳动者的居民身份证和其他证件，或者向劳动者收取押金。第六十六条规定，违反本法规定，职业中介机构向劳动者收取押金的，由劳动行政部门责令限期退还劳动者，并以每人500元以上2000元以下的标准处以罚款。

4. 老张来到某职业中介机构求职，工作人员对老张说，介绍成功后需支付100元中介费，

1D　2A　3C　4B

如不成功仅需支付20元服务费，为保证收到中介费或服务费，工作人员要求老张先交100元押金，并扣押了老张的身份证。根据《就业促进法》，下列关于该职业中介机构的说法，正确的是(　　)。[2016年真题]

A. 不得收取押金，亦不可收取服务费

B. 不得收取押金，亦不可扣押身份证

C. 不得收取服务费，可暂时扣押身份证

D. 不得收取中介费，可收取适当的押金

【解析】根据《就业促进法》及《就业服务与就业管理规定》，职业中介机构不得有下列行为：①提供虚假就业信息；②发布的就业信息中包含歧视性内容；③伪造、涂改、转让职业中介许可证；④为无合法证照的用人单位提供职业中介服务；⑤介绍未满16周岁的未成年人就业；⑥为无合法身份证件的劳动者提供职业中介服务；⑦介绍劳动者从事法律、法规禁止从事的职业；⑧扣押劳动者的居民身份证和其他证件，或者向劳动者收取押金；⑨以暴力、胁迫、欺诈等方式进行职业中介活动；⑩超出核准的业务范围经营；⑪其他违反法律、法规规定的行为。

5. 根据《就业促进法》，对法定劳动年龄内家庭人员均处于失业状况、申请就业援助的城市居民家庭，经确认属实，应当为该家庭中至少一人提供适当就业岗位的组织是(　　)。

A. 驻社区企事业单位　　B. 街道办事处

C. 县级劳动行政部门　　D. 街道、社区公共就业服务机构

【解析】《就业促进法》规定，法定劳动年龄内的家庭人员均处于失业状况的城市居民家庭，可以向住所地街道、社区公共就业服务机构申请就业援助。街道、社区公共就业服务机构经确认属实的，应当为该家庭中至少一人提供适当的就业岗位。

二、多项选择题(每题的备选项中，有2个或2个以上符合题意，至少有1个错项)

钱某原是某国有企业员工，因身体不好，下岗后在家养病没有工作。钱某妻子近期也失业了，其女儿晓静今年中专毕业，也没有找到合适的工作。根据《就业促进法》，对钱某一家可以实行的就业援助措施有(　　)。

A. 当地公共就业服务机构应当建立就业困难人员帮扶制度，对钱某一家实施优先扶持和重点帮助

B. 可在公益性岗位上安置钱某的妻子，按照国家规定给予岗位补贴

C. 公共就业服务机构拓宽公益性岗位范围，及时向钱某一家提供适当的就业岗位，确保其家庭至少有2人实现就业

D. 街道、社区公共就业服务机构应当对钱某家的情况进行登记，建立专门台账

E. 为钱某一家提供最低生活保障

【解析】A项，《就业促进法》第五十二条规定，公共就业服务机构应当建立就业困难人员帮扶制度，通过落实各项就业扶持政策、提供就业岗位信息、组织技能培训等有针对性的就业服务和公益性岗位援助，对就业困难人员实施优先扶持和重点帮助。B项，第五十三条规定，政府投资开发的公益性岗位，应当优先安排符合岗位要求的就业困难人员。被安排在公益性岗位工作的，按照国家规定给予岗位补贴。C项，第五十六条规

5D　┃　ABD

定，县级以上地方人民政府采取多种就业形式，拓宽公益性岗位范围，开发就业岗位，确保城市有就业需求的家庭至少有一人实现就业。D 项，第四十四条规定，街道、社区公共就业服务机构应当对辖区内就业援助对象进行登记，建立专门台账。E 项，提供最低生活保障不属于就业援助措施。

第二节　劳动合同的规定

一、单项选择题(每题的备选项中，只有 1 个最符合题意)

1．根据《劳动合同法》，下列条款中，属于劳动合同必备条款的是(　　)。[2016 年真题]

A．试用期　B．工作时间　C．保守秘密　D．福利待遇

【解析】劳动合同的内容包括法定条款和约定条款。根据《劳动合同法》第十七条，劳动合同应当具备以下条款：①用人单位的名称、住所和法定代表人或者主要负责人；②劳动者的姓名、住址和居民身份证或者其他有效身份证件号码；③劳动合同期限；④工作内容和工作地点；⑤工作时间和休息休假；⑥劳动报酬；⑦社会保险；⑧劳动保护、劳动条件和职业危害防护；⑨法律、法规规定应当纳入劳动合同的其他事项。

2．根据《劳动合同法》，下列关于当事人订立无固定期限合同的做法，错误的是(　　)。[2015 年真题]

A．赵某与应聘公司协商一致订立了无固定期限劳动合同

B．钱某在某公司连续工作满 10 年，与该公司签订了无固定期限劳动合同

C．孙某在某国有企业连续工作满 10 年，距法定退休年龄还有 9 年，该企业改制重新订立劳动合同，与孙某订立了无固定期限合同

D．李某与某公司第二次固定期限劳动合同到期，李某提出续订时，公司无理由拒绝与李某签订无固定期限劳动合同

【解析】用人单位与劳动者协商一致，可以订立无固定期限劳动合同。有下列情形之一，劳动者提出或者同意续订、订立劳动合同的，除劳动者提出订立固定期限劳动合同外，应当订立无固定期限劳动合同：①劳动者在该用人单位连续工作满 10 年的；②用人单位初次实行劳动合同制度或者国有企业改制重新订立劳动合同时，劳动者在该用人单位连续工作满 10 年且距法定退休年龄不足 10 年的；③连续订立二次固定期限劳动合同，且劳动者没有本法第三十九条和第四十条第一项、第二项规定的情形，续订劳动合同的。

3．2009 年 7 月 1 日小陈进入某电器厂工作。厂方与小陈口头约定工作期限 2 年，月工资 2000 元。2010 年 7 月小陈被查出患肝炎，随后被厂方以无劳动合同为由辞退。小陈不服，向当地劳动争议仲裁委员会申请仲裁。下列关于厂方与小陈之间劳动合同的说法，正确的是(　　)。[2011 年真题]

A．视为未订立劳动合同　B．视为已订立期限为 1 年的劳动合同

C．视为已订立期限为 2 年的劳动合同　D．视为已订立无固定期限的劳动合同

【解析】根据不同的标准，劳动合同可以划分为不同的种类。根据《劳动法》和《劳动合同法》的规定，按照劳动合同的期限，劳动合同可分为有固定期限、无固定期限和以完成

1B　2D　3D

一定的工作为期限的劳动合同。用人单位自用工之日起满 1 年不与劳动者订立书面劳动合同的，视为用人单位与劳动者已订立无固定期限劳动合同。

4. 某公司与王某签订了为期 2 年半的劳动合同。根据《劳动合同法》，该公司与王某约定试用期不得超过(　　)个月。[2017 年真题]

A. 2　　B. 3　　C. 4　　D. 5

【解析】关于试用期，《劳动合同法》规定，劳动合同期限 3 个月以上不满 1 年的，试用期不得超过 1 个月；劳动合同期限 1 年以上不满 3 年的，试用期不得超过 2 个月；3 年以上固定期限和无固定期限的劳动合同，试用期不得超过 6 个月。同一用人单位与同一劳动者只能约定一次试用期。以完成一定工作任务为期限的劳动合同或者劳动合同期限不满 3 个月的，不得约定试用期。本题中，双方约定合同期限为 2 年半，故王某的试用期应不超过 2 个月。

5. 根据《劳动法》，无效劳动合同从(　　)时起，就没有法律约束力。[2013 年真题]

A. 订立　　B. 履行　　C. 发现违法违规　　D. 确认违法违规

【解析】无效劳动合同是指依法不具有法律约束力的劳动合同。无效的劳动合同，从订立的时候起，就没有法律约束力。确认劳动合同部分无效的，如果不影响其余部分的效力，其余部分仍然有效。

6. 马某与某公司签订劳动合同，合同期为 2008 年 5 月 1 日至 2009 年 4 月 30 日。合同约定，马某自己缴纳社会保险费；如发生工伤费用，由公司负担；如发生看病费用，由马某自理。自 2009 年 3 月 10 日起，马某生病住院 2 个月，共花去医疗费用 2 万元，住院期间，公司为马某正常发放工资，但在马某出院时拒绝为其支付医疗费用，马某认为公司应为其支付医疗费。下列关于双方纠纷的说法中，正确的是(　　)。[2010 年真题]

A. 马某与公司的劳动合同依然存续，公司应支付马某的医疗费用

B. 根据“看病费用由马某处理”的约定，公司可不支付马某的医疗费用

C. 因马某与公司的劳动合同终止，故公司可不去支付马某的医疗费用

D. “马某自己缴纳社会保险”的条款应认定有效，马某应自付医疗费用

【解析】《劳动合同法》第二十六条规定，用人单位免除自己的法定责任、排除劳动者权利的，劳动合同无效或者部分无效。劳动合同部分无效，不影响其他部分效力的，其他部分仍然有效。本题中，用人单位与马某签订的劳动合同中，马某自己缴纳社会保险费及自理看病费用的约定是无效的，因此公司应该为马某支付医疗费用。

7. 黄某伪造学历一事被发现，其与公司签订的劳动合同被确认无效，黄某主张公司应支付其劳动报酬。根据《劳动合同法》，下列关于公司向黄某支付其工作期间劳动报酬的说法，正确的是(　　)。[2016 年真题]

A. 公司可不支付劳动报酬，但应支付生活费

B. 公司应当按照当地最低工资标准向黄某支付劳动报酬

C. 公司无须支付黄某劳动报酬，且可要求黄某赔偿损失

4A　5A　6A　7D

D. 公司应当参照本单位相同或相近岗位劳动者的劳动报酬向黄某支付劳动报酬

【解析】根据《劳动合同法》第二十六条的规定，以欺诈、胁迫的手段或者乘人之危，使对方在违背真实意思的情况下订立或者变更劳动合同的，劳动合同无效或者部分无效。第二十八条规定，劳动合同被确认无效，劳动者已付出劳动的，用人单位应当向劳动者支付劳动报酬。劳动报酬的数额，参照本单位相同或者相近岗位劳动者的劳动报酬确定。

8. 吴某与某软件公司签订了劳动合同，期限为3年。合同签订后，公司支付9000元培训费对吴某进行专业技术培训，培训结束后，双方又签订了为期3年的服务期合同。工作一年后，吴某发现公司一直未给自己办理社会保险，欲与公司解除劳动合同。根据《劳动合同法》，吴某正确的做法是(　　)。[2012年真题]

A. 应提前30日通知公司解除劳动合同，但应赔偿公司损失

B. 应提前30日通知公司解除劳动合同，无须赔偿公司损失

C. 可随时通知公司解除劳动合同，但应向公司支付违约金

D. 可随时通知公司解除劳动合同，且无须向公司支付违约金

【解析】根据《劳动合同法》的规定，劳动者提前30日以书面形式通知用人单位，可以解除劳动合同。用人单位有下列情形之一的，劳动者可以解除劳动合同：①未按照劳动合同约定提供劳动保护或者劳动条件的；②未及时足额支付劳动报酬的；③未依法为劳动者缴纳社会保险费的；④用人单位的规章制度违反法律、法规的规定，损害劳动者权益的；⑤因该法第二十六条第一款规定的情形致使劳动合同无效的；⑥法律、行政法规规定劳动者可以解除劳动合同的其他情形。本题中，公司没有依法为吴某缴纳社会保险，吴某可以随时通知公司解除劳动合同，无需支付违约金。用人单位为劳动者提供专项培训费用，对其进行专业技术培训的，可以与该劳动者订立协议，约定服务期。劳动者违反服务期约定的，应当按照约定向用人单位支付违约金。违约金的数额不得超过用人单位提供的培训费用。

9. 小张与某企业签订劳动合同，该企业为完成订单，违章指挥、强令小张冒险作业，危及小张人身安全，小张遂欲解除劳动合同。根据《劳动法合同法》，下列关于小张解除劳动合同的说法，正确的是(　　)。[2015年真题]

A. 小张须当日通知企业，方可解除劳动合同

B. 小张无须事先通知企业，即可解除劳动合同

C. 小张须事先口头通知企业，方可解除劳动合同

D. 小张须事先以书面形式通知企业，方可解除劳动合同

【解析】《劳动合同法》第八十八条规定，用人单位以暴力、威胁或者非法限制人身自由的手段强迫劳动者劳动的，或者用人单位违章指挥、强令冒险作业危及劳动者人身安全的，劳动者可以立即解除劳动合同，不需事先告知用人单位。

10. 某企业职工小丁在休假期间遭遇车祸造成重伤，丧失劳动能力。关于企业和小丁之间的劳动合同的说法，正确的是(　　)。[2013年真题]

A. 企业可以随时解除和小丁之间的劳动合同，并无需支付经济补偿

8D　9B　10D

B. 企业可以随时解除和小丁之间的劳动合同，但需支付经济补偿

C. 企业提前30日以书面形式通知小丁后，可以解除劳动合同，并无需支付经济补偿

D. 企业提前30日以书面形式通知小丁后，可以解除劳动合同，但需支付经济补偿

【解析】《劳动合同法》第四十条规定，有下列情形之一的，用人单位提前30日以书面形式通知劳动者本人或者额外支付劳动者1个月工资后，可以解除劳动合同：①劳动者患病或者非因工负伤，在规定的医疗期满后不能从事原工作，也不能从事由用人单位另行安排的工作的；②劳动者不能胜任工作，经过培训或者调整工作岗位，仍不能胜任工作的；③劳动合同订立时所依据的客观情况发生重大变化，致使劳动合同无法履行，经用人单位与劳动者协商，未能就变更劳动合同内容达成协议的。第四十六条规定，用人单位依照本法第四十条规定解除劳动合同的，应当向劳动者支付经济补偿。

11. 老张今年57岁，自2001年以来一直在某公司工作，与公司签订的劳动合同将于2017年7月底到期，老张希望与公司续签合同，公司因他的年龄偏大，知识更新滞后，难以适应新业务要求，通知他到期终止合同。根据《劳动合同法》，下列关于老张与劳动合同的说法，正确的是(　　)。[2017年真题]

A. 公司可以终止与老张的劳动合同，但应向其支付经济补偿

B. 公司可以终止与老张的劳动合同，且无需向其支付经济补偿

C. 公司不得终止与老张的劳动合同，也不得变更老张的工作岗位

D. 公司不得终止与老张的劳动合同，但经协商可以变更老张的工作岗位

【解析】《劳动合同法》第四十二条规定，劳动者有下列情形之一的，用人单位不得依照本法第四十条、第四十一条的规定解除劳动合同：①从事接触职业病危害作业的劳动者未进行离岗前职业健康检查，或者疑似职业病病人在诊断或者医学观察期间的；②在本单位患职业病或者因工负伤并被确认丧失或者部分丧失劳动能力的；③患病或者非因工负伤，在规定的医疗期内的；④女职工在孕期、产期、哺乳期的；⑤在本单位连续工作满15年，且距法定退休年龄不足5年的；⑥法律、行政法规规定的其他情形。本题中，老张在公司连续工作了17年，且距法定退休年龄不足5年，因此公司不得终止与老张的劳动合同，但可以协商后变更工作岗位。

12. 根据《劳动合同法》，用人单位可以在一定条件下裁减人员。下列人员中，用人单位可以在裁减人员时解除劳动合同的是(　　)。[2011年真题]

A. 小王，因长期从事采矿作业而患尘肺病，并被确认部分丧失劳动能力

B. 老李，连续工作满10年，并与单位签订无固定期限劳动合同

C. 小宋，年度工作考核不合格，目前怀孕3个月

D. 老张，连续工作满15年，距离法定退休年龄还有3年

【解析】根据《劳动合同法》第四十二条规定，劳动者有ACD三项情形之一的，用人单位不得解除劳动合同。B项，老李属于优先留用人员，但并非不可以解除劳动合同。

13. 某市拟分行业推动集体合同签订工作，保障相关行业劳动者合法权益。根据《劳动合同法》，下列关于集体合同的说法，正确的是(　　)。[2014年真题]

A. 未建立工会的企业，集体合同由全体职工与企业签订

11D　12B　13C

B. 劳动合同中的劳动条件和劳动报酬标准不得高于集体合同规定的标准

C. 用人单位违反集体合同，侵犯职工劳动权益的，工会可以依法要求用人单位承担责任

D. 集体合同必须经劳动行政部门审查批准后方能生效

【解析】A 项，《劳动合同法》第五十一条规定，尚未建立工会的用人单位，由上级工会指导劳动者推举的代表与用人单位订立集体合同；B 项，第五十五条规定，用人单位与劳动者订立的劳动合同中劳动报酬和劳动条件等标准不得低于集体合同规定的标准；C 项，第五十六条规定，用人单位违反集体合同，侵犯职工劳动权益的，工会可以依法要求用人单位承担责任；D 项，第五十四条规定，集体合同订立后，应当报送劳动行政部门，劳动行政部门自收到集体合同文本之日起 15 日内未提出异议的，集体合同即行生效。

14. 小刘经人介绍应聘到一家保洁公司工作并与其签订劳动合同。该保洁公司随后将小刘派遣至某电影院从事保洁工作。根据《劳动合同法》，下列关于保洁公司对小刘劳务派遣的说法，正确的是（　　）。［2012 年真题］

A. 电影院应与小刘签订劳动合同　　B. 电影院可以派小刘到其他单位工作

C. 保洁公司应按月支付小刘工资　　D. 保洁公司与小刘的合同可以一年一签

【解析】劳务派遣又称劳动力租赁，是指由劳务派遣单位（用人单位）与被派遣劳动者订立劳动合同，由被派遣劳动者向用工单位给付劳务的一种新型劳动关系。劳务派遣单位应当与被派遣劳动者订立 2 年以上的固定期限劳动合同，按月支付劳动报酬；被派遣劳动者在无工作期间，劳务派遣单位应当按照所在地人民政府规定的最低工资标准，向其按月支付报酬。劳务派遣单位派遣劳动者应当与接受以劳务派遣形式用工的单位订立劳务派遣协议。用工单位不得将被派遣劳动者再派遣到其他用人单位。

15. 孙某与某科技公司签订劳动合同，双方约定：科技公司派孙某赴美国学习，为其支付培训学费 30000 美元，差旅费 5000 美元，回国后孙某为公司服务 5 年，服务期内，孙某如果擅自离职或辞职，应向公司偿还培训费用，并向公司支付违约金 15000 元人民币。孙某一回国就受高薪诱惑另谋高就，科技公司遂申请仲裁，要求孙某赔偿损失。下列关于赔偿问题的说法中，正确的是（　　）。

A. 孙某另谋高就是劳动力自由流动，无须赔偿

B. 孙某应偿还科技公司 30000 美元

C. 孙某应偿还科技公司 35000 美元

D. 孙某应偿还科技公司 35000 美元，并支付违约金 15000 元人民币

【解析】《劳动合同法》第二十二条规定，用人单位为劳动者提供专项培训费用，对其进行专业技术培训的，可以与该劳动者订立协议，约定服务期。劳动者违反服务期约定的，应当按照约定向用人单位支付违约金。违约金的数额不得超过用人单位提供的培训费用。用人单位要求劳动者支付的违约金不得超过服务期尚未履行部分所应分摊的培训费用。本题中，双方签订的劳动合同属于有效合同，具有法律效力。因此，孙某必须依照合同承担赔偿责任。

14C　15D

16. 某公司电工小黄与公司签订的劳动合同中约定：合同履行期内，如发生工伤事故，公司最多赔偿3万元。一次，小黄在检修电路中因违反操作规程不慎触电，造成重伤。下列关于事故处理的方式中，正确的是（　　）。

A. 小黄可依法享受工伤待遇，不受合同中3万元的限制

B. 小黄违反操作规程，不应享受工伤待遇

C. 小黄违反操作规程，公司可在3万元之内酌情赔偿

D. 小黄按照合同约定，可获得3万元赔偿

【解析】根据《劳动合同法》的规定，用人单位免除自己的法定责任、排除劳动者权利的，劳动合同无效或者部分无效。劳动合同部分无效，不影响其他部分效力的，其他部分仍然有效。本题中，该公司与小黄签订的劳动合同中“如发生工伤事故，公司最多赔偿3万元”的约定故意减轻了自己的责任，因此该条款无效，小黄可以享受的工伤待遇不受该合同中3万元的限制。

17. 小赵是一名司机，与甲运输公司签订了为期3年的劳动合同。某日，小赵与公司经理发生了激烈争吵，一气之下说“我不干了”。次日，小赵果真没有去上班，并于一周后与乙运输公司签订劳动合同。由于事发突然，甲公司安排小赵运输的货物没能及时运出，为此该公司遭受很大损失。下列关于小赵行为的说法中，正确的是（　　）。

A. 小赵说“我不干了”可视为履行解除劳动合同的通知义务

B. 小赵说“我不干了”并不意味着劳动合同已经解除

C. 小赵无须对甲公司遭受的损失承担赔偿责任

D. 小赵应当向甲公司支付违约金

【解析】《劳动合同法》第三十七条规定，劳动者提前30日以书面形式通知用人单位，可以解除劳动合同。劳动者在试用期内提前3日通知用人单位，可以解除劳动合同。第九十条规定，劳动者违反本法规定解除劳动合同，或者违反劳动合同中约定的保密义务或者竞业限制，给用人单位造成损失的，应当承担赔偿责任。本题中，小赵必须提前30日以书面形式通知用人单位，才可以解除劳动合同，对给用人单位造成的损失应当承担赔偿责任。

18. 周某是某大型连锁超市客户经理，在一次进货过程中，收受客户红包，进了一批劣质产品，给超市造成重大经济损失，同时严重影响了超市的声誉。为此，超市通知周某，立即解除与其签订的劳动合同，周某不服，遂申请仲裁。下列关于超市的做法中，正确的是（　　）。

A. 超市可单方解除劳动合同，但须向周某支付替代通知期工资

B. 超市可单方解除劳动合同，但须向周某支付经济补偿金

C. 超市可单方解除劳动合同，但应当事先将解除的理由通知工会

D. 超市可单方解除劳动合同，但须经职代会讨论决定，并报当地劳动部门备案

【解析】根据《劳动合同法》第三十九条规定，劳动者有下列情形之一的，用人单位可以解除劳动合同：①在试用期间被证明不符合录用条件的；②严重违反用人单位的规章制度的；③严重失职，营私舞弊，给用人单位造成重大损害的；④劳动者同时与其他

16A　17B　18C

用人单位建立劳动关系，对完成本单位的工作任务造成严重影响，或者经用人单位提出，拒不改正的；⑤因本法第二十六条第一款第一项规定的情形致使劳动合同无效的；⑥被依法追究刑事责任的。第四十三条规定，用人单位单方解除劳动合同，应当事先将理由通知工会。用人单位违反法律、行政法规规定或者劳动合同约定的，工会有权要求用人单位纠正。用人单位应当研究工会的意见，并将处理结果书面通知工会。本题中，周某严重失职，给超市造成重大经济损失，超市可单方解除劳动合同，但应该事先将解除的理由通知工会。

19. 某企业共有职工 50 名，受金融危机影响，该企业生产经营发生严重困难，决定裁员 15 名。根据《劳动合同法》的规定，下列说法正确的是(　　)。

A. 该企业需提前 30 日向工会或全体职工说明情况，听取工会或者职工的意见

B. 该企业的裁员方案应经工会审批

C. 该企业因经营发生严重困难，无须向被裁减的人员支付经济补偿

D. 该企业裁减人员时，应优先留用与本单位订立劳动合同的残疾人

【解析】AB 两项，《劳动合同法》四十一条第一款规定，需要裁减人员 20 人以上或者裁减不足 20 人但占企业职工总数 10% 以上时，用人单位必须提前 30 日向工会或者全体职工说明情况，听取工会或者职工的意见后，裁减人员方案经向劳动行政部门报告，可以裁减人员。C 项，《劳动合同法》第四十六条规定，用人单位依照本法第四十一条第一款规定解除劳动合同的，用人单位应当向劳动者支付经济补偿。D 项，裁减人员时，应当优先留用下列人员：①与本单位订立较长期限的固定期限劳动合同的；②与本单位订立无固定期限劳动合同的；③家庭无其他就业人员，有需要扶养的老人或者未成年人的。

20. 钱某与某公司签订的劳动合同约定，该劳动合同到 2017 年 6 月 30 日终止。2017 年 7 月 1 日以后，钱某照常上班，公司并未提出异议。一周后，公司通知钱某，称双方劳动合同已终止，钱某不用再来上班了，但钱某不服。下列关于双方纠纷的说法中，正确的是(　　)。

A. 双方权利义务关系终止，公司的要求合法，无须向钱某支付经济补偿金

B. 公司可即时解除劳动合同，但须向钱某支付替代通知期工资

C. 公司可即时解除劳动合同，但须向钱某支付经济补偿金

D. 公司属于违法解除劳动合同，应按经济补偿标准的两倍向钱某支付补偿金

【解析】《劳动合同法》第四十六条第五项规定，除用人单位维持或者提高劳动合同约定条件续订劳动合同，劳动者不同意续订的情形外，依照本法第四十四条第一项规定终止固定期限劳动合同的，用人单位应当向劳动者支付经济补偿。根据第四十四条第一项规定，劳动合同期满的，劳动合同终止。故本题中，双方的劳动合同已经到期，公司可即时解除劳动合同，但须向钱某支付经济补偿金。

21. 小王与某工厂签订劳动合同，合同约定小王工资为每月 800 元，当地政府规定的月最低工资标准是 900 元，后该工厂工会代表全体职工与工厂签订了集体合同，其中约定职工工资每月不低于 1000 元，当地统计部门公布职工月平均工资为 1200 元。下列关

19A　20C　21C

于小王工资的说法中，正确的是(　　)。

A. 应按合同约定的 800 元发放

B. 应按月最低工资标准 900 元发放

C. 应按集体合同约定的不低于 1000 元发放

D. 应按当地平均工资 1200 元发放

【解析】《劳动合同法》第五十五条规定，集体合同中劳动报酬和劳动条件等标准不得低于当地人民政府规定的最低标准；用人单位与劳动者订立的劳动合同中劳动报酬和劳动条件等标准不得低于集体合同规定的标准。本题中，工厂与小王签订劳动合同时约定工资为 800 元，不符合当地政府规定的最低工资标准的规定，该合同部分无效，小王的工资应按集体合同中约定的职工工资作为标准。

22. 小李是被某劳务派遣公司派遣的清洁工，在金融危机期间有两个月无工作可做。根据《劳动合同法》，在小李无工作期间，劳务派遣公司应当按月向其支付报酬。下列关于支付标准的说法中，正确的是(　　)。

A. 按照当地人民政府规定的最低工资标准支付

B. 按照当地人民政府规定的最低生活保障标准支付

C. 按照不得低于本单位相同岗位最低档工资标准支付

D. 按照不得低于劳动合同约定工资 80% 的标准支付

【解析】根据《劳动合同法》的规定，劳务派遣单位是本法所称的用人单位，应当履行用人单位对劳动者的义务。劳务派遣单位应当与被派遣劳动者订立 2 年以上的固定期限劳动合同，按月支付劳动报酬；被派遣劳动者在无工作期间，劳务派遣单位应当按照所在地人民政府规定的最低工资标准，向其按月支付报酬。

23. 关于被派遣劳动者的权利，下列说法不正确的是(　　)。

A. 享有与用工单位的劳动者同工同酬的权利

B. 有权在劳务派遣单位或者用工单位依法参加或者组织工会

C. 被派遣劳动者与劳务派遣单位协商一致，可以解除劳动合同

D. 劳务派遣单位跨地区派遣劳动者的，被派遣劳动者享有的劳动报酬和劳动条件，按照劳务派遣单位所在地的标准执行

【解析】D 项，《劳动合同法》第六十一条规定，劳务派遣单位跨地区派遣劳动者的，被派遣劳动者享有的劳动报酬和劳动条件，按照用工单位所在地的标准执行。

二、多项选择题(每题的备选项中，有 2 个或 2 个以上符合题意，至少有 1 个错项)

1. 根据《劳动法》和《劳动合同法》订立劳动合同，应该遵循(　　)原则。[2013 年真题]

A. 劳动者权利优先　　B. 平等自愿

C. 诚实信用　　D. 合法

E. 公平

【解析】《劳动法》第十七条规定，订立和变更劳动合同，应当遵循平等自愿、协商一致的原则，不得违反法律、行政法规的规定。《劳动合同法》第三条规定，订立劳动合同，应当遵循合法、公平、平等自愿、协商一致、诚实信用的原则。

22A　23D　▎　1BCDE

2. 某公司员工肖某以生病为由向公司请假，并附医院证明，因请假手续齐备，公司予以批准，后经调查发现，肖某生病是假，为竞争对手做企划案是真，公司认为肖某的行为已严重违反公司规章制度，拟解除劳动合同。根据《劳动合同法》，下列关于该公司对肖某事件处理的说法中，正确的有(　　)。[2016 年真题]

A. 该公司解除劳动合同，应当事先将理由通知工会

B. 该公司须提前 30 日通知肖某，方可解除劳动合同

C. 该公司可以随时解除劳动合同，且无须支付经济补偿金

D. 该公司不得解除劳动合同，但可要求肖某支付经济补偿金

E. 该公司解除劳动合同，应当事先将理由通知劳动行政部门

【解析】《劳动合同法》第三十九条规定，劳动者有下列情形之一的，用人单位可以解除劳动合同：①在试用期间被证明不符合录用条件的；②严重违反用人单位的规章制度的；③严重失职，营私舞弊，给用人单位造成重大损害的；④劳动者同时与其他用人单位建立劳动关系，对完成本单位的工作任务造成严重影响，或者经用人单位提出，拒不改正的；⑤因本法第二十六条第一款第一项规定的情形致使劳动合同无效的；⑥被依法追究刑事责任的。第四十三条规定，用人单位单方解除劳动合同，应当事先将理由通知工会。用人单位违反法律、行政法规规定或者劳动合同约定的，工会有权要求用人单位纠正。用人单位应当研究工会的意见，并将处理结果书面通知工会。本题中，肖某严重违反公司规章制度，用人单位可以解除劳动合同，且无须支付经济补偿金，但应当事先将理由通知工会。

3. 某外贸企业陷入严重的经营困难，管理层经研究形成裁员方案，决定裁员 25 人。该企业将裁员方案和有关说明通知工会，同时报劳动行政部门，下列关于企业裁员的说法，符合《劳动合同法》优先留用相关规定的有(　　)。[2015 年真题]

A. 甲职工：“我快 50 岁了，不好找工作，应当优先留用”

B. 乙职工：“我是企业骨干，应当优先留用”

C. 丙职工：“我与单位签订了无固定期限劳动合同，应当优先留用”

D. 丁职工：“我家三口人，妻子无工作，孩子上小学，应当优先留用”

E. 戊职工：“我是多年的先进工作者，应当优先留用”

【解析】《劳动合同法》规定，裁减人员时，应当优先留用下列人员：①与本单位订立较长期限的固定期限劳动合同的。②与本单位订立无固定期限劳动合同的。③家庭无其他就业人员，有需要扶养的老人或者未成年人的。用人单位依照上述规定裁减人员，在 6 个月内重新招用人员的，应当通知被裁减的人员，并在同等条件下优先招用被裁减的人员。

4. 根据《劳动合同法》，下列关于劳务派遣的说法，正确的有(　　)。[2017 年真题]

A. 劳务派遣单位和用工单位可以向被派遣劳务者收取适当费用

B. 劳务派遣用工只能在临时性、辅助性和替代性的工作岗位上实施

C. 用工单位给被派遣劳动者造成损害的，劳务派遣单位与用工单位承担连带赔偿责任

D. 劳务派遣单位应当向被派遣劳动者按月支付劳动报酬，不能订立固定期限合同

E. 被派遣劳动者在无工作期间，劳务派遣单位应当按照所在地人民政府规定的最低工

2AC　3CD　4BCE

资标准，向其按月支付报酬

【解析】A 项，《劳动合同法》第六十条规定，劳务派遣单位和用工单位不得向被派遣劳动者收取费用；B 项，劳务派遣用工是补充形式，只能在临时性、辅助性或者替代性的工作岗位上实施；C 项，用工单位给被派遣劳动者造成损害的，劳务派遣单位与用工单位承担连带赔偿责任；D 项，劳务派遣单位应当与被派遣劳动者订立 2 年以上的固定期限劳动合同，按月支付劳动报酬；E 项，被派遣劳动者在无工作期间，劳务派遣单位应当按照所在地人民政府规定的最低工资标准，向其按月支付报酬。

5. 根据《劳动合同法》，下列关于非全日制用工的说法，正确的有（　　）。[2014 年真题]

A. 从事非全日制用工的劳动者与多个用人单位签订劳动合同的，后订立的劳动合同不得影响先订立劳动合同的履行

B. 非全日制用工双方当事人不得约定试用期

C. 非全日制用工劳动报酬结算支付周期最长不得超过 15 日

D. 终止非全日制用工时，用人单位未提前通知劳动者的，应当向劳动者支付经济补偿金

E. 非全日制用工双方当事人应当订立书面协议

【解析】《劳动合同法》第六十九条规定，非全日制用工双方当事人可以订立口头协议。从事非全日制用工的劳动者可以与一个或者一个以上用人单位订立劳动合同；但是，后订立的劳动合同不得影响先订立的劳动合同的履行。第七十条规定，非全日制用工双方当事人不得约定试用期。第七十一条规定，非全日制用工双方当事人任何一方都可以随时通知对方终止用工。终止用工，用人单位不向劳动者支付经济补偿金。第七十二条规定，非全日制用工劳动报酬结算支付周期最长不得超过 15 日。

6. 根据现行规定，下列情形中用人单位应当向劳动者支付经济补偿金的有（　　）。

A. 劳动合同期满，用人单位维持劳动合同约定的条件要求续订劳动合同，劳动者不同意续订的

B. 用人单位未及时足额支付劳动报酬，劳动者解除合同的

C. 劳动者不能胜任工作，经过培训仍不能胜任工作而被用人单位辞退的

D. 用人单位提出与劳动者解除合同，双方达成解除合同协议的

E. 用人单位被依法宣告破产而与劳动者终止劳动合同的

【解析】《劳动合同法》规定，有下列情形之一的，用人单位应当向劳动者支付经济补偿金：①用人单位未及时足额支付劳动报酬，劳动者依法解除劳动合同的；②劳动者不能胜任工作，经过培训或者调整工作岗位，仍不能胜任工作，由用人单位依法解除劳动合同的；③用人单位向劳动者提出解除劳动合同协议并与劳动者协商一致解除劳动合同的；④除用人单位维持或提高劳动合同约定条件续订劳动合同，劳动者不同意续订的情况外，劳动合同期满终止的；⑤用人单位被依法宣告破产，劳动合同终止的。

7. 根据《劳动合同法》，劳动者可以解除劳动合同的情形包括（　　）。

A. 用人单位违反有关法律规定，损害劳动者权益的

B. 法定节假日安排加班的

5ABC　6BCDE　7ADE

C. 工作环境不舒适的

D. 用人单位拖欠工资的

E. 用人单位不为劳动者缴纳社会保险费的

【解析】《劳动合同法》第三十八条规定，用人单位有下列情形之一的，劳动者可以解除劳动合同：①未按照劳动合同约定提供劳动保护或者劳动条件的；②未及时足额支付劳动报酬的；③未依法为劳动者缴纳社会保险费的；④用人单位的规章制度违反法律、法规的规定，损害劳动者权益的；⑤因本法第二十六条第一款规定的情形致使劳动合同无效的；⑥法律、行政法规规定劳动者可以解除劳动合同的其他情形。用人单位以暴力、威胁或者非法限制人身自由的手段强迫劳动者劳动的，或者用人单位违章指挥、强令冒险作业危及劳动者人身安全的，劳动者可以立即解除劳动合同，不需事先告知用人单位。

8. 2017 年 11 月 4 日赵某与某企业订立一份劳动合同，双方约定赵某每日的工作时间为上午 8 时至 12 时，一周工作 5 天，工资每小时 50 元，合同期限为 1 年。关于双方的劳动合同，下列说法正确的有(　　)。

A. 双方可以设定一个月的试用期

B. 双方可以订立口头协议

C. 任何一方都可以随时通知对方终止用工

D. 赵某不可以再与其他用人单位订立劳动合同

E. 该企业与赵某终止用工时应向赵某支付经济补偿

【解析】非全日制用工，是指以小时计酬为主，劳动者在同一用人单位一般平均每日工作时间不超过 4 小时，每周工作时间累计不超过 24 小时的用工形式。非全日制用工有下列特点：①非全日制用工双方当事人可以订立口头协议。从事非全日制用工的劳动者可以与一个或者一个以上用人单位订立劳动合同。但是，后订立的劳动合同不得影响先订立的劳动合同的履行。②非全日制用工双方当事人不得约定试用期。③非全日制用工双方当事人任何一方都可以随时通知对方终止用工。终止用工，用人单位不向劳动者支付经济补偿。

9. 甲餐饮集团聘用张某为其面点师，双方签有聘用协议，后双方发生劳动争议。根据设定的情况，下列陈述正确的有(　　)。

A. 因甲强迫张某加夜班，张某可立即解除劳动合同，不需事先告知用人单位

B. 因甲未按照聘用合同的约定付给张某工资，张某可随时通知甲解除劳动合同

C. 在试用期内，张某可随时通知甲解除劳动合同

D. 甲不为张某缴纳社会保险费，张某可随时通知解除合同

E. 无论何时，甲都有权随时解除协议

【解析】A 项，《劳动合同法》第三十八条第二款规定，用人单位以暴力、威胁或者非法限制人身自由的手段强迫劳动者劳动的，或者用人单位违章指挥、强令冒险作业危及劳动者人身安全的，劳动者可以立即解除劳动合同，不需事先告知用人单位。BD 两项，《劳动合同法》规定，用人单位有下列情形之一的，劳动者可以解除劳动合同：①未按照劳动合同约定提供劳动保护或者劳动条件的；②未及时足额支付劳动报酬的；③未依法

8BC　9ABD

为劳动者缴纳社会保险费的；④用人单位的规章制度违反法律、法规的规定，损害劳动者权益的；⑤因本法第二十六条第一款规定的情形致使劳动合同无效的；⑥法律、行政法规规定劳动者可以解除劳动合同的其他情形。C 项，劳动者在试用期内提前 3 日通知用人单位，可以解除劳动合同。E 项，解除合同的情形有双方当事人协商解除劳动合同，劳动者提前解除劳动合同，用人单位提前解除劳动合同三种情况，并非所有情况下甲都有权随时解除协议。

10. 依据《劳动合同法》的规定，劳动合同终止的情形包括(　　)。

A. 劳动合同期满的

B. 劳动者开始依法享受工伤保险待遇的

C. 用人单位被依法宣告破产的

D. 用人单位被吊销营业执照的

E. 劳动者死亡，或者被人民法院宣告死亡或者宣告失踪的

【解析】《劳动合同法》第四十四条规定，有下列情形之一的，劳动合同终止：①劳动合同期满的；②劳动者开始依法享受基本养老保险待遇的；③劳动者死亡，或者被人民法院宣告死亡或者宣告失踪的；④用人单位被依法宣告破产的；⑤用人单位被吊销营业执照、责令关闭、撤销或者用人单位决定提前解散的；⑥法律、行政法规规定的其他情形。

第三节　工资、工作时间和休息休假

一、单项选择题(每题的备选项中，只有 1 个最符合题意)

1. 根据《劳动法》，下列企业延长工作时间的做法中，正确的是(　　)。[2017 年真题]

A. 甲企业，为完成新增订单，安排工人每日工作 10 小时

B. 乙企业，为抢修公共交通运输路线，安排工人每日工作 12 小时

C. 丙企业，为让全厂职工提前回家过年，安排工人当月加班 40 小时

D. 丁企业，为与合作企业衔接，压缩施工工期，安排工人当月加班 48 小时

【解析】《劳动法》第四十一条规定，用人单位由于生产经营需要，经与工会和劳动者协商后可以延长工作时间，一般每日不得超过 1 小时；因特殊原因需要延长工作时间的，在保障劳动者身体健康的条件下延长工作时间每日不得超过 3 小时，但是每月不得超过 36 小时。第四十二条规定，有下列情形之一的，延长工作时间不受本法第四十一条的限制：①发生自然灾害、事故或者因其他原因，威胁劳动者生命健康和财产安全，需要紧急处理的；②生产设备、交通运输线路、公共设施发生故障，影响生产和公众利益，必须及时抢修的；③法律、行政法规规定的其他情形。

2. 某黄金周假期中 3 天属于法定假日，另 4 天属于前后两周的周末公休日的调休，公司安排小王在这 7 天加班，不安排补休。小王的日工资为 100 元。根据《劳动法》公司应当向小王支付不低于(　　)。[2014 年真题]

A. 1000 元　　B. 1400 元　　C. 1700 元　　D. 2100 元

【解析】用人单位延长工作时间，应当按照下列标准支付高于劳动者正常工作时间工资的

10ACDE　▎　1B　2C

工资报酬：①安排劳动者延长工作时间的，支付不低于工资的150%的工资报酬；②休息日安排劳动者工作又不能安排补休的，支付不低于工资的200%的工资报酬；③法定休假日安排劳动者工作的，支付不低于工资的300%的工资报酬。本题中，3天法定假日应支付：100×3×3=900(元)，4天公休日应支付：100×2×4=800(元)，共支付：900+800=1700(元)。

3. 下列企业延长劳动者工作时间的做法，符合《劳动法》规定的是(　　)。[2015年真题]

A. 乙企业为疏通被泥石流堵塞的公路，要求劳动者连续加班5小时

B. 丙企业为完成订单，要求劳动者最近一个月天天加班，加班费按正常工资的200%支付

C. 甲企业由于生产需要，经与工会和劳动者协商，决定劳动者每天加班3小时，每月66小时

D. 丁企业为及时交货，与劳动者协商，决定每周工作6天，周六上班的工资按正常工资的150%支付，不再安排补休

【解析】根据《劳动法》规定，A项，乙企业进行交通运输线路抢修，需要紧急处理，符合《劳动法》延长工作时间的规定。BC两项，用人单位因特殊原因需要延长工作时间的，每月不得超过36小时。D项，休息日安排劳动者工作又不能安排补休的，应支付不低于工资的200%的工资报酬。

4. 王勇是某基金会工作人员，累计工作满8年，今年因病请假35天，近日拟申请年休假。根据《职工带薪年休假条例》，王勇可享受带薪年休假(　　)天。[2016年真题]

A. 0　　B. 5　　C. 10　　D. 15

【解析】《职工带薪年休假条例》第二条规定，机关、团体、企业、事业单位、民办非企业单位、有雇工的个体工商户等单位的职工连续工作1年以上的，享受带薪年休假(简称年休假)。第三条规定，职工累计工作已满1年不满10年的，年休假5天；已满10年不满20年的，年休假10天；已满20年的，年休假15天。国家法定休假日、休息日不计入年休假的假期。第四条规定，职工有下列情形之一的，不享受当年的年休假：①职工依法享受寒暑假，其休假天数多于年休假天数的；②职工请事假累计20天以上且单位按照规定不扣工资的；③累计工作满1年不满10年的职工，请病假累计2个月以上的；④累计工作满10年不满20年的职工，请病假累计3个月以上的；⑤累计工作满20年以上的职工，请病假累计4个月以上的。本题中，王勇属于累计工作满1年不满10年的职工，请病假累计不超过2个月，故其可以享受当年的年休假，即5天。

二、多项选择题(每题的备选项中，有2个或2个以上符合题意，至少有1个错项)

1. 根据《劳动法》，地方人民政府确定和调整最低工资标准应当考虑的有(　　)。[2017年真题]

A. 就业状况　　B. 劳动生产率

C. 企业利润增长情况　　D. 社会平均工资水平

E. 劳动者本人及平均赡养人口的最低生活费用

【解析】确定和调整最低工资标准应当综合参考下列因素：①劳动者本人及平均赡养人口

3A　4B　|　1ABDE

的最低生活费用；②社会平均工资水平；③劳动生产率；④就业状况；⑤地区之间经济发展水平的差异。

2. 根据《劳动法》，下列关于工作时间、休息休假的说法，正确的有(　　)。[2016年真题]

A. 用人单位应当保证劳动者每周至少休息1日

B. 企业董事会可以自行决定实行非标准工时制度

C. 劳动者连续工作1年以上的，享受带薪年休假

D. 用人单位由于生产经营需要，经与工会和劳动者协商可以延长工作时间

E. 用人单位因特殊原因可以延长劳动者工作时间，但是每月不得超过36小时

【解析】A项，《劳动法》第三十八条规定，用人单位应当保证劳动者每周至少休息1日。B项，第三十九条规定，企业因生产特点不能实行本法第三十六条、第三十八条规定的，经劳动行政部门批准，可以实行其他工作和休息办法。据此，企业董事会不能自行决定实行非标准工时制度。C项，第四十五条规定，国家实行带薪年休假制度。劳动者连续工作1年以上的，享受带薪年休假。具体办法由国务院规定。DE两项，第四十一条规定，用人单位由于生产经营需要，经与工会和劳动者协商后可以延长工作时间，一般每日不得超过1小时；因特殊原因需要延长工作时间的，在保障劳动者身体健康的条件下延长工作时间每日不得超过3小时，但是每月不得超过36小时。

3. 依照相关规定，带薪年休假制度适用于(　　)。

A. 机关　　B. 企业　　C. 事业单位　　D. 农村承包经营户

E. 有雇工的个体工商户

【解析】《职工带薪年休假条例》第二条规定，机关、团体、企业、事业单位、民办非企业单位、有雇工的个体工商户等单位的职工连续工作1年以上的，享受带薪年休假。单位应当保证职工享受年休假。职工在年休假期间享受与正常工作期间相同的工资收入。

第四节　劳动保护与职业培训的规定

一、单项选择题(每题的备选项中，只有1个最符合题意)

1. 女职工甲怀孕已8个月，根据《劳动法》等相关规定，下列说法错误的是(　　)。[2013年真题]

A. 用人单位不得安排其夜班劳动

B. 用人单位不得安排其延长工作时间

C. 用人单位不得因其严重违反单位规章制度而解除劳动合同

D. 用人单位不得安排其从事国家规定的第三级体力劳动强度劳动

【解析】根据《劳动法》和《女职工劳动保护特别规定》，用人单位不得安排女职工在怀孕期间从事国家规定的第三级体力劳动强度的劳动和孕期禁忌从事的劳动。对怀孕7个月以上的女职工，用人单位不得延长劳动时间或者安排夜班劳动，并应当在劳动时间内安排一定的休息时间。女职工在孕期、产期、哺乳期内，用人单位一般不得解除劳动合同。但根据《劳动法》规定，劳动者严重违反用人单位的规章制度的，用人单位可以解除

2ACDE　3ABCE　▎　1C

劳动合同。

2. 根据《劳动法》和《女职工劳动保护特别规定》，下列关于女职工保护的说法，正确的是(　　)。[2014 年真题]
   A. 女职工在孕期、产期、哺乳期的，用人单位可因其不胜任工作与其解除劳动合同
   B. 用人单位不得在女职工孕期、产期、哺乳期降低其工资
   C. 女职工怀孕以后，用人单位不得安排其夜班劳动
   D. 女职工产假期间的生育津贴，对已参加生育保险的，按照女职工产假前工资的标准由生育保险基金支付

   【解析】AB 两项，女职工在孕期、产期、哺乳期内，用人单位一般不得解除劳动合同。用人单位不得因女职工怀孕、生育、哺乳降低其基本工资、予以辞退、与其解除劳动或聘用合同。C 项，对怀孕 7 个月以上的女职工，用人单位不得延长劳动时间或者安排夜班劳动，并应当在劳动时间内安排一定的休息时间。D 项，女职工产假期间的生育津贴，对已经参加生育保险的，按照用人单位上年度职工月平均工资的标准由生育保险基金支付；对未参加生育保险的，按照女职工产假前工资的标准由用人单位支付。

3. 根据《女职工劳动保护特别规定》，下列关于女职工生育产假的说法中，正确的是(　　)。[2017 年真题]
   A. 甲，生育难产，享受产假 105 天　　B. 乙，生育双胞胎，享受产假 120 天
   C. 丙，怀孕 3 个月流产，享受产假 30 天　　D. 丁，怀孕 5 个月流产，享受产假 42 天

   【解析】根据《女职工劳动保护特别规定》，女职工生育享受 98 天产假，其中产前可以休假 15 天；难产的，增加产假 15 天；生育多胞胎的，每多生育 1 个婴儿，增加产假 15 天。女职工怀孕未满 4 个月流产的，享受 15 天产假；怀孕满 4 个月流产的，享受 42 天产假。

4. 2015 年 5 月，刚满 16 周岁的小明被某煤矿招聘为办公室打字员，双方签订为期 3 年的劳动合同。2016 年 5 月，煤矿因效益不好精减非生产部门工作人员，安排小明下井从事采掘工作，小明予以拒绝；随后煤矿又安排小明到重粉尘车间工作，也被小明拒绝。根据《劳动法》，下列关于小明工作安排的说法，正确的是(　　)。[2016 年真题]
   A. 小明第一次拒绝于法无据，第二次拒绝于法有据
   B. 小明第一次拒绝于法有据，第二次拒绝于法无据
   C. 小明两次拒绝均于法有据，煤矿应安排其他适当工作
   D. 调动小明工作属于煤矿用工自主权范围，小明应服从安排

   【解析】《劳动法》第六十四条规定，不得安排未成年工从事矿山井下、有毒有害、国家规定的第四级体力劳动强度的劳动和其他禁忌从事的劳动。本题中，小明为未成年工，其拒绝从事井下采掘工作及重粉尘车间工作(为有毒有害工作)均于法有据，煤矿应安排小明从事其他适当工作。

5. 根据《就业促进法》，下列关于职业教育和培训的说法，正确的是(　　)。[2015 年真题]

2B　3D　4C　5D

A. 企业应当建立健全劳动预备制度

B. 企业应当制定并实施职业能力开发计划

C. 企业应当为失业人员提供就业培训，提高其就业能力

D. 企业应当按规定提取职工教育经费，对劳动者进行职业技能培训

【解析】D 项，《就业促进法》第四十七条第三款规定，企业应当按照国家有关规定提取职工教育经费，对劳动者进行职业技能培训和继续教育培训。A 项，《就业促进法》第四十八条规定，国家采取措施建立健全劳动预备制度；B 项，县级以上人民政府根据经济社会发展和市场需求，制定并实施职业能力开发计划；C 项，地方各级人民政府鼓励和支持开展就业培训，帮助失业人员提高职业技能，失业人员参加就业培训的，按照有关规定享受政府培训补贴。

二、多项选择题（每题的备选项中，有 2 个或 2 个以上符合题意，至少有 1 个错项）

1. 在依照国家有关规定，履行审批手续，并保障其接受义务教育权利的前提下，能够招收不满 16 周岁的未成年人的单位包括(　　)。

A. 文艺单位　B. 事业单位　C. 企业单位　D. 体育单位

E. 特种工艺单位

【解析】《劳动法》第十五条第二款规定，禁止用人单位招用未满 16 周岁的未成年人。文艺、体育和特种工艺单位招用未满 16 周岁的未成年人，必须依照国家有关规定，履行审批手续，并保障其接受义务教育的权利。

2. 肖亮今年 17 周岁，初中毕业后因家庭经济困难辍学打工。以下关于对肖亮的特殊保护的说法，正确的有(　　)。

A. 肖亮属于未成年工

B. 用人单位不得安排其延长工作时间

C. 用人单位应当对肖亮定期进行健康检查

D. 用人单位不能安排肖亮上夜班

E. 用人单位不得安排肖亮从事矿山井下、有毒有害、国家规定的第四级体力劳动强度的劳动和其他禁忌从事的劳动

【解析】《劳动法》第五十八条规定，未成年工是指年满 16 周岁未满 18 周岁的劳动者。第六十四条规定，不得安排未成年工从事矿山井下、有毒有害、国家规定的第四级体力劳动强度的劳动和其他禁忌从事的劳动。第六十五条规定，用人单位应当对未成年工定期进行健康检查。

第五节　劳动保障监察和劳动争议处理

一、单项选择题（每题的备选项中，只有 1 个最符合题意）

1. 根据《劳动保障监察条例》，下列事项中，不属于劳动保障监察事项的是(　　)。［2017 年真题］

A. 用人单位遵守禁止使用童工规定的情况

B. 用人单位制定内部劳动保障规章制度的情况

1ADE　2ACE　▎　1D

C. 用人单位参加各项社会保险和缴纳社会保险费的情况

D. 用人单位一方的协商代表，由用人单位法定代表人指派

【解析】根据《劳动保障监察条例》的有关规定，劳动保障行政部门对下列事项实施劳动保障监察：①用人单位制定内部劳动保障规章制度的情况；②用人单位与劳动者订立劳动合同的情况；③用人单位遵守禁止使用童工规定的情况；④用人单位遵守女职工和未成年工特殊劳动保护规定的情况；⑤用人单位遵守工作时间和休息休假规定的情况；⑥用人单位支付劳动者工资和执行最低工资标准的情况；⑦用人单位参加各项社会保险和缴纳社会保险费的情况；⑧职业介绍机构、职业技能培训机构和职业技能考核鉴定机构遵守国家有关职业介绍、职业技能培训和职业技能考核鉴定的规定的情况；⑨法律法规规定的其他劳动保障监察事项。

2. 劳动保障行政部门有权对违反劳动保障法律、法规或者规章的行为进行调查。根据《劳动保障监察条例》，调查应当自立案之日起（　　）个工作日完成；对情况复杂的，经批准可适当延长。［2016 年真题］

A. 60　　B. 70　　C. 80　　D. 90

【解析】《劳动保障监察条例》第十七条规定，劳动保障行政部门对违反劳动保障法律、法规或者规章的行为的调查，应当自立案之日起 60 个工作日内完成；对情况复杂的，经劳动保障行政部门负责人批准，可以延长 30 个工作日。

3. 根据《劳动保障监察条例》的规定，下列劳动保障部门的监察行为中，错误的是（　　）。［2012 年真题］

A. 某劳动保障监察部门发现甲公司有违法用工行为后，要求甲公司报送相关部门材料

B. 某劳动保障监察部门收到关于乙公司拖欠工人工资的举报后，决定派检查组进入乙公司生产车间进行检查

C. 某劳动保障监察部门收到关于丙公司雇用童工的举报后，决定派一名科长只身前往调查

D. 某劳动保障监察部门在 2011 年 5 月发现丁公司在 2008 年 6 月至 12 月期间曾雇用童工，因无人举报、投诉，决定不予查处

【解析】根据《劳动保障监察条例》，A 项，劳动保障行政部门实施劳动保障监察，有权要求用人单位提供与调查、检查事项相关的文件资料，并作出解释和说明，必要时可以发出调查询问书。B 项，劳动保障行政部门实施劳动保障监察，有权进入用人单位的劳动场所进行检查。C 项，在劳动保障监察的程序中，劳动保障监察员进行调查、检查，不得少于两人，并应当佩戴劳动保障监察标志、出示劳动保障监察证件。D 项，违反劳动保障法律、法规或者规章的行为在两年内未被劳动保障行政部门发现，也未被举报、投诉的，劳动保障行政部门不再查处。

4. 根据《劳动保障监察条例》，违反劳动保障法律、法规或者规章的行为，在（　　）内未被劳动保障部门发现，也未被举报、投诉的，劳动保障行政部门不再查处。［2014 年真题］

A. 3 个月　　B. 半年　　C. 1 年　　D. 2 年

【解析】《劳动保障监察条例》第二十条规定，违反劳动保障法律、法规或者规章的行为在 2

2A　3C　4D

年内未被劳动保障行政部门发现，也未被举报、投诉的，劳动保障行政部门不再查处。

5. 根据《劳动争议调解仲裁法》，下列争议中，不属于劳动争议的是（　　）。［2013 年真题］

A. 职工甲因工致残，要求企业支付一次性伤残就业补助金，企业予以拒绝

B. 职工乙在上班途中遭遇车祸受伤，向劳动保障行政部门申请工伤认定，结果未被认定为工伤，乙不服

C. 职工丙在某服装厂工作，经常在节假日加班，但该厂在计算加班费时只按工作日加班标准结算，丙不服

D. 职工丁与某企业签订了为期 3 年的劳动合同，工作 1 年后，该企业以效益不好为由解除与丁的劳动合同，丁不服

【解析】《劳动争议调解仲裁法》第二条规定，我国劳动争议调解仲裁的范围包括：①因确认劳动关系发生的争议；②因订立、履行、变更、解除和终止劳动合同发生的争议；③因除名、辞退和辞职、离职发生的争议；④因工作时间、休息休假、社会保险、福利、培训以及劳动保护发生的争议；⑤因劳动报酬、工伤医疗费、经济补偿或者赔偿金等发生的争议；⑥法律、法规规定的其他劳动争议。

6. 根据《劳动争议调解仲裁法》和《劳动法》，下列关于劳动争议解决方式的说法，错误的是（　　）。［2014 年真题］

A. 当事人可以直接向调解组织申请调解

B. 当事人不愿调解的，可以向劳动争议仲裁委员会申请仲裁

C. 劳动者可以直接向劳动保障行政部门投诉

D. 劳动者可以直接向人民法院提起诉讼

【解析】《劳动争议调解仲裁法》第四条规定，发生劳动争议，劳动者可以与用人单位协商，也可以请工会或者第三方共同与用人单位协商，达成和解协议。第五条规定，发生劳动争议，当事人不愿协商、协商不成或者达成和解协议后不履行的，可以向调解组织申请调解；不愿调解、调解不成或者达成调解协议后不履行的，可以向劳动争议仲裁委员会申请仲裁；对仲裁裁决不服的，除本法另有规定的外，可以向人民法院提起诉讼。D 项，仲裁是前置条件，如果仲裁不受理，凭借不受理通知书，可以向人民法院提起诉讼。

7. 根据《劳动争议调解仲裁法》和《劳动保障监察条例》，下列关于劳动仲裁、监察时效期间的说法，正确的是（　　）。［2015 年真题］

A. 劳动争议申请仲裁的时效期间为 60 天

B. 当事人对仲裁裁决不服的，可以自收到仲裁裁决书之日起 60 日内向人民法院提起诉讼

C. 仲裁庭裁决劳动争议案件，除案情复杂需要延期的外，应当自劳动争议仲裁委员会受理仲裁申请之日起 60 日内结束

D. 劳动保障行政部门对违反劳动保障法律、法规或者规章的行为的调查，除情况复杂需要延期的外，应当自立案之日起 60 个工作日内完成

5B　6D　7D

【解析】D 项，劳动保障行政部门对违反劳动保障法律、法规或者规章的行为的调查，应当自立案之日起 60 个工作日内完成；对情况复杂的，经劳动保障行政部门负责人批准，可以延长 30 个工作日。A 项，劳动争议申请仲裁的时效期间为 1 年。B 项，劳动者对仲裁裁决不服的，可以自收到仲裁裁决书之日起 15 日内向人民法院提起诉讼。C 项，仲裁庭裁决劳动争议案件，应当自劳动争议仲裁委员会受理仲裁申请之日起 45 日内结束。案情复杂需要延期的，经劳动争议仲裁委员会主任批准，可以延期并书面通知当事人，但是延长期限不得超过 15 日。

8. 2009 年 3 月 1 日，王某入职某公司，劳动合同约定每月 10 日为工资发放日。入职后的前几个月，王某的工资正常发放，但是从 2009 年 6 月起，公司开始拖欠王某工资。2009 年 9 月 15 日，王某从公司离职，但其被拖欠的工资仍未获支付。根据《劳动争议调解仲裁法》，王某就拖欠工资的问题申请劳动仲裁，应当在（　　）前提出。[2014 年真题]

A. 2009 年 12 月 10 日　　B. 2010 年 3 月 15 日

C. 2010 年 6 月 10 日　　D. 2010 年 9 月 15 日

【解析】根据《劳动争议调解仲裁法》第二十七条规定，劳动争议申请仲裁的时效期间为 1 年，仲裁时效期间从当事人知道或者应当知道其权利被侵害之日起计算。劳动关系存续期间因拖欠劳动报酬发生争议的，劳动者申请仲裁不受仲裁时效期间的限制。劳动关系终止的，应当自劳动关系终止之日起 1 年内提出。本题中，王某于 2009 年 9 月 15 日从公司离职，故其就拖欠工资的问题申请劳动仲裁，应当在 1 年内，即 2010 年 9 月 15 日前提出。

9. 某保洁公司以员工小琴不能胜任工作为由，解除了与小琴的劳动合同，并按当地最低工资标准支付了当月工资 800 元。小琴向劳动争议仲裁委员会申请仲裁，要求公司另支付赔偿金 1600 元。劳动争议仲裁委员会裁决要求保洁公司向小琴支付 800 元。双方对裁决均不服。下列做法中，符合法律规定的是（　　）。[2011 年真题]

A. 保洁公司向上一级劳动争议仲裁委员会申请重新裁决

B. 小琴向上一级劳动争议仲裁委员会申请重新裁决

C. 保洁公司向基层人民法院提起诉讼

D. 小琴向基层人民法院提起诉讼

【解析】根据《劳动争议调解仲裁法》第四十七条规定，对因追索劳动报酬、工伤医疗费、经济补偿或者赔偿金，不超过当地月最低工资标准 12 个月金额的争议，除本法另有规定的外，仲裁裁决为终局裁决，裁决书自作出之日起发生法律效力。劳动者对上述仲裁裁决不服的，可以自收到仲裁裁决书之日起 15 日内向人民法院提起诉讼。本题中，小琴可以向基层人民法院提起诉讼，而用人单位保洁公司无权向人民法院提起诉讼。

10. 2017 年 4 月 1 日，劳动保障行政部门到某企业检查用工情况，发现该企业无故拖欠员工工资 2 万元，责令该企业在 5 月 1 日前支付拖欠的工资。6 月 1 日，劳动保障行政部门发现该企业仍未支付拖欠工资。根据《劳动保障监察条例》，劳动保障行政部门应当（　　）。

8D　9D　10B

A. 责令该企业向员工支付拖欠的工资，并对企业处以罚款

B. 责令该企业向员工支付拖欠的工资，并加付赔偿金

C. 代表员工向劳动争议仲裁机构申请仲裁

D. 将该案件移交公安机关处理

【解析】《劳动保障监察条例》规定，劳动保障行政部门对违反劳动保障法律、法规或者规章的行为，根据调查、检查的结果，作出以下处理：①对依法应当受到行政处罚的，依法作出行政处罚决定；②对应当改正未改正的，依法责令改正或者作出相应的行政处理决定；③对情节轻微且已改正的，撤销立案。根据《劳动合同法》第八十五条规定，未按照劳动合同的约定或者国家规定及时足额支付劳动者劳动报酬的，由劳动行政部门责令限期支付劳动报酬、加班费或者经济补偿；劳动报酬低于当地最低工资标准的，应当支付其差额部分；逾期不支付的，责令用人单位按应付金额50%以上100%以下的标准向劳动者加付赔偿金。

11. 根据《劳动争议调解仲裁法》，下列关于劳动争议调解仲裁的说法，正确的是(　　)。

A. 当事人申请劳动争议仲裁后，不得自行和解

B. 当事人必须以书面形式提出劳动争议调解申请

C. 劳动争议当事人一方不愿意调解的，劳动争议调解委员会不予调解

D. 企业劳动争议调解委员会由劳动行政部门、企业方和职工三方代表组成

【解析】根据《劳动争议调解仲裁法》，A项，第四十一条规定，当事人申请劳动争议仲裁后，可以自行和解。达成和解协议的，可以撤回仲裁申请。B项，第十二条规定，当事人申请劳动争议调解可以书面申请，也可以口头申请。D项，第十九条规定，劳动争议仲裁委员会由劳动行政部门代表、工会代表和企业方面代表组成。

12. 某县劳动争议仲裁委员会聘任仲裁员，有关单位推荐了甲、乙、丙、丁四位候选人，有关情况如下。根据《劳动争议调解仲裁法》，上述人员中，符合仲裁员条件的是(　　)。

A. 甲，该县人民法院文书

B. 乙，某重点大学法学院助教

C. 丙，从事工会工作满6年、具有法律知识的工会主席

D. 丁，执业满2年、具有社会工作知识的知名律师

【解析】《劳动争议调解仲裁法》第二十条规定，劳动争议仲裁委员会应当设仲裁员名册。仲裁员应当公道正派并符合下列条件之一：①曾任审判员的；②从事法律研究、教学工作并具有中级以上职称的；③具有法律知识、从事人力资源管理或者工会等专业工作满5年的；④律师执业满3年的。

13. 下列情形中，可以向调解委员会申请调解的是(　　)。

A. 发生争议后双方当事人协商不成的

B. 企业调解委员会调解后，一方反悔的

C. 劳动争议经仲裁委员会仲裁后，当事人一方反悔的

D. 劳动争议经仲裁委员会仲裁后，当事人一方向人民法院起诉的

11C　12C　13A

【解析】《劳动争议调解仲裁法》规定，发生劳动争议，劳动者可以与用人单位协商，也可以请工会或者第三方共同与用人单位协商，达成和解协议。当事人不愿协商、协商不成或者达成和解协议后不履行的，可以向调解组织申请调解。

二、多项选择题（每题的备选项中，有2个或2个以上符合题意，至少有1个错项）

1. 根据《劳动争议调解仲裁法》，下列争议中，属于劳动争议的有（　　）。［2015年真题］

A. 因职称晋升发生的争议　　B. 因企业业改制发生的争议

C. 因确认劳动关系发生的争议　　D. 因除名、辞退、辞职发生的争议

E. 因工作时间、休息休假发生的争议

【解析】根据《劳动争议调解仲裁法》第二条，我国劳动争议调解仲裁的范围包括：①因确认劳动关系发生的争议；②因订立、履行、变更、解除和终止劳动合同发生的争议；③因除名、辞退和辞职、离职发生的争议；④因工作时间、休息休假、社会保险、福利、培训以及劳动保护发生的争议；⑤因劳动报酬、工伤医疗费、经济补偿或者赔偿金等发生的争议；⑥法律、法规规定的其他劳动争议。

2. 顾某与某食品公司签订了为期两年的劳动合同，工作期间，顾某因病住院治疗。顾某出院后，公司认为顾某不宜从事食品工作，向顾某额外支付一个月工资后，与其解除劳动合同。两个月后，顾某听说还应得到经济补偿，遂向公司提出补偿要求，被公司拒绝，顾某申请劳动仲裁。下列关于劳动争议的说法，正确的有（　　）。［2010年真题］

A. 劳动合同解除后，顾某提出经济补偿的要求没有法律依据

B. 劳动合同解除后，食品公司依法应向顾某支付经济补偿金

C. 劳动争议仲裁裁决作出后，若食品公司不服，可向劳动仲裁委员会申请再审

D. 劳动争议仲裁裁决作出后，若食品公司不服，可向人民法院提起诉讼

E. 劳动争议仲裁裁决作出后，若顾某不服，可向人民法院提起诉讼

【解析】AB两项，根据《劳动合同法》第四十条规定，劳动者患病或者非因工负伤，在规定的医疗期满后不能从事原工作，也不能从事由用人单位另行安排的工作的，用人单位提前30日以书面形式通知劳动者本人或者额外支付劳动者1个月工资后，可以解除劳动合同。第四十六条规定，用人单位依照本法第四十条规定解除劳动合同的，应当向劳动者支付经济补偿。CDE三项，根据《劳动争议调解仲裁法》，对于经济补偿的仲裁裁决不服，当事人可以向人民法院提起诉讼，在特定的情形下，用人单位还可以向劳动争议仲裁委员会所在地的中级人民法院申请撤销裁决，但是劳动者无权向劳动仲裁委员会申请再审。

3. 根据《劳动争议调解仲裁法》，下列关于劳动争议开庭和裁决的说法，正确的有（　　）。［2016年真题］

A. 当事人有正当理由的，可以在开庭3日前请求延期开庭

B. 仲裁庭对专门性问题认为需要鉴定的，可以直接指定鉴定机构进行鉴定

C. 劳动争议仲裁委员会应当在受理仲裁申请之日起5日内将仲裁庭的组成情况书面通知当事人

D. 申请人收到书面通知，无正当理由拒不到庭或者未经仲裁庭同意中途退庭的，可以

1CDE　2BDE　3ACE

缺席判决

E. 劳动者无法提供由用人单位掌握管理的与仲裁请求有关的证据，仲裁庭可以要求用人单位在指定期限内提供

【解析】A项，《劳动争议调解仲裁法》第三十五条规定，仲裁庭应当在开庭5日前，将开庭日期、地点书面通知双方当事人。当事人有正当理由的，可以在开庭3日前请求延期开庭。是否延期，由劳动争议仲裁委员会决定。B项，第三十七条第一款规定，仲裁庭对专门性问题认为需要鉴定的，可以交由当事人约定的鉴定机构鉴定；当事人没有约定或者无法达成约定的，由仲裁庭指定的鉴定机构鉴定。C项，第三十二条规定，劳动争议仲裁委员会应当在受理仲裁申请之日起5日内将仲裁庭的组成情况书面通知当事人。D项，第三十六条第一款规定，申请人收到书面通知，无正当理由拒不到庭或者未经仲裁庭同意中途退庭的，可以视为撤回仲裁申请。E项，第三十九条第二款规定，劳动者无法提供由用人单位掌握管理的与仲裁请求有关的证据，仲裁庭可以要求用人单位在指定期限内提供。用人单位在指定期限内不提供的，应当承担不利后果。

4. 某劳动保障监察部门接到举报，H公司多年来未按照规定为员工缴纳社会保险，该劳动保障监察部门决定对H公司进行调查。以下关于该劳动保障监察部门监察程序的说法，正确的有(　　)。

A. 前往H公司进行调查、检查的劳动保障监察员不得少于两人，并应佩戴劳动保障监察标志、出示劳动保障监察证件

B. 该劳动保障监察部门对H公司的调查，应当自立案之日起30个工作日内完成

C. H公司的行为应依法对其作出行政处罚决定，并责令其改正

D. 对该公司的行为作出行政处罚或者行政处理决定前，应当听取该公司的陈述、申辩

E. 该公司在1年内未被劳动保障行政部门发现，也未被举报、投诉的，将不再查处

【解析】B项，《劳动保障监察条例》第十七条规定，劳动保障行政部门对违反劳动保障法律、法规或者规章的行为的调查，应当自立案之日起60个工作日内完成；对情况复杂的，经劳动保障行政部门负责人批准，可以延长30个工作日。E项，违反劳动保障法律、法规或者规章的行为在两年内未被劳动保障行政部门发现，也未被举报、投诉的，劳动保障行政部门不再查处。

5. 劳动争议由(　　)的劳动争议仲裁委员会管辖。

A. 劳动合同履行地　　B. 用人单位所在地

C. 劳动合同签订地　　D. 劳动者所在地

E. 劳动合同约定地

【解析】《劳动争议调解仲裁法》第二十一条第二款规定，劳动争议仲裁委员会负责管辖本区域内发生的劳动争议。劳动争议由劳动合同履行地或者用人单位所在地的劳动争议仲裁委员会管辖。

6. 下列劳动争议仲裁案件中，可以裁决先予执行的包括(　　)。

A. 追索劳动报酬案件　　B. 追索工伤医疗费案件

C. 劳动自由权案件　　D. 鉴定职业病案件

4ACD　5AB　6ABE

E. 追索经济补偿或者赔偿金案件

【解析】《劳动争议调解仲裁法》第四十四条规定，仲裁庭对追索劳动报酬、工伤医疗费、经济补偿或者赔偿金的案件，根据当事人的申请，可以裁决先予执行，移送人民法院执行。

第六节 构建和谐劳动关系法规与政策

一、单项选择题(每题的备选项中，只有1个最符合题意)

1. 根据《集体合同规定》，下列关于集体合同的说法中，正确的是(　　)。[2017年真题]

   A. 行政机关同样适用集体合同规定

   B. 集体合同对职工个人不具有法律约束力

   C. 职工个人的劳动报酬可以低于集体合同的规定

   D. 集体协商双方可以签订集体合同或专项集体合同

   【解析】A项，《集体合同规定》第二条规定，中华人民共和国境内的企业和实行企业化管理的事业单位(以下统称用人单位)与本单位职工之间进行集体协商，签订集体合同，适用本规定。BC两项，第六条规定，符合本规定的集体合同或专项集体合同，对用人单位和本单位的全体职工具有法律约束力；用人单位与职工个人签订的劳动合同约定的劳动条件和劳动报酬等标准，不得低于集体合同或专项集体合同的规定。D项，第八条规定，集体协商双方可以就多项或某项内容进行集体协商，签订集体合同或专项集体合同。

2. 某公司一直未建立工会，职工工资多年未增加，职工意见很大。在同事们的鼓励下，职工李某、王某出面与公司交涉，表达希望增加工资的诉求。公司方面表示愿意与职工一方就工资问题开展集体协商，但要求职工一方派协商代表。根据《集体合同规定》，下列关于职工李某、王某两人是否可以作为协商代表的说法，正确的是(　　)。[2015年真题]

   A. 两人经上级工会指派可以作为协商代表

   B. 两人经劳动保障行政部门指派可以作为协商代表

   C. 两人表现积极，经公司方面同意可以作为协商代表

   D. 两人经本单位职工民主推荐，并经本单位半数以上职工同意可以作为协商代表

   【解析】集体协商双方的代表人数应当对等，每方至少3人，并各确定1名首席代表。职工一方的协商代表由本单位工会选派。未建立工会的，由本单位职工民主推荐，并经本单位半数以上职工同意。

3. 某公司与职工一方经协商一致形成集体合同草案，拟提交职工代表大会讨论通过。根据《集体合同规定》，下列通过集体合同草案的情形中，符合规定的是(　　)。[2016年真题]

   A. 1/2以上职工代表出席，出席职工代表半数以上同意

   B. 1/2以上职工代表出席，全体职工代表半数以上同意

   C. 2/3以上职工代表出席，出席职工代表半数以上同意

   D. 2/3以上职工代表出席，全体职工代表半数以上同意

1D　2D　3D

【解析】《集体合同规定》第三十六条规定，经双方协商代表协商一致的集体合同草案或专项集体合同草案应当提交职工代表大会或者全体职工讨论。职工代表大会或者全体职工讨论集体合同草案或专项集体合同草案，应当有2/3以上职工代表或者职工出席，且须经全体职工代表半数以上或者全体职工半数以上同意，集体合同草案或专项集体合同草案方获通过。

4. 某企业员工与企业管理者在集体协商过程中发生争议，且通过内部协商后双方无法就劳动合同达成共识。根据相关规定，当事人一方或双方可以书面向（　　）提出协调处理申请。

A. 工会　　B. 劳动保障行政部门

C. 街道办事处　　D. 劳动局

【解析】《集体合同规定》第四十九条和五十条规定，集体协商过程中发生争议，双方当事人不能协商解决的，当事人一方或双方可以书面向劳动保障行政部门提出协调处理申请；未提出申请的，劳动保障行政部门认为必要时也可以进行协调处理。劳动保障行政部门应当组织同级工会和企业组织等三方面的人员，共同协调处理集体协商争议。

二、多项选择题（每题的备选项中，有2个或2个以上符合题意，至少有1个错项）

1. 根据《集体合同规定》，下列关于集体协商程序的说法，正确的有（　　）。[2015年真题]

A. 集体协商会议由双方首席代表轮流主持

B. 集体协商未达成一致的，经双方协商可以终止协商

C. 集体协商的要求只能由职工一方以书面形式向用人单位提出

D. 双方协商一致的，应当形成集体合同草案，由双方首席代表签字后生效

E. 职工一方提出集体协商要求的，用人单位应当自收到集体协商要求之日起20日内以书面形式予以回应

【解析】集体协商任何一方均可就签订集体合同或专项集体合同以及相关事宜，以书面形式向对方提出进行集体协商的要求。一方提出进行集体协商要求的，另一方应当在收到集体协商要求之日起20日内以书面形式予以回应，无正当理由不得拒绝进行集体协商。集体协商会议由双方首席代表轮流主持，并按下列程序进行：①宣布议程和会议纪律。②一方首席代表提出协商的具体内容和要求，另一方首席代表就对方的要求作出回应。③协商双方就商谈事项发表各自意见，开展充分讨论。④双方首席代表归纳意见。达成一致的，应当形成集体合同草案或专项集体合同草案，由双方首席代表签字。集体协商未达成一致意见或出现事先未预料的问题时，经双方协商，可以中止协商。中止期限及下次协商时间、地点、内容由双方商定。

2. 某企业召集员工代表进行了集体协商，共同讨论集体合同的有关事项。以下属于集体协商内容的有（　　）。

A. 该企业的工资水平、工资分配制度、工资标准和工资分配形式

B. 该企业的工作时间及休息休假安排

C. 女职工和未成年工特殊保护

4B　　▍　　1ABDE　2ABCE

D. 因公受伤时企业的赔偿

E. 变更、解除集体合同的程序

【解析】《集体合同规定》第八条规定，集体协商双方可以就下列多项或某项内容进行集体协商，签订集体合同或专项集体合同：①劳动报酬；②工作时间；③休息休假；④劳动安全与卫生；⑤补充保险和福利；⑥女职工和未成年工特殊保护；⑦职业技能培训；⑧劳动合同管理；⑨奖惩；⑩裁员；⑪集体合同期限；⑫变更、解除集体合同的程序；⑬履行集体合同发生争议时的协商处理办法；⑭违反集体合同的责任；⑮双方认为应当协商的其他内容。

3. W 公司召开了职工代表大会讨论集体合同草案，该公司共有代表 180 名。以下关于集体合同的订立、变更及终止的说法，正确的有(　　)。

A. 应当有 120 名以上的职工代表出席，且须经 90 名以上职工代表同意，集体合同草案方获通过

B. 应当有 120 名以上的职工代表出席，且须经 60 名以上职工代表同意，集体合同草案方获通过

C. 集体合同草案或专项集体合同草案经职工代表大会或者职工大会通过后，由集体协商双方首席代表签字

D. 集体合同期限一般为 1 至 3 年，期满或双方约定的终止条件出现，即行终止

E. 集体合同或专项集体合同期满前 6 个月内，任何一方均可向对方提出重新签订或续订的要求

【解析】《集体合同规定》第三十六条规定，职工代表大会或者全体职工讨论集体合同草案或专项集体合同草案，应当有 2/3 以上职工代表或者职工出席，且须经全体职工代表半数以上或者全体职工半数以上同意，集体合同草案或专项集体合同草案方获通过。第三十七条规定，集体合同草案或专项集体合同草案经职工代表大会或者职工大会通过后，由集体协商双方首席代表签字。第三十八条规定，集体合同或专项集体合同期限一般为 1 至 3 年，期满或双方约定的终止条件出现，即行终止。集体合同或专项集体合同期满前 3 个月内，任何一方均可向对方提出重新签订或续订的要求。

3ACD

第十三章　我国健康与计划生育法规与政策

第一节　公共卫生法规与政策

一、单项选择题(每题的备选项中，只有 1 个最符合题意)

1. 艾滋病病人张某因感冒去社区医疗服务中心就诊。当医生获知张某是艾滋病病人后，其正确的做法是(　　)。[2008 年真题]

A. 接诊治疗

B. 拒绝治疗

C. 拒绝治疗，并要求张某到当地传染病医院诊治

D. 将张某就地强制隔离

【解析】《艾滋病防治条例》第四十一条规定，医疗机构应当为艾滋病病毒感染者和艾滋病病人提供艾滋病防治咨询、诊断和治疗服务。医疗机构不得因就诊的病人是艾滋病病毒感染者或者艾滋病病人，推诿或者拒绝对其及其他疾病进行治疗。

2. 某县医院收治了一名病人，初步诊断为疑似禽流感。根据《突发公共卫生事件应急条例》，该医院应依法报告所在地的(　　)。[2010 年真题]

A. 卫生局　　B. 卫生监管所

C. 人民政府　　D. 疾病预防控制中心

【解析】《突发公共卫生事件应急条例》规定，医疗机构收治传染病患者、疑似传染病患者，应当依法报告所在地的疾病预防控制机构。接到报告的疾病预防控制机构应当立即对可能受到危害的人员进行调查，根据需要采取必要的控制措施，对传染病做到早发现、早报告、早隔离、早治疗，切断传播途径，防止扩散。

3. 根据《突发公共卫生事件应急条例》，省级人民政府成立省突发公共卫生事件应急处理指挥部时，总指挥应由(　　)担任。[2017 年真题]

A. 省人民政府主要领导人　　B. 省人民政府分管领导人

C. 省人民政府民政部门主要负责人　　D. 省人民政府卫生行政部门主要负责人

【解析】根据《突发公共卫生事件应急条例》第四条规定，突发事件发生后，省、自治区、直辖市人民政府成立地方突发事件应急处理指挥部，省、自治区、直辖市人民政府主要领导人担任总指挥，负责领导、指挥本行政区域内突发事件应急处理工作。

4. 职业病诊断应当由(　　)人民政府卫生行政部门批准的医疗卫生机构承担。

A. 县级　　B. 县级以上　　C. 省级　　D. 省级以上

【解析】职业病诊断应当由省级以上人民政府卫生行政部门批准的医疗卫生机构承担。劳动者可以在用人单位所在地、本人户籍所在地或者经常居住地依法承担职业病诊断的医疗卫生机构进行职业病诊断。

1A　2D　3A　4D

5. 某地发生一种严重传染病疫情，外地游客张某身处该疫区。当地突发事件应急处理指挥部有权对张某采取的措施是(　　)。

A. 就地隔离　　B. 责令离开　　C. 没收随身物品　　D. 禁止与外界联系

【解析】根据突发事件应急处理的需要，应急处理指挥部有权紧急调集人员、储备的物资、交通工具以及相关设施、设备。必要时，对人员进行疏散或者隔离，并可以依法对传染病疫区实行封锁，对食物和水源采取控制措施。本题中，张某虽是外地游客，但他处于严重传染病疫情区，应该对他就地隔离，确认他没有被传染后再让其离开，防止他散播传染病的可能。

二、多项选择题(每题的备选项中，有2个或2个以上符合题意，至少有1个错项)

1. 关于健康服务业发展任务，下列说法正确的有(　　)。

A. 加快发展健康养老服务：推进医疗机构与养老机构等加强合作，发展社区健康养老服务

B. 支持发展多样化健康服务：加快形成多元办医格局，优化医疗服务资源配置，推动发展专业、规范的护理服务

C. 积极发展健康保险：丰富商业健康保险产品，发展多样化健康保险服务

D. 全面发展中医药医疗保健服务：提升中医健康服务能力，推广科学规范的中医保健知识及产品

E. 夯实健康服务业发展基础：推进健康服务信息化，加强诚信体系建设

【解析】B项，支持发展多样化健康服务包括：发展健康体检、咨询等健康服务，发展全民体育健身，发展健康文化和旅游。

2. 根据《艾滋病防治条例》，下列说法正确的有(　　)。

A. 医疗卫生机构应该隐瞒艾滋病者感染的事实

B. 医疗卫生机构的工作人员应当将其发病的事实告知本人

C. 预防艾滋病母婴传播技术指导方案主要由医疗卫生机构制定

D. 医疗机构应当为艾滋病病毒感染者和艾滋病病人免费提供艾滋病防治咨询、诊断和治疗服务

E. 医疗机构不得因就诊的病人是艾滋病病毒感染者或者艾滋病病人，而推诿或者拒绝对其及其他疾病的治疗

【解析】A项，对确诊的艾滋病病毒感染者和艾滋病病人，医疗卫生机构的工作人员应当将其感染或者发病的事实告知本人；本人为无行为能力人或者限制行为能力人的，应当告知其监护人。C项，医疗卫生机构应当按照国务院卫生主管部门制定的《预防艾滋病母婴传播技术指导方案》的规定，对孕产妇提供艾滋病防治咨询和检测，对感染艾滋病病毒的孕产妇及其婴儿提供预防艾滋病母婴传播的咨询、产前指导、阻断、治疗、产后访视、婴儿随访和检测等服务。D项，医疗机构应当为艾滋病病毒感染者和艾滋病病人提供艾滋病防治咨询、诊断和治疗服务，但并不是免费服务。

3. 下列各项属于突发公共卫生事件的有(　　)。

A. 甲型H1N1流感病毒事件

5A　┃　1ACDE　2BE　3ACDE

B. 某县局部地区在初春发生近百人感冒
C. 某国发生涉及几万人的流行腹泻
D. 发生在南方某大型企业的职工苯中毒事件
E. 三鹿奶粉事件

【解析】突发公共卫生事件是指突然发生，造成或者可能造成社会公众健康严重损害的重大传染病疫情、群体性不明原因疾病、重大食物和职业中毒以及其他严重影响公众健康的事件。根据定义，突发公共卫生事件包括：①重大传染病疫情；②群体性不明原因疾病；③重大食物和职业中毒；④其他严重影响公众健康的事件。突发公共卫生事件的特点有：①突然发生；②造成或者可能造成社会公众健康严重损害。

第二节　医疗服务法规与政策

一、单项选择题（每题的备选项中，只有1个最符合题意）

1. 根据《医药卫生体制改革近期重点实施方案（2009—2011年）》，我国公立医院改革后的补偿渠道是（　　）。［2013年真题］

A. 服务收费和药品加成收入　　B. 服务收费和财政补助
C. 药品加成收入和财政补助　　D. 服务收费、药品收成收入和财政补助

【解析】根据《“十二五”期间深化医药卫生体制改革规划暨实施方案》，公立医院改革的要点之一是推进公立医院补偿机制改革，即以破除“以药补医”机制为关键环节，推进医药分开，逐步取消药品加成政策，将公立医院补偿由服务收费、药品加成收入和财政补助三个渠道改为服务收费和财政补助两个渠道。

2. 根据《“十二五”期间深化医药卫生体制改革规划暨实施方案》，下列关于促进医务人员向基层流动的说法，正确的是（　　）。［2016年真题］

A. 大医院医生退休前，应当到基层和农村执业2年
B. 医学专业学生毕业前，应当到基层和农村实习半年
C. 城市医院和疾病预防控制机构医生晋升中高级职称前，应当到农村服务累计1年以上
D. 到艰苦边远地区基层医疗卫生机构服务满2年的医务人员晋升中高级职称时，可适当降低标准

【解析】根据《“十二五”期间深化医药卫生体制改革规划暨实施方案》规定，进一步完善相关政策措施，鼓励引导医务人员到基层服务。建立上级医院与基层医疗卫生机构之间的人才合作交流机制，探索县（市、区）域人才柔性流动方式，促进县乡人才联动。开展免费医学生定向培养，实施全科医生特岗计划，充实基层人才队伍。严格落实城市医院和疾病预防控制机构医生晋升中高级职称前到农村服务累计1年以上的政策。鼓励大医院退休医生到基层和农村执业。对到艰苦边远地区基层医疗卫生机构服务的医务人员，落实津补贴政策或给予必要补助。

3. 根据《中共中央国务院关于深化医药卫生体制改革的意见》，完善农村三级医疗卫生服务网络，应当发挥（　　）医院的龙头作用。［2011年真题］

A. 村级　　B. 乡级　　C. 县级　　D. 地级

1B　2C　3C

【解析】《中共中央国务院关于深化医药卫生体制改革的意见》提出，要全面推进县级公立医院改革。县级公立医院是农村三级医疗卫生服务网络的龙头。“十二五”期间要把县级公立医院改革放在突出位置，以破除“以药补医”机制为关键环节，统筹推进管理体制、补偿机制、人事分配、采购机制、价格机制等方面的综合改革。

4. 根据《关于进一步加强乡村医生队伍建设的指导意见》，对乡村医生提供的基本医疗服务，主要由(　　)进行支付。[2015 年真题]

A. 政府购买服务的方式　　B. 个人和新农合基金

C. 政府购买服务和个人　　D. 政府购买服务和新农合基金

【解析】《关于进一步加强乡村医生队伍建设的指导意见》提出，对乡村医生提供的基本公共卫生服务，主要通过政府购买服务的方式进行合理补助。对乡村医生提供的基本医疗服务，主要由个人和新农合基金进行支付。

5. D 村一直以来都没有设立村卫生室，村民都是在邻村卫生室看病，随着老年人口及婴幼儿人数的增加，村民对在本村设立村卫生室的需求越来越大。后在乡(镇)卫生院的协调下，设立了村卫生室并聘用了乡村医生。关于乡村医生的聘用和管理，下列说法错误的是(　　)。

A. 乡村医生聘用应当遵循“县聘、乡管、村用”的原则

B. 乡(镇)卫生院负责行政区域内乡村医生的聘用、注册和管理工作

C. 乡(镇)卫生院负责辖区内乡村医生的业务指导和管理，并与乡村医生签订劳动合同

D. 乡村医生须有乡村医生执业证书或执业(助理)医师证书，并在卫生行政部门注册并获得相关执业许可

【解析】B 项，乡村医生聘用应当遵循“县聘、乡管、村用”的原则。县级卫生计生行政部门负责本行政区域内乡村医生的聘用、注册和管理工作。

6. 小郑完成中等医学专业学习并取得执业助理医师证书后，回到自己从小生活的村庄设立了一家村卫生室。以下关于小郑可享受的补偿政策的说法，错误的是(　　)。

A. 小郑提供的基本公共卫生服务，主要通过政府购买服务的方式进行合理补助

B. 小郑针对村民提供的基本医疗服务，主要由个人和新农合基金进行支付

C. 小郑在岗培训属于个人技能提升，所需经费由其本人承担

D. 当地应当采取先预拨、后结算的方式发放小郑的补助

【解析】A 项，对乡村医生提供的基本公共卫生服务，主要通过政府购买服务的方式进行合理补助。B 项，对乡村医生提供的基本医疗服务，主要由个人和新农合基金进行支付。C 项，乡村医生在岗培训所需经费由县级财政预算安排，不得向乡村医生收取费用。D 项，乡村医生各项补助经费实行预拨制。各地应当采取先预拨、后结算的方式发放乡村医生补助。

二、多项选择题(每题的备选项中，有 2 个或 2 个以上符合题意，至少有 1 个错项)

1. 下列各项中，体现促进人才向基层流动的具体实施措施的有(　　)。

A. 某县的人民医院与某乡(镇)卫生服务站建立人才合作交流机制，探索县域人才柔性

4B　5B　6C　|　1ABDE

流动方式，促进县乡人才联动

B. 某医科大学在国家政策的支持下开展免费医学生定向培养，实施全科医生特岗计划，充实基层人才队伍

C. 邓某是某市一所三甲医院的医生，在晋升高级职称时要求其至少有累计 2 年的农村服务经历

D. 武某从某市一所大医院退休后要求其到某基层医疗卫生机构执业，以支持基层医疗卫生的发展

E. 对到艰苦边远地区基层医疗卫生机构服务的医务人员，落实津补贴政策或给予必要补助

【解析】A 项，建立上级医院与基层医疗卫生机构之间的人才合作交流机制，探索县(市、区)域人才柔性流动方式，促进县乡人才联动。B 项，开展免费医学生定向培养，实施全科医生特岗计划，充实基层人才队伍。C 项，严格落实城市医院和疾病预防控制机构医生晋升中高级职称前到农村服务累计 1 年以上的政策。D 项，鼓励大医院退休医生到基层和农村执业。E 项，对到艰苦边远地区基层医疗卫生机构服务的医务人员，落实津补贴政策或给予必要补助。

2. 王某是某村卫生室的乡村医生，下列关于乡村医生的相关政策与制度保障的说法，正确的有(　　)。

A. 原则上应将 60% 左右的基本公共卫生服务任务交由村卫生室承担

B. 王某在岗培训所需经费由县级财政预算安排，不得向其收取费用

C. 王某各项补助经费实行预拨制，县级财政部门直接将补助经费的 60% 以上按月拨付给他

D. 王某退休后如果符合新农保待遇领取条件的话，应对其发放养老金

E. 县级卫生行政部门每年对王某等乡村医生免费培训不少于 2 次，累计培训时间不少于两周

【解析】A 项，明确村卫生室和乡镇卫生院的基本公共卫生服务任务分工和资金分配比例，原则上将 40% 左右的基本公共卫生服务任务交由村卫生室承担。B 项，乡村医生在岗培训所需经费由县级财政预算安排，不得向乡村医生收取费用。C 项，乡村医生各项补助经费实行预拨制。各地应当采取先预拨、后结算的方式发放乡村医生补助，由县级财政部门直接将补助经费的 80% 以上按月拨付乡村医生，余额经考核后发放。D 项，积极引导符合条件的乡村医生参加新农保，对符合新农保待遇领取条件的乡村医生发放养老金。E 项，县级卫生行政部门对在村卫生室执业的乡村医生每年免费培训不少于 2 次，累计培训时间不少于 2 周。

第三节　城市社区卫生服务法规与政策

一、单项选择题(每题的备选项中，只有 1 个最符合题意)

1. 根据《城市社区卫生服务中心、站基本标准》，下列关于设立社区卫生服务中心标准的说法中，正确的是(　　)。[2017 年真题]

2BDE　❙　1A

A. 每名执业医师至少配备 1 名注册护士

B. 至少有 2 名中级以上任职资格的中医类别执业医师

C. 至少要设立 50 张以上以护理康复为主要功能的病床

D. 建筑面积不少于 800 平方米，每设 1 床位至少增加 20 平方米建筑面积

【解析】根据《城市社区卫生服务中心、站基本标准》规定的城市社区卫生服务中心基本标准，AB 两项，人员方面，至少有 6 名执业范围为全科医学专业的临床类别、中医类别执业医师，9 名注册护士。至少有 1 名副高级以上任职资格的执业医师；至少有 1 名中级以上任职资格的中医类别执业医师；至少有 1 名公共卫生执业医师。每名执业医师至少配备 1 名注册护士，其中至少具有 1 名中级以上任职资格的注册护士。C 项，床位根据当地医疗机构设置规划，可设一定数量的以护理康复为主要功能的病床，但不得超过 50 张。D 项，房屋建筑面积不少于 1000 平方米；设病床的，每设一床位至少增加 30 平方米建筑面积。

2. 根据《国务院关于发展城市社区卫生服务的指导意见》，下列群体中，不属于社区卫生服务机构重点服务对象的是(　　)。[2014 年真题]

A. 0～36 个月的婴幼儿　　B. 孕产妇

C. 急性传染病患者　　D. 糖尿病患者

【解析】国务院《关于发展城市社区卫生服务的指导意见》规定，社区卫生服务机构要以社区、家庭和居民为服务对象，以妇女、儿童、老年人、慢性病人、残疾人、贫困居民等为服务重点。

3. 根据《国务院关于发展城市社区卫生服务的指导意见》，社区卫生服务机构提供公共卫生服务和基本医疗服务，下列服务中，不属于社区卫生服务的是(　　)。[2012 年真题]

A. 健康教育　　B. 疑难杂症的诊治

C. 康复　　D. 计划生育技术服务

【解析】《国务院关于发展城市社区卫生服务的指导意见》提出，社区卫生服务机构提供公共卫生服务和基本医疗服务，以主动服务、上门服务为主，开展健康教育、预防、保健、康复、计划生育技术服务和一般常见病、多发病的诊疗服务。

二、多项选择题(每题的备选项中，有 2 个或 2 个以上符合题意，至少有 1 个错项)

1. 小李所在社区新建了一家社区卫生服务中心。根据《城市社区卫生服务机构管理办法(试行)》，小李可以在该卫生服务中心享受到的公共服务有(　　)。[2016 年真题]

A. 心理健康指导　　B. 接种传染病疫苗

C. 微整形外科手术　　D. 免费领取避孕药具

E. 卫生健康知识咨询

【解析】《城市社区卫生服务机构管理办法(试行)》第六条规定，社区卫生服务机构提供以下公共卫生服务：①卫生信息管理。根据国家规定收集、报告辖区有关卫生信息，开展社区卫生诊断，建立和管理居民健康档案，向辖区街道办事处及有关单位和部门提出改进社区公共卫生状况的建议。②健康教育。普及卫生保健常识，实施重点人群及重点场所健康教育，帮助居民逐步形成利于维护和增进健康的行为方式。③传染病、地方

2C　3B　┃　1ABDE

病、寄生虫病预防控制。负责疫情报告和监测，协助开展结核病、性病、艾滋病、其他常见传染病以及地方病、寄生虫病的预防控制，实施预防接种，配合开展爱国卫生工作。④慢性病预防控制。开展高危人群和重点慢性病筛查，实施高危人群和重点慢性病病例管理。⑤精神卫生服务。实施精神病社区管理，为社区居民提供心理健康指导。⑥妇女保健。提供婚前保健、孕前保健、孕产期保健、更年期保健，开展妇女常见病预防和筛查。⑦儿童保健。开展新生儿保健、婴幼儿及学龄前儿童保健，协助对辖区内托幼机构进行卫生保健指导。⑧老年保健。指导老年人进行疾病预防和自我保健，进行家庭访视，提供针对性的健康指导。⑨残疾康复指导和康复训练。⑩计划生育技术咨询指导，发放避孕药具。⑪协助处置辖区内的突发公共卫生事件。⑫政府卫生行政部门规定的其他公共卫生服务。

2. 社区卫生服务机构所提供的基本医疗服务包括(　　)。

A. 表皮擦伤、割伤的处理　　B. 感冒的诊断治疗
C. 高血压的防治　　D. 因病致残人员的照顾
E. 老年病的诊断治疗

【解析】《城市社区卫生服务机构管理办法(试行)》进一步明确了公共卫生服务和基本医疗服务的具体内容。其中，基本医疗服务主要是“小病”、“常见病”、“多发病”，对于限于技术和设备条件难以安全、有效诊治的疾病，则应及时转诊到上级医疗机构。

3. 社区卫生服务的筹资与补偿机制包括(　　)。

A. 政府财政补贴　　B. 有偿医疗卫生服务
C. 开办社区营利性私人诊所　　D. 纳入职工医疗保险
E. 社会捐助

【解析】筹资与补偿是社区卫生服务可持续发展的基础，目前社区卫生服务的筹资与补偿渠道主要有：①政府财政补贴；②有偿医疗卫生服务；③纳入职工医疗保险；④其他筹资方式，包括社区资助，申请专项资金支持，接受社会团体、慈善机构或个人捐助等。

第四节　食品药品安全法规与政策

一、单项选择题(每题的备选项中，只有1个最符合题意)

1. 某县医院发现一天内不断有患者前来治疗腹泻，经了解，大多数患者就医前在某饭店就餐，初步判断为食源性疾病。根据《食品安全法》，该医院应当及时将相关信息向(　　)报告。[2016年真题]

A. 县工商局　　B. 县质监局　　C. 县食药监局　　D. 县卫生计生委

【解析】发生食品安全事故的单位应当立即予以处置，防止事故扩大。事故发生单位和接收病人进行治疗的单位应当及时向事故发生地县级卫生行政部门报告。发生重大食品安全事故的，接到报告的县级卫生行政部门应当按照规定向本级人民政府和上级人民政府卫生行政部门报告。题中，县卫生计生委属于卫生行政部门。

2. 食品生产经营单位中需对食品安全负直接责任的主体是(　　)。

2ABC　3ABDE　|　1D　2C

A. 食品生产经营企业法定代表人
B. 食品生产经营企业主要负责人
C. 食品生产经营企业质量安全主管人员
D. 食品生产经营企业食品生产员工

【解析】食品生产经营企业法定代表人或主要负责人对食品安全负首要责任，企业质量安全主管人员对食品安全负直接责任。食品生产经营者应当落实不符合安全标准的食品处置及经济赔偿责任。

3. 发生食品安全事故，(　　)应当协助有关部门对事故现场进行卫生处理，并对与食品安全事故有关的因素开展流行病学调查。

A. 市级以上疾病预防控制机构　　B. 县级以上疾病预防控制机构
C. 市级以上卫生行政部门　　D. 省级以上卫生行政部门

【解析】发生重大食品安全事故，应进行事故责任调查，督促有关部门履行职责，向本级人民政府提出事故责任调查处理报告。发生食品安全事故，县级以上疾病预防控制机构应当协助卫生行政部门和有关部门对事故现场进行卫生处理，并对与食品安全事故有关的因素开展流行病学调查。

二、多项选择题(每题的备选项中，有2个或2个以上符合题意，至少有1个错项)

食品安全事故发生后，为减轻社会危害，相关部门应采取的措施包括(　　)。

A. 开展应急救援工作，对因食品安全事故导致人身伤害的人员应当立即组织救治
B. 封存可能导致食品安全事故的食品及其原料，并立即进行检验
C. 立即销毁导致食品安全事故的食品及其原料
D. 封存被污染的食品用工具及用具，并责令进行清洗消毒
E. 做好信息发布工作，依法对食品安全事故及其处理情况进行发布

【解析】县级以上人民政府食品药品监督管理部门接到食品安全事故的报告后，应当立即会同同级卫生行政、质量监督、农业行政等部门进行调查处理，并采取下列措施，防止或者减轻食品安全事故的社会危害：①开展应急救援工作，对因食品安全事故导致人身伤害的人员，卫生行政部门应当立即组织救治。②封存可能导致食品安全事故的食品及其原料，并立即进行检验；对确认属于被污染的食品及其原料，责令食品生产经营者予以召回、停止经营并销毁。③封存被污染的食品用工具及用具，并责令进行清洗消毒。④做好信息发布工作，依法对食品安全事故及其处理情况进行发布，并对可能产生的危害加以解释、说明。

第五节　计划生育法规与政策

一、单项选择题(每题的备选项中，只有1个最符合题意)

1. 《中共中央关于全面深化改革若干重大问题的决定》提出坚持计划生育的基本国策，启动实施一方是独生子女的夫妇可以生育(　　)个孩子的政策。[2015年真题]

A. 1　　B. 2　　C. 3　　D. 4

【解析】2013年11月15日《中共中央关于全面深化改革若干重大问题的决定》中提出，

3B ▍ ABDE ▍ 1B

坚持计划生育的基本国策，启动实施一方是独生子女的夫妇可生育两个孩子的政策。

2. 2007 年，甲县村民张某(男)与夏某(女)结婚，张某夫妇结婚后不久到乙县建筑工地务工并居住至今。下列关于张某夫妇计划生育管理工作的说法中，正确的是(　　)。[2010 年真题]

A. 甲县和乙县人民政府共同管理，以甲县管理为主

B. 甲县和乙县人民政府共同管理，以乙县管理为主

C. 仅由甲县人民政府管理

D. 仅由乙县人民政府管理

【解析】《流动人口计划生育工作条例》规定，流动人口计划生育工作由流动人口户籍所在地和现居住地的人民政府共同负责，以现居住地人民政府为主，户籍所在地人民政府予以配合。流动人口现居住地的地方人民政府负责对流动人口计划生育工作日常管理，并将流动人口计划生育工作纳入当地计划生育管理。

3. 根据《流动人口计划生育工作条例》，流动人口中的成年育龄妇女，应当自到达现居地之日起(　　)内，提交婚育证明。[2017 年真题]

A. 30 天　　B. 60 天　　C. 3 个月　　D. 6 个月

【解析】根据《流动人口计划生育工作条例》，流动人口成年育龄妇女应当自到达现居住地之日起 30 日内提交婚育证明。成年育龄妇女可以向现居住地的乡(镇)人民政府或者街道办事处提交婚育证明，也可以通过村民委员会、居民委员会向现居住地的乡(镇)人民政府或者街道办事处提交婚育证明。

4. 王某原籍是甲市，其妻子原籍是乙市，两人婚后在丙市购房，后在丁市落户，现夫妻两人一起在戊市打工并居住在戊市。现王某夫妇需办理第一个子女生育服务登记。根据《流动人口计划生育工作条例》的规定，王某夫妇办理服务登记的地点应当是(　　)。[2011 年真题]

A. 甲市　　B. 乙市　　C. 丙市　　D. 戊市

【解析】《流动人口计划生育工作条例》规定，流动人口可在现居住地办理第一个子女生育服务登记，登记时应当提供夫妻双方的居民身份证、结婚证、女方的婚育证明和男方户籍所在地的乡(镇)人民政府或者街道办事处出具的婚育情况证明材料。本题中，王某夫妇办理服务登记的地点应当是现居住地戊市。

5. 小王夫妇从原籍到某市务工，最近小王妻子怀孕，小王夫妇为即将到来的第一个孩子高兴万分。打算在该市办理生育服务登记。经咨询，他们需要向现居住地街道办事处提供证明材料。下列所给材料中，《流动人口计划生育工作条例》没有做出明确要求的是(　　)。[2014 年真题]

A. 小王夫妇的居民身份证　　B. 小王夫妇的结婚证

C. 小王夫妇的婚育证明　　D. 小王夫妇的居住证

【解析】《流动人口计划生育工作条例》规定，流动人口可在现居住地办理第一个子女生育服务登记，登记时提供夫妻双方的居民身份证、结婚证、女方的婚育证明和男方户籍

2B　3A　4D　5D

所在地的乡(镇)人民政府或者街道办事处出具的婚育情况证明材料。

6. 秦某负责甲街道办事处流动人口计划生育工作。下列秦某日常做法中，违反《流动人口计划生育工作条例》的是(　　)。[2013年真题]

A. 免费为流动人口出具计划生育证明材料

B. 对流动人口的婚育证明进行查验

C. 要求已婚育龄妇女返回户籍所在地进行避孕节育情况检查

D. 向育龄夫妻免费提供国家规定的基本项目的计划生育技术服务

【解析】《流动人口计划生育工作条例》规定，流动人口现居住地的地方人民政府负责对流动人口计划生育工作日常管理，并将流动人口计划生育工作纳入当地计划生育管理。具体包括：进行人口与计划生育宣传教育、学习，办理《流动人口婚育证明》，了解已婚育龄人员的计划生育情况，组织有关单位为已婚育龄人员提供避孕药具，定期为已婚育龄人员进行避孕节育、优生优育及其他生殖保健服务。C项，已婚育龄妇女应在现居地进行避孕节育情况检查。

7. 根据《流动人口计划生育工作管理办法》，下列说法符合规定的是(　　)。

A. 流动人口计划生育工作的对象是所有流动人口

B. 流动人口的计划生育工作以户籍所在地人民政府管理为主

C. 流动人口现居住地的地方人民政府应将流动人口计划生育工作纳入当地计划生育管理

D. 流动人口户籍所在地人民政府应向现居住地人民政府支付管理费用

【解析】A项，流动人口计划生育工作的对象是离开户籍所在地的县、市或者市辖区，以工作、生活为目的异地居住的成年育龄人员。B项，流动人口计划生育工作由流动人口户籍所在地和现居住地的人民政府共同负责管理，以现居住地人民政府为主。C项，按照《流动人口计划生育工作条例》第三条规定，县级以上地方人民政府领导本行政区域内流动人口计划生育工作，将流动人口计划生育工作纳入本地经济社会发展规划，并提供必要的保障。D项，法律并未规定流动人口户籍所在地人民政府应向现居住地人民政府支付管理费用。

二、多项选择题(每题的备选项中，有2个或2个以上符合题意，至少有1个错项)

1. 小胡(女)与小王(男)同为甲省某村村民，两人婚后前往乙省某市务工，期间小胡怀孕。小胡夫妇可在其(　　)办理生育证明材料。[2009年真题]

A. 现居住地的县级人民政府计划生育行政管理部门

B. 户籍所在地的县级人民政府计划生育行政管理部门

C. 现居住地的街道办事处

D. 户籍所在地的乡(镇)人民政府

E. 目前务工单位的计划生育部门

【解析】流动人口中的成年育龄妇女在离开户籍所在地前，应当凭本人居民身份证到户籍所在地的乡(镇)人民政府或者街道办事处办理婚育证明；已婚的，办理婚育证明还应当出示结婚证。流动人口户籍所在地的乡(镇)人民政府、街道办事处应当及时出具

6C　7C　▎　1CD

婚育证明。

2. 李某，男，25 岁，甲市乙乡人，在丙市某企业打工时与丁市城镇居民陈某结婚。两人此前均未生育，婚后不久陈某怀孕。根据《流动人口计划生育工作条例》，李某夫妇办理生育服务登记时，应当提供的证明材料包括(　　)。[2012 年真题]

A. 双方的户口簿

B. 双方的身份证

C. 结婚证

D. 陈某户籍所在地街道办事处出具的婚育证明

E. 乙乡人民政府出具的李某的婚育情况证明材料

【解析】《流动人口计划生育工作条例》规定，流动人口可在现居住地办理第一个子女生育服务登记，登记时应当提供夫妻双方的居民身份证、结婚证、女方的婚育证明和男方户籍所在地的乡(镇)人民政府或者街道办事处出具的婚育情况证明材料。本题中，李某夫妇办理生育服务登记时，应当提供的证明材料包括：双方的身份证、结婚证、陈某户籍所在地街道办事处出具的婚育证明、乙乡人民政府出具的李某的婚育情况证明材料。

3. 流动人口现居住地的地方人民政府对流动人口计划生育工作的日常管理包括(　　)。

A. 查验《流动人口婚育证明》

B. 进行人口与计划生育宣传教育、学习

C. 了解已婚育龄人员的计划生育情况

D. 将流动人口计划生育工作摆上重要议事日程

E. 定期为已婚育龄人员进行避孕节育、优生优育服务

【解析】流动人口现居住地的地方人民政府负责对流动人口计划生育工作的日常管理，具体包括：①进行人口与计划生育宣传教育、学习；②查验《流动人口婚育证明》；③了解已婚育龄人员的计划生育情况；④组织有关单位为已婚育龄人员提供避孕药具；⑤定期为已婚育龄人员进行避孕节育、优生优育及其他生殖保健服务。

4. 孙某(男)和梁某(女)在外地打工时认识并结婚，今年梁某怀孕了。关于其办理第一个子女生育服务登记的规定，下列说法正确的有(　　)。

A. 他们可在现居住地办理第一个子女生育服务登记

B. 其现居住地的乡(镇)人民政府或者街道办事处应当自收到女方的婚育证明和男方的婚育情况证明材料之日起 7 个工作日内，向孙某户籍所在地的乡(镇)人民政府或者街道办事处核实有关情况

C. 夫妇户籍所在地的乡(镇)人民政府或者街道办事处应当自接到核实要求之日起 30 个工作日内予以反馈

D. 若核查无误，夫妻现居住地的乡(镇)人民政府或者街道办事处应当在接到情况反馈后即时办理生育服务登记

E. 现居住地的乡(镇)人民政府或者街道办事处应当自办理生育服务登记之日起 30 个工作日内向夫妇户籍所在地的乡(镇)人民政府或者街道办事处通报办理结果

2BCDE　3ABCE　4ABD

【**解析**】C 项，育龄夫妻户籍所在地的乡（镇）人民政府或者街道办事处应当自接到核实要求之日起 15 个工作日内予以反馈。E 项，现居住地的乡（镇）人民政府或者街道办事处应当自办理生育服务登记之日起 15 个工作日内向育龄夫妻户籍所在地的乡（镇）人民政府或者街道办事处通报办理结果。

第十四章 我国社会保险法规与政策

第一节 养老保险法规与政策

一、单项选择题(每题的备选项中，只有 1 个最符合题意)

1. 李某，户籍山东青岛，1990 年—1995 年在上海工作并参加当地职工基本养老保险；1996 年—2010 年在杭州工作并参加当地职工基本养老保险；2011 年—2015 年在北京工作并参加当地职工基本养老保险，2016 年在北京达到退休年龄。根据《城镇企业职工基本养老保险关系转移接续暂行办法》，李某的退休待遇领取地是(　　)。[2016 年真题]

A. 青岛　　B. 上海　　C. 杭州　　D. 北京

【解析】《城镇企业职工基本养老保险关系转移接续暂行办法》第六条规定，跨省流动就业的参保人员达到待遇领取条件时，按下列规定确定其待遇领取地：①基本养老保险关系在户籍所在地的，由户籍所在地负责办理待遇领取手续，享受基本养老保险待遇。②基本养老保险关系不在户籍所在地，而在其基本养老保险关系所在地累计缴费年限满 10 年的，在该地办理待遇领取手续，享受当地基本养老保险待遇。③基本养老保险关系不在户籍所在地，且在其基本养老保险关系所在地累计缴费年限不满 10 年的，将其基本养老保险关系转回上一个缴费年限满 10 年的原参保地办理待遇领取手续，享受基本养老保险待遇。④基本养老保险关系不在户籍所在地，且在每个参保地的累计缴费年限均不满 10 年的，将其基本养老保险关系及相应资金归集到户籍所在地，由户籍所在地按规定办理待遇领取手续，享受基本养老保险待遇。本题中，李某在杭州参加职工基本养老保险的累计缴费年限超过 10 年，在北京的累计缴费年限不满 10 年，故应将其在北京的基本养老保险关系转回杭州，在杭州办理待遇领取手续，享受基本养老保险待遇。

2. 根据《国务院关于开展新型农村社会养老保险试点的指导意见》，下列关于新型农村社会养老保险制度(以下简称新农保)的说法，正确的是(　　)。[2011 年真题]

A. 年满 16 周岁的农村居民应当在户籍地参加新农保

B. 地方政府不得改变中央确定的基础养老金标准

C. 新农保基金由个人缴费和子女资助构成

D. 参保者的养老金待遇由基础养老金和个人账户养老金组成

【解析】A 项，年满 16 周岁(不含在校学生)，非国家机关和事业单位工作人员及不属于职工基本养老保险制度覆盖范围的城乡居民，可以在户籍地参加城乡居民养老保险。城乡居民养老保险是非强制性的，所有参保人均是自愿参保人。B 项，地方政府可以根据实际情况提高基础养老金标准，对于长期缴费的农村居民，可适当加发基础养老金，提高和加发部分的资金由地方政府支出。C 项，新农保基金由个人缴费、集体补助、政府补贴构成。D 项，养老金待遇由基础养老金和个人账户养老金组成，支付终身。

3. 根据《关于建立统一的城乡居民基本养老保险制度的意见》，下列关于养老保险待遇的说

1C　2D　3A

法错误的是(　　)。[2015年真题]

A. 城乡居民养老保险待遇支付到90岁为止

B. 参保人死亡，个人账户资金余额可以依法继承

C. 个人账户养老金月计发标准为个人账户全部储存额除以139

D. 城乡居民养老保险待遇由基础养老金和个人账户养老金构成

【解析】《关于建立统一的城乡居民基本养老保险制度的意见》规定，城乡居民养老保险待遇由基础养老金和个人账户养老金构成，支付终身。个人账户养老金的月计发标准，目前为个人账户全部储存额除以139。参保人死亡，个人账户资金余额可以依法继承。

4. 根据《基本养老保险基金投资管理办法》，下列关于基本养老保险基金投资比例的说法，正确的是(　　)。[2017年真题]

A. 投资银行活期存款的比例，不得高于基本养老保险基金资产净值的5%

B. 投资国家重大项目的比例，不得低于基本养老保险基金资产净值的20%

C. 投资股票的比例，不得高于基本养老保险基金资产净值的30%

D. 投资重点企业股权的比例，不得低于基本养老保险基金资产净值的40%

【解析】《基本养老保险基金投资管理办法》第三十七条规定，养老基金投资比例，按照公允价值计算应当符合下列规定：①投资银行活期存款，一年期以内(含一年)的定期存款，中央银行票据，剩余期限在一年期以内(含一年)的国债，债券回购，货币型养老金产品，货币市场基金的比例，合计不得低于养老基金资产净值的5%；②投资一年期以上的银行定期存款、协议存款、同业存单，剩余期限在一年期以上的国债，政策性、开发性银行债券，金融债，企业(公司)债，地方政府债券，可转换债(含分离交易可转换债)，短期融资券，中期票据，资产支持证券，固定收益型养老金产品，混合型养老金产品，债券基金的比例，合计不得高于养老基金资产净值的135%，其中，债券正回购的资金余额在每个交易日均不得高于养老基金资产净值的40%；③投资股票、股票基金、混合基金、股票型养老金产品的比例，合计不得高于养老基金资产净值的30%；④养老基金不得用于向他人贷款和提供担保，不得直接投资于权证，但因投资股票、分离交易可转换债等投资品种而衍生获得的权证，应当在权证上市交易之日起10个交易日内卖出；⑤投资国家重大项目和重点企业股权的比例，合计不得高于养老基金资产净值的20%。

5. C市居民何某于1998年开始参加职工基本养老保险，2014年退休。C市在岗职工月平均工资2013年为2200元，2014年为2600元，何某退休前本人指数化月平均缴费工资为2400元。根据国务院《关于完善企业职工基本养老保险制度的决定》，何某退休时基础养老金的计发基数是(　　)元。

A. 2200　　B. 2300　　C. 2400　　D. 2600

【解析】基础养老金以职工退休时当地上年度在岗职工月平均工资与本人指数化月平均缴费工资的算术平均数为基数，缴费每满一年发给1%。计算公式为：基础养老金=(参保人退休时当地上年度在岗职工月平均工资+参保人本人指数化月平均缴费工资)÷2×缴费年限×1%。本题中，王某退休时的基础养老金计发基数是：(2200+2400)÷2=

4C　5B

2300(元)。

6. 以下关于参加城乡居民养老保险的说法，正确的是(　　)。
   A. 15 岁的王帅，可以参加城乡居民养老保险
   B. 张强，19 岁，大一学生，可以参加城乡居民养老保险
   C. 黄先生，34 岁，国家公务员，可以参加城乡居民养老保险
   D. 吴女士，32 岁，失业在家，可以参加城乡居民养老保险

【解析】根据相关规定，年满 16 周岁(不含在校学生)，非国家机关和事业单位工作人员及不属于职工基本养老保险制度覆盖范围的城乡居民，可以在户籍地参加城乡居民养老保险。

7. 关于新农保的基金筹集，下列说法错误的是(　　)。
   A. 参保人的缴费标准目前设为 5 个档次
   B. 国家依据农村居民人均纯收入增长等情况适时调整缴费档次
   C. 有条件的村集体应当对参保人缴费给予补助，补助标准由村民委员会召开村民会议民主确定
   D. 政府对符合领取条件的参保人全额支付新农保基础养老金，其中中央财政对中西部地区按中央确定的基础养老金标准给予 90% 的补助

【解析】D 项，城乡居民基本养老保险采取的也是统筹账户与个人账户相结合的模式，其中，统筹账户用于支付基础养老金。基础养老金全部来源于政府财政，其中，中央财政对中西部地区按中央确定的基础养老金标准给予全额补助，对东部地区给予 50% 的补助。

二、多项选择题(每题的备选项中，有 2 个或 2 个以上符合题意，至少有 1 个错项)

1. 根据《社会保险法》，下列说法正确的有(　　)。[2013 年真题]
   A. 职工可以自愿选择是否参加基本养老保险
   B. 基本养老保险费用由用人单位和职工共同缴费
   C. 养老保险的个人缴费全部计入个人账户
   D. 职工因家庭经济困难，可提前支取其个人账户储存额
   E. 个人跨统筹地区就业的，其基本养老保险关系随本人转移

【解析】AB 两项，根据《社会保险法》，所有签订了劳动合同的职工及其用人单位都是义务参保人，应当参加职工基本养老保险。我国的职工基本养老保险制度实行社会统筹与个人账户相结合的制度模式，基本养老保险基金由用人单位缴费、个人缴费以及政府补助等构成。C 项，用人单位应当按照国家规定的本单位职工工资总额的比例缴纳基本养老保险费，计入基本养老保险统筹基金。职工应当按照国家规定的本人工资的比例缴纳基本养老保险费，计入个人账户。无雇工的个体工商户、未在用人单位参加基本养老保险的非全日制从业人员以及其他灵活就业人员参加基本养老保险的，应当按照国家规定缴纳基本养老保险费，分别计入基本养老保险统筹基金和个人账户。D 项，个人账户不得提前支取，记账利率不得低于银行定期存款利率，免征利息税。E 项，个人跨统筹地区就业的，其基本养老保险关系随本人转移，缴费年限累计计算。

6D　7D　▎　1BE

2. 城镇职工徐某于2017年1月满60周岁，基本养老保险缴费年限为13年，不满足领取基本养老金的条件。根据《社会保险法》，徐某如需领取养老金，可以选择的做法有（　　）。［2017年真题］

A. 转入城乡居民基本养老保险

B. 要求一次性领取统筹养老金

C. 缴纳基本养老保险费至满15年

D. 要求降低标准按月领取基础养老金

E. 向人力资源社会保障部门申请特殊照顾，直接发放养老金

【解析】参保者领取基本养老金的两个前提条件是，达到法定退休年龄且累计缴费满15年。根据《社会保险法》规定，参加基本养老保险的个人，在达到法定退休年龄时累计缴费不满15年的，可以缴费至满15年，按月领取基本养老金，也可以转入新型农村社会养老保险或城镇居民社会养老保险（以上两项制度已经合并为城乡居民基本养老保险），并享受相关待遇。

3. 根据《社会保险法》，下列生活在甲市的人员中，可以参加甲市基本养老保险的有（　　）。［2017年真题］

A. 周某，甲市农村户口，在甲市市区打零工

B. 邹某，乙市农村户口，在甲市开家乡特产小店，个体工商户

C. 格某，丙市城市户口，丙市某企业停薪留职，自由撰稿人

D. 张某，丁市农村户口，甲市某企业农民工

E. 马某，德国国籍，甲市某外企职工

【解析】根据相关规定，年满16周岁（不含在校学生），非国家机关和事业单位工作人员及不属于职工基本养老保险制度覆盖范围的城乡居民，可以在户籍地参加城乡居民养老保险。对于该参保范围的规定，有三点需要特别说明：①对于灵活就业人员、个体商户等职工基本养老保险制度的自愿参保者而言，既可以选择参加职工基本养老保险，也可以选择参加城乡居民基本养老保险，但不可以同时参加两项制度。②凡是签订了劳动合同的职工必须参加职工基本养老保险，但城乡居民只能在户籍所在地参加居民养老保险。③职工养老保险有义务参保人和自愿参保人，而城乡居民养老保险是非强制性的，所有参保人均是自愿参保人。A项，周某可以参加甲市职工基本养老保险，也可以选择参加甲市城乡居民基本养老保险。B项，邹某可以参加甲市职工基本养老保险，也可以选择参加乙市城乡居民基本养老保险。C项，格某有城市户口，是自由职业者，只能在户籍所在地参加居民基本养老保险，不可以参加甲市基本养老保险。DE两项，张某和马某应参加甲市的职工基本养老保险。

4. 根据《国务院关于开展新型农村社会养老保险试点的指导意见》，下列有关新型农村社会养老保险的说法，正确的有（　　）。［2014年真题］

A. 新型农村社会养老保险养老金待遇支付到85岁为止

B. 中央确定的基础养老金标准为每人每月55元

C. 地方政府可以提高基础养老金标准，提高和加发部分所需的资金由地方政府支出

2AC　3ABDE　4BCE

D. 个人账户养老金的月计发标准为个人账户全部储存额除以120

E. 参保人死亡，个人账户中的资金金额，除政府补贴外，可以依法继承

【解析】A项，城乡居民养老保险待遇由基础养老金和个人账户养老金构成，支付终身。BC两项，在基础养老金方面，由中央政府确定基础养老金最低标准，建立基础养老金最低标准正常调整机制，根据经济发展和物价变动等情况，适时调整全国基础养老金最低标准。地方人民政府可以根据实际情况适当提高基础养老金标准；对长期缴费的，可适当加发基础养老金，提高和加发部分的资金由地方人民政府支出，具体办法由省级人民政府规定。D项，个人账户养老金的月计发标准，目前为个人账户全部储存额除以139。E项，参保人死亡，个人账户资金余额可以依法继承。

5. 根据国务院《关于完善企业职工基本养老保险制度的决定》的规定，下列关于城镇个体工商户和灵活就业人员参加职工基本养老保险的说法中，正确的有(　　)。

A. 缴费比例为缴费基数的20%

B. 按照个人缴费的11%计入个人账户

C. 缴费基数为个人实际收入或工资

D. 参保人缴费累计满10年，退休后可享受基础养老金待遇

E. 参保人缴费达到规定年限，退休后按企业职工基本养老金计发办法计发基本养老金

【解析】ABE三项，根据《关于完善企业职工基本养老保险制度的决定》，城镇个体工商户和灵活就业人员参加基本养老保险的缴费基数为当地上年度在岗职工平均工资，缴费比例为20%，其中8%记入个人账户，退休后按企业职工基本养老金计发办法计发基本养老金。C项，基础养老金以职工退休时当地上年度在岗职工月平均工资与本人指数化月平均缴费工资的算术平均数为基数。D项，达到法定退休年龄和累计缴费满15年，是参保者领取基本养老金的两个前提条件，职工离退休后，个人账户的储存额已经领取完毕时，由基础养老金按照规定标准继续支付，直到参保人死亡。

6. 关于养老金待遇与调整，下列说法正确的有(　　)。

A. 参保人死亡，个人账户中的资金余额，不得继承

B. 地方政府可以根据实际情况提高基础养老金标准

C. 对于长期缴费的农村居民，可适当加发基础养老金

D. 养老金待遇由基础养老金和个人账户养老金组成，支付终身

E. 国家根据经济发展和物价变动等情况，适时调整全国新农保基础养老金的最低标准

【解析】城乡居民养老保险待遇由基础养老金和个人账户养老金构成，支付终身。在基础养老金方面，由中央政府确定基础养老金最低标准，建立基础养老金最低标准正常调整机制，根据经济发展和物价变动等情况，适时调整全国基础养老金最低标准。地方人民政府可以根据实际情况适当提高基础养老金标准；对长期缴费的，可适当加发基础养老金，提高和加发部分的资金由地方人民政府支出，具体办法由省级人民政府规定。个人账户养老金的月计发标准，目前为个人账户全部储存额除以139。参保人死亡，个人账户资金余额可以依法继承。

5AE　6BCDE

第二节 医疗保险和生育保险法规与政策

一、单项选择题（每题的备选项中，只有 1 个最符合题意）

1. 根据《国务院关于建立城镇职工基本医疗制度的决定》，下列关于城镇职工基本医疗保险基金的说法，正确的是（　　）。［2015 年真题］

   A. 用人单位缴纳的基本医疗保险费全部计入统筹基金

   B. 职工个人缴纳的基本医疗保险费全部计入个人账户

   C. 统筹基金与个人账户的支付范围相同，但支付比例不同

   D. 职工基本医疗保险基金由政府补贴基金、统筹基金和个人账户构成

   【解析】在制度模式与资金来源方面，《国务院关于建立城镇职工基本医疗制度的决定》要求，基本医疗保险基金由统筹基金和个人账户构成。职工个人缴费率一般为本人工资收入的 2%，全部计入个人账户。A 项，用人单位缴费率应控制在职工工资总额的 6% 左右，其中一部分用于建立统筹基金，一部分划入个人账户。C 项，就具体的支付方式而言，基本医疗保险统筹基金和个人账户要划定各自的支付范围，分别核算，不得互相挤占。D 项，职工基本医疗保险基金由统筹基金和个人账户构成。

2. 根据《关于建立城镇职工基本医疗保险制度的决定》，下列关于职工基本医疗保险支付方式的说法，正确的是（　　）。［2015 年真题］

   A. 统筹基金收不抵支时，可以使用个人账户基金支付

   B. 统筹基金的起付标准应当为当地职工月平均工资的 10% 左右

   C. 超过最高支付限额的医疗费用可以通过商业医疗保险等途径解决

   D. 起付标准以上、最高支付限额以下的医疗费用全部由统筹基金支付

   【解析】根据《关于建立城镇职工基本医疗保险制度的决定》的要求，A 项，基本医疗保险统筹基金和个人账户要划定各自的支付范围，分别核算，不得互相挤占；B 项，要确定统筹基金的起付标准和最高支付限额，起付标准原则上控制在当地职工年平均工资的 10% 左右；CD 两项，起付标准以上、最高支付限额以下的医疗费用，主要从统筹基金中支付，个人也要负担一定比例。超过最高支付限额的医疗费用，可以通过商业医疗保险等途径解决。

3. 甲为国有企业职工，乙为集体企业职工，丙为城镇个体经济业主，丁为国有企业退休人员，四人均参加了城镇职工基本医疗保险。根据《国务院关于建立城镇职工基本医疗保险制度的决定》，以上人员中，个人不缴纳基本医疗保险费的是（　　）。［2012 年真题］

   A. 甲　　B. 乙　　C. 丙　　D. 丁

   【解析】《关于建立城镇职工基本医疗保险制度的决定》要求，城镇所有用人单位，包括企业（国有企业、集体企业、外商投资企业、私营企业等）、机关、事业单位、社会团体、民办非企业单位及其职工，都要参加基本医疗保险。职工应当参加职工基本医疗保险，由用人单位和职工按照国家规定共同缴纳基本医疗保险费。退休人员参加基本医疗保险，个人不缴纳基本医疗保险费。对退休人员个人账户的计入金额和个人负担医疗费的比例给予适当照顾。无雇主的个体工商户、未在用人单位参加职工基本医疗保险的非

1B　2C　3D

全日制从业人员以及其他灵活就业人员可以参加职工基本医疗保险，由个人按照国家规定缴纳基本医疗保险费。

4. 根据《国务院关于开展城镇居民基本医疗保险试点的指导意见》，下列人员中，可以参加城镇居民基本医疗保险的是(　　)。[2014 年真题]

A. 小李，已经参加城镇职工基本医疗保险

B. 小张，在国有企业全日制就业，但尚未参加职工基本医疗保险

C. 老王，户籍在农村，并在户籍所在地务农

D. 小赵，户籍在城镇，并在户籍所在地职业技术学校念书

【解析】在参保范围方面，《关于开展城镇居民基本医疗保险试点的指导意见》指出，不属于城镇职工基本医疗保险制度覆盖范围的中小学阶段的学生(包括职业高中、中专、技校学生)、少年儿童和其他非从业城镇居民都可自愿参加城镇居民基本医疗保险。D项，小赵的情况可以参加城镇居民基本医疗保险。

5. 根据《国务院办公厅关于全面实施城乡居民大病保险的意见》，大病保险业务承办机构原则上应当是(　　)。[2016 年真题]

A. 商业保险机构

B. 医疗卫生机构

C. 社会保险经办机构

D. 社会救助经办机构

【解析】根据《国务院办公厅关于全面实施城乡居民大病保险的意见》的规定，支持商业保险机构承办大病保险。地方政府人力资源社会保障、卫生计生、财政、保险监管部门共同制定大病保险的筹资、支付范围、最低支付比例以及就医、结算管理等基本政策，并通过适当方式征求意见。原则上通过政府招标选定商业保险机构承办大病保险业务，在正常招投标不能确定承办机构的情况下，由地方政府明确承办机构的产生办法。对商业保险机构承办大病保险的保费收入，按现行规定免征营业税，免征保险业务监管费；2015 年至 2018 年，试行免征保险保障金。

6. 根据《企业职工生育保险试行办法》，下列关于生育保险的说法中，正确的是(　　)。[2014 年真题]

A. 职工个人不缴纳生育保险费

B. 生育保险费用实行社会统筹和个人账户相结合

C. 生育保险根据“企业为主、社会参与”的原则筹集资金

D. 生育保险费的提取比例最高不得超过工资总额的 2%

【解析】A 项，《社会保险法》第五十三条规定，职工应当参加生育保险，由用人单位按照国家规定缴纳生育保险费，职工个人不缴纳生育保险费。BC 两项，根据《企业职工生育保险试行办法》，生育保险根据“以支定收，收支基本平衡”的原则筹集资金，由企业按照其工资总额的一定比例向社会保险经办机构缴纳生育保险费，建立生育保险基金。D 项，生育保险费的提取比例由当地人民政府根据计划内生育人数和生育津贴、生育医疗费等项费用确定，并可根据费用支出情况适时调整，但最高不得超过工资总额的 1%。

7. 下列费用中，不属于生育保险基金支付范围的是(　　)。[2013 年真题]

4D　5A　6A　7C

A. 女职工生育的检查费　　　　　　　B. 女职工生育的接生费

C. 女职工生育期间的营养费　　　　　D. 女职工生育的住院费

【解析】生育保险待遇包括生育医疗费用和生育津贴。生育医疗费用包括以下三项：①生育的医疗费用。具体包括女职工生育的检查费、接生费、手术费、住院费和药费。超出规定的医疗服务费和药费（含自费药品和营养药品的药费）由职工个人负担。②计划生育的医疗费用。③法律法规规定的其他项目费用。例如，女职工生育出院后，因生育引起疾病的医疗费，由生育保险基金支付。

8. 关于城镇职工基本医疗保险个人账户，下列陈述正确的是（　　）。

A. 个人账户资金全部来源于个人缴纳的基本医疗保险费

B. 个人账户本金利息归个人所有，但不可以继承

C. 个人账户可用于支付起付标准以下的医疗费用

D. 个人账户的管理由医院负责

【解析】A 项，基本医疗保险基金由统筹基金和个人账户构成。职工个人缴纳的基本医疗保险费，全部计入个人账户。用人单位缴纳的基本医疗保险费分为两部分，一部分用于建立统筹基金，一部分划入个人账户。B 项，个人账户的本金和利息归个人所有，可以结转使用和继承。C 项，根据《国务院关于建立城镇职工基本医疗保险制度的决定》，起付标准以下的医疗费用，从个人账户中支付或由个人自付。D 项，《关于加强城镇职工基本医疗保险个人账户管理的通知》明确规定，个人账户基金必须纳入财政专户管理，按规定编制基金预算和财务决算报告。

9. 关于城镇职工基本医疗保险的统筹模式和补偿方式，下列说法不正确的是（　　）。

A. 职工个人缴纳的基本医疗保险费，全部计入个人账户

B. 划入个人账户的比例一般为用人单位缴费的 50% 左右

C. 不在统筹基金支付范围的医疗费用都可以由个人账户支付

D. 城镇职工基本医疗保险统筹基金和个人账户要划定各自的支付范围，分别核算，不得互相挤占

【解析】根据《关于建立城镇职工基本医疗保险制度的决定》的要求，基本医疗保险基金由统筹基金和个人账户构成。职工个人缴费率一般为本人工资收入的 2%，全部计入个人账户。用人单位缴费率应控制在职工工资总额的 6% 左右，其中一部分用于建立统筹基金，一部分划入个人账户。划入个人账户的比例一般为用人单位缴费的 30% 左右，具体比例由统筹地区根据个人账户的支付范围和职工年龄等因素确定。

10. 根据《企业职工生育保险试行办法》的规定，下列关于生育保险待遇的说法正确的是（　　）。

A. 女职工产假期间的生育津贴按照其本人上年度月平均工资计发

B. 女职工产假期间的生育津贴由生育保险基金支付

C. 女职工因流产手术发生的医药费，生育保险基金不予支付

D. 女职工生育后，因生育引起疾病的医疗费由医疗保险基金支付

【解析】AB 两项，女职工产假期间的生育津贴，对已经参加生育保险的，按照用人单位

8C　9B　10B

上年度职工月平均工资的标准由生育保险基金支付；对未参加生育保险的，按照女职工产假前工资的标准由用人单位支付。C 项，女职工生育或者流产的医疗费用，按照生育保险规定的项目和标准，对已经参加生育保险的，由生育保险基金支付；对未参加生育保险的，由用人单位支付。D 项，女职工生育出院后，因生育引起疾病的医疗费，由生育保险基金支付。

二、多项选择题（每题的备选项中，有 2 个或 2 个以上符合题意，至少有 1 个错项）

1. 某家庭有五口人，均为甲市户籍。户主李某，47 岁，在甲市某企业工作；李某妻子王某，42 岁，在乙市某企业工作；李某儿子，18 岁，在甲市某职业高中上学；李某女儿，10 岁，在甲市某小学上学；李某父亲，68 岁，未参加任何医疗保险。根据《国务院关于开展城镇居民基本医疗保险试点的指导意见》，以上人员中，可参加甲市城镇居民基本医疗保险的有（　　）。[2016 年真题]

   A. 李某　　B. 王某　　C. 李某儿子　　D. 李某女儿

   E. 李某父亲

   【解析】根据《国务院关于开展城镇居民基本医疗保险试点的指导意见》的规定，不属于城镇职工基本医疗保险制度覆盖范围的中小学阶段的学生（包括职业高中、中专、技校学生）、少年儿童和其他非从业城镇居民都可自愿参加城镇居民基本医疗保险。根据《国务院关于建立城镇职工基本医疗保险制度的决定》，城镇所有用人单位，包括企业（国有企业、集体企业、外商投资企业、私营企业等）、机关、事业单位、社会团体、民办非企业单位及其职工，都要参加基本医疗保险。因此，李某、王某属于城镇职工基本医疗保险制度覆盖范围，其不可参加城镇居民基本医疗保险。

2. 下列关于女职工保护和生育保险制度的说法，正确的有（　　）。[2013 年真题]

   A. 女职工个人应当按照工资的 1% 缴纳生育保险费

   B. 女职工产假期间的生育津贴按照用人单位上年度职工月平均工资计发

   C. 女职工生育难产的，增加产假 15 天

   D. 女职工生育多胞胎的，每多生育一个婴儿，增加产假 15 天

   E. 女职工怀孕 3 个月以内流产的，不享受产假待遇

   【解析】A 项，《企业职工生育保险试行办法》第四条规定，生育保险根据“以支定收，收支基本平衡”的原则筹集资金，由企业按照其工资总额的一定比例向社会保险经办机构缴纳生育保险费，建立生育保险基金。职工个人不缴纳生育保险费。B 项，女职工生育按照法律、法规的规定享受产假。产假期间的生育津贴按照本企业上年度职工月平均工资计发，由生育保险基金支付。CDE 三项，《女职工劳动保护特别规定》第七条规定，女职工生育享受 98 天产假，其中产前可以休假 15 天；难产的，增加产假 15 天；生育多胞胎的，每多生育 1 个婴儿，增加产假 15 天。女职工怀孕未满 4 个月流产的，享受 15 天产假；怀孕满 4 个月流产的，享受 42 天产假。

3. 根据《企业职工生育保险试行办法》，下列费用中，纳入生育保险基金支付范围的有（　　）。[2017 年真题]

   A. 接生费　　B. 生育住院费

1CDE　2BCD　3ABCE

C. 产前检查费　　　　　　　　　　D. 哺乳期间骨折诊疗费

E. 产假期间生育津贴

【解析】《企业职工生育保险试行办法》第五条规定，女职工生育按照法律、法规的规定享受产假。产假期间的生育津贴按照本企业上年度职工月平均工资计发，由生育保险基金支付。第六条规定，女职工生育的检查费、接生费、手术费、住院费和药费由生育保险基金支付。超出规定的医疗服务费和药费(含自费药品和营养药品的药费)由职工个人负担。女职工生育出院后，因生育引起疾病的医疗费，由生育保险基金支付；其他疾病的医疗费，按照医疗保险待遇的规定办理。女职工产假期满后，因病需要休息治疗的，按照有关病假待遇和医疗保险待遇规定办理。

4. 城镇职工基本医疗保险的覆盖范围包括(　　)。

A. 企业职工　　B. 机关职工　　C. 事业单位职工　　D. 技校学生

E. 民办非企业单位职工

【解析】在参保对象方面，《国务院关于建立城镇职工基本医疗保险制度的决定》要求，城镇所有用人单位，包括企业(国有企业、集体企业、外商投资企业、私营企业等)、机关、事业单位、社会团体、民办非企业单位及其职工，都要参加基本医疗保险。《国务院关于开展城镇居民基本医疗保险试点的指导意见》规定，不属于城镇职工基本医疗保险制度覆盖范围的中小学阶段的学生(包括职业高中、中专、技校学生)、少年儿童和其他非从业城镇居民都可自愿参加城镇居民基本医疗保险。

5. 周先生的单位每个月为其缴纳600元的职工基本医疗保险，一般情况下，下列说法正确的有(　　)。

A. 周先生自己应该缴纳200元职工基本医疗保险

B. 周先生的职工基本医疗保险个人账户每月会增加380元

C. 周先生的月薪应该是10000元

D. 周先生的单位为他缴纳的是他月薪的3%，而他自己缴纳的是他月薪的1%

E. 周先生的统筹基金每月会增加420元

【解析】基本医疗保险基金由统筹基金和个人账户构成。职工个人缴费率一般为本人工资收入的2%，全部计入个人账户。用人单位缴费率应控制在职工工资总额的6%左右，其中一部分用于建立统筹基金，一部分划入个人账户。划入个人账户的比例一般为用人单位缴费的30%左右，具体比例由统筹地区根据个人账户的支付范围和职工年龄等因素确定。本题中，周先生的单位每月为其缴纳600元的职工基本医疗保险，那么他的月薪为：$600 \div 6\% = 10000$(元)，周先生自己应缴纳的医疗保险费用为：$10000 \times 2\% = 200$(元)，由用人单位缴费划入个人账户的为：$600 \times 30\% = 180$(元)，所以个人账户每月增加：$200 + 180 = 380$(元)，统筹基金每月增加：$600 \times 70\% = 420$(元)。

第三节　失业保险和工伤保险法规与政策

一、单项选择题(每题的备选项中，只有1个最符合题意)

1. 根据《失业保险条例》，城镇企业事业单位应按照本单位工资总额的(　　)缴纳失业保

4ABCE　5ABCE　▌　1B

险费。[2013 年真题]

A. 1%　　B. 2%　　C. 3%　　D. 4%

【解析】《失业保险条例》第六条规定，城镇企业事业单位按照本单位工资总额的 2% 缴纳失业保险费，城镇企业事业单位职工按照本人工资的 1% 缴纳失业保险费，城镇企业事业单位招用的农民合同制工人本人不缴纳失业保险费。

2. 下列关于失业保险基金的说法，正确的是(　　)。[2011 年真题]

A. 城镇企事业单位职工不缴纳失业保险费

B. 城镇企事业单位按照本单位工资总额的 1% 缴纳失业保险费

C. 失业保险基金不得用于支付失业人员领取失业保险金期间的医疗补助金

D. 失业保险基金可以用于支付领取失业保险金期间死亡失业人员的丧葬补助金

【解析】《失业保险条例》规定，城镇企业事业单位按照本单位工资总额的 2% 缴纳失业保险费，城镇企业事业单位职工按照本人工资的 1% 缴纳失业保险费，城镇企业事业单位招用的农民合同制工人本人不缴纳失业保险费。失业保险基金用于下列支出：①失业保险金；②领取失业保险金期间的医疗补助金；③领取失业保险金期间死亡失业人员的丧葬补助金和其供养的配偶、直系亲属的抚恤金。

3. 根据《社会保险法》，下列情形中，属于领取失业保险金应当具备条件的是(　　)。[2016 年真题]

A. 本人自愿中断就业的

B. 有求职要求，但未进行失业登记的

C. 已进行失业登记，但无求职要求的

D. 失业前用人单位和本人已缴纳失业保险费满 1 年的

【解析】根据《社会保险法》第四十五条的规定，失业人员领取失业保险金应当符合以下条件：①失业前用人单位和本人已经缴纳失业保险费满 1 年；②非因本人意愿中断就业；③已经进行失业登记，并有求职要求。以上三个条件必须同时符合才可以领取失业保险金。

4. 王某于 2000 年到某国有企业上班。该企业及王某从当年开始参加失业保险，并连续缴费至 2014 年 12 月。2015 年 1 月，王某失业。根据《社会保险法》，王某领取失业保险金的最长期限是(　　)个月。[2015 年真题]

A. 6　　B. 12　　C. 18　　D. 24

【解析】在失业保险金的领取时间方面，《社会保险法》第四十六条规定了领取失业保险金的期限与累计缴费年限之间的关系：失业人员失业前用人单位和本人累计缴费满 1 年不足 5 年的，领取失业保险金的期限最长为 12 个月；累计缴费满 5 年不足 10 年的，领取失业保险金的期限最长为 18 个月；累计缴费 10 年以上的，领取失业保险金的期限最长为 24 个月。

5. 根据《失业保险条例》，失业人员在领取失业保险金期间有下列情形，仍可以继续领取失业保险金的是(　　)。[2014 年真题]

2D　3D　4D　5D

A. 应征服兵役　　B. 移居境外　　C. 被判刑收监　　D. 到异地求职

【解析】《失业保险条例》第十五条规定，失业人员在领取失业保险金期间有下列情形之一的，停止领取失业保险金，并同时停止享受其他失业保险待遇：①重新就业的；②应征服兵役的；③移居境外的；④享受基本养老保险待遇的；⑤被判刑收监执行或者被劳动教养的；⑥无正当理由，拒不接受当地人民政府指定的部门或者机构介绍的工作的；⑦有法律、行政法规规定的其他情形的。

6. 2006年7月，王某大学本科毕业，8月1日到一家公司工作。公司为其办理了失业保险。2008年7月1日，因金融危机，公司裁员，王某失业。王某于7月10日持公司出具的终止合同关系证明到社会保险经办机构办理了失业登记。下列关于王某失业保险金的说法，正确的是(　　)。[2011年真题]

A. 王某领取失业保险金的期限最长为18个月

B. 王某的失业保险金自2008年7月1日起计算

C. 王某的失业保险金不得低于当地最低生活保障标准

D. 王某若享受失业保险，则不得再申请最低生活保障待遇

【解析】A项，《失业保险条例》第十七条规定，失业人员失业前所在单位和本人按照规定累计缴费时间满1年不足5年的，领取失业保险金的期限最长为12个月；B项，《社会保险法》第五十条规定，失业保险金领取期限自办理失业登记之日起计算；C项，《社会保险法》第四十七条规定，失业保险金的标准由省、自治区、直辖市人民政府确定，不得低于城市居民最低生活保障标准；D项，《失业保险条例》第十四条规定，已办理失业登记，并有求职要求的失业人员，可以领取失业保险金。失业人员在领取失业保险金期间，按照规定同时享受其他失业保险待遇。

7. 郭某在一次工作任务中发生意外，导致左腿骨折，同事宋某目睹了整个过程，由于行动不便，郭某委托其亲属王某代为申请工伤认定，但用人单位认为不算工伤。根据《工伤保险条例》，此种情况下，应由(　　)承担举证责任。[2017年真题]

A. 郭某　　B. 宋某　　C. 王某　　D. 用人单位

【解析】根据《工伤保险条例》第十九条规定，社会保险行政部门受理工伤认定申请后，根据审核需要可以对事故伤害进行调查核实，用人单位、职工、工会组织、医疗机构以及有关部门应当予以协助。职工或者其近亲属认为是工伤，用人单位不认为是工伤的，由用人单位承担举证责任。

8. 小李去某设备公司求职。公司提出，由于给员工的工资较高，公司不再为员工缴纳工伤保险费，如发生工伤事故由员工自己负责，试用期为3个月。小李同意后被录用。1个月后，小李在工作中因同事小张操控机器失误受伤。根据《工伤保险条例》，小李的工伤保险费用应由(　　)支付。[2011年真题]

A. 社会保险经办机构　　B. 设备公司

C. 小李自己　　D. 同事小张

【解析】《工伤保险条例》第六十二条规定，依照本条例规定应当参加工伤保险而未参加工伤保险的用人单位职工发生工伤的，由该用人单位按照本条例规定的工伤保险待遇项

6C　7D　8B

目和标准支付费用。工伤保险制度遵循“无过错雇主责任”原则，具体体现为：①雇员个人不缴纳工伤保险费，雇主承担所有的缴费责任。②无论职工是否有过错，只要在工作时间、工作地点、因为工作原因受到事故伤害或者患职业病，都应当被认定为工伤。所以，本题中，小李的工伤保险费用应由公司支付。

9. 根据《工伤保险条例》，下列费用中，应当由工伤保险基金支付的是(　　)。

A. 工伤职工在治疗期间的营养费用

B. 工伤职工在停工留薪期的工资福利待遇

C. 工伤职工在停工留薪期的护理费用

D. 工伤职工劳动能力鉴定费用

【解析】《社会保险法》规定，在职工因工伤发生的费用中，从工伤保险基金中支付的包括：①治疗工伤的医疗费用和康复费用；②住院伙食补助费；③到统筹地区以外就医的交通食宿费；④安装配置伤残辅助器具所需费用；⑤生活不能自理的，经劳动能力鉴定委员会确认的生活护理费；⑥一次性伤残补助金和一至四级伤残职工按月领取的伤残津贴；⑦终止或者解除劳动合同时，应当享受的一次性医疗补助金；⑧因工死亡的，其遗属领取的丧葬补助金、供养亲属抚恤金和因工死亡补助金；⑨劳动能力鉴定费。

10. 根据现行规定，下列保险项目中，不需要劳动者本人缴纳保险费用的是(　　)。

A. 失业保险　　　　B. 工伤保险

C. 基本养老保险　　　　D. 基本医疗保险

【解析】A 项，城镇企业事业单位按照本单位工资总额的 2% 缴纳失业保险费，城镇企业事业单位职工按照本人工资的 1% 缴纳失业保险费。B 项，《社会保险法》第三十三条规定，职工应当参加工伤保险，由用人单位缴纳工伤保险费，职工个人不缴纳工伤保险费。C 项，养老保险由单位与职工个人共同缴纳。D 项，基本医疗保险由用人单位和职工共同缴纳，用人单位缴费率控制在工资总额的 6%，职工缴费率为本人工资的 2%。

11. 居民老王在领取失业保险金期间死亡，根据《失业保险条例》，老王的未成年子女可向社会保险经办机构领取的待遇是(　　)。

A. 一次性死亡补偿金　　　　B. 供养亲属抚恤金

C. 医疗补助金　　　　D. 最低生活保障金

【解析】《社会保险法》第四十九条规定，失业人员在领取失业保险金期间死亡的，参照当地对在职职工死亡的规定，向其遗属发给一次性丧葬补助金和抚恤金，所需资金从失业保险基金中支付。个人死亡同时符合领取基本养老保险丧葬补助金、工伤保险丧葬补助金和失业保险丧葬补助金条件的，其遗属只能选择领取其中的一项。

12. 经当地工伤保险经办机构同意，因工负伤的职工张某到另一统筹地区就医。由此产生的交通费、食宿费由(　　)。

A. 张某本人承担

B. 用人单位承担

C. 工伤保险基金支付

9D　10B　11B　12C

D. 工伤保险基金和张某所在的单位各分担50%

【解析】《社会保险法》第三十六条规定，在职工因工伤发生的费用中，从工伤保险基金中支付的包括：①治疗工伤的医疗费用和康复费用；②住院伙食补助费；③到统筹地区以外就医的交通食宿费；④安装配置伤残辅助器具所需费用；⑤生活不能自理的，经劳动能力鉴定委员会确认的生活护理费；⑥一次性伤残补助金和一至四级伤残职工按月领取的伤残津贴；⑦终止或者解除劳动合同时，应当享受的一次性医疗补助金；⑧因工死亡的，其遗属领取的丧葬补助金、供养亲属抚恤金和因工死亡补助金；⑨劳动能力鉴定费。

13. 小冯在工作时不慎摔断右腿，被认定为工伤，评定了伤残等级，并经劳动能力鉴定委员会确认需要生活护理。根据《工伤保险条例》的规定，下列关于小冯可以享受的待遇的说法，正确的是(　　)。

A. 用人单位按月支付生活护理费　　B. 用人单位按季支付伤残津贴

C. 工伤保险基金按月支付生活护理费　　D. 工伤保险基金按季支付伤残津贴

【解析】《工伤保险条例》第三十四条规定，工伤职工已经评定伤残等级并经劳动能力鉴定委员会确认需要生活护理的，从工伤保险基金按月支付生活护理费。

二、多项选择题(每题的备选项中，有2个或2个以上符合题意，至少有1个错项)

1. 根据《社会保险法》，下列条件中，属于失业人员领取失业保险金条件的有(　　)。[2017年真题]

A. 具有城镇户籍

B. 非因本人意愿中断就业

C. 享受最低生活保障待遇

D. 已经进行失业登记，并有求职要求

E. 失业前用人单位和本人已经缴纳失业保险费满一年

【解析】在领取和停止领取失业保险待遇方面，根据《社会保险法》第四十五条的规定，失业人员领取失业保险金应当符合以下条件：①失业前用人单位和本人已经缴纳失业保险费满一年；②非因本人意愿中断就业；③已经进行失业登记，并有求职要求。

2. 根据《工伤保险条例》，下列情形中，应当认定或视同工伤的有(　　)。[2013年真题]

A. 小李在工作时间、工作岗位上，突发疾病死亡

B. 小陈在工作时间、工作场所内，因履行工作职责，被他人殴打造成伤害

C. 小赵原在军队因战致残，并取得革命伤残军人证，到用人单位后旧伤复发

D. 小孙在抗震救灾过程中，为保护国家财产，被山石砸伤头部

E. 小钱因遭遇感情挫折，在上班时间、工作岗位上自残导致伤害

【解析】《工伤保险条例》第十四条规定，职工有下列情形之一的，应当认定为工伤：①在工作时间和工作场所内，因工作原因受到事故伤害的；②工作时间前后在工作场所内，从事与工作有关的预备性或者收尾性工作受到事故伤害的；③在工作时间和工作场所内，因履行工作职责受到暴力等意外伤害的；④患职业病的；⑤因工外出期间，由于工作原因受到伤害或者发生事故下落不明的；⑥在上下班途中，受到非本人主要责任的

13C ▌ 1BDE 2ABCD

交通事故或者城市轨道交通、客运轮渡、火车事故伤害的；⑦法律、行政法规规定应当认定为工伤的其他情形。第十五条规定，职工有下列情形之一的，视同工伤：①在工作时间和工作岗位，突发疾病死亡或者在48小时之内经抢救无效死亡的；②在抢险救灾等维护国家利益、公共利益活动中受到伤害的；③职工原在军队服役，因战、因公负伤致残，已取得革命伤残军人证，到用人单位后旧伤复发的。根据第十六条规定，不得认定为工伤或者视同工伤的情形包括：①故意犯罪的；②醉酒或者吸毒的；③自残或者自杀的；④法律、行政法规规定的其他情形。

3. 周某在因公出差途中遭遇车祸，经抢救无效死亡，被当地人力资源和社会保障部门认定为因工死亡。根据《工伤保险条例》，周某的直系亲属可以从工伤保险基金中领取的工亡待遇包括(　　)。[2010年真题]

A. 丧葬补助金　　B. 一次性工伤医疗补助金

C. 供养亲属抚恤金　　D. 一次性工亡补助金

E. 一次性伤残补助金

【解析】根据《工伤保险条例》第三十九条规定，职工因工死亡的，其近亲属按照规定从工伤保险基金中领取丧葬补助金、供养亲属抚恤金和一次性工亡补助金。

4. 我国失业保险基金的来源包括(　　)。

A. 城镇企业事业单位和职工缴纳的失业保险费

B. 失业保险基金的利息

C. 失业保险基金投资股票产生的收益

D. 财政补贴

E. 依法纳入失业保险基金的其他资金

【解析】《失业保险条例》第五条明确规定，我国失业保险基金由下列各项构成：①城镇企业事业单位和职工缴纳的失业保险费；②失业保险基金的利息；③财政补贴；④依法纳入失业保险基金的其他资金。

5. 根据《工伤保险条例》的规定，工伤职工停止享受工伤保险待遇的情形有(　　)。

A. 丧失享受待遇条件的　　B. 拒不接受劳动能力鉴定的

C. 拒绝治疗的　　D. 群众基础差的

E. 工伤职工家庭十分富裕的

【解析】《工伤保险条例》第四十二条规定，工伤职工有下列情形之一的，停止享受工伤保险待遇：①丧失享受待遇条件的；②拒不接受劳动能力鉴定的；③拒绝治疗的。

第四节　社会保险管理法规与政策

一、单项选择题(每题的备选项中，只有1个最符合题意)

1. 根据《社会保险法》，下列关于社会保险基金的说法中，正确的是(　　)。[2017年真题]

A. 社会保险基金通过预算实现收支平衡

3ACD　4ABDE　5ABC　▌　1A

B. 社会保险基金可以用于支付人员管理费用

C. 社会保险基金可以用于平衡其他政府预算

D. 社会保险基金通过提取彩票公益金实现收支平衡

【解析】《社会保险法》第六十九条规定，社会保险基金在保证安全的前提下，按照国务院规定投资运营实现保值增值。社会保险基金不得违规投资运营，不得用于平衡其他政府预算，不得用于兴建、改建办公场所和支付人员经费、运行费用、管理费用，或者违反法律、法规规定挪作其他用途。

2. 小孔与某公司签订劳动合同，约定该公司从 2013 年 4 月 1 日起聘用小孔两年，其中前两个月为试用期。根据《社会保险法》，公司应当在 2013 年(　　)前为小孔办理社会保险登记。[2014 年真题]

A. 4 月 1 日　　B. 4 月 30 日　　C. 5 月 31 日　　D. 6 月 1 日

【解析】《社会保险法》第五十八条明确规定，用人单位应当自用工之日起 30 日内为其职工向社会保险经办机构申请办理社会保险登记。未办理社会保险登记的，由社会保险经办机构核定其应当缴纳的社会保险费。本题中，劳动合同是在 4 月 1 日签订，所以应在 4 月 30 日之前办理社会保险登记。

3. 根据《社会保险法》，社会保险基金可以用于(　　)。[2016 年真题]

A. 平衡其他政府预算　　B. 合规投资运营实现保值增值

C. 改建社会保障经办机构办公场所　　D. 支付社会保险经办机构人员工资

【解析】《社会保险法》第六十九条规定，社会保险基金在保证安全的前提下，按照国务院规定投资运营实现保值增值。社会保险基金不得违规投资运营，不得用于平衡其他政府预算，不得用于兴建、改建办公场所和支付人员经费、运行费用、管理费用，或者违反法律、法规规定挪作其他用途。

4. 小李大学毕业后跟几个同学合伙开办一家快递公司，需要雇佣30 名员工，2017 年3 月1 日公司正式成立，公司开办一年后由于业绩量猛增，公司的用人规模也大幅增加，而原来的公司建筑面积过小，不能满足需求，于是小李和几个创始人商议将公司搬迁到新城开发区。那么关于小李公司社会保险的登记方面，不正确的是(　　)。

A. 2017 年 3 月份结束前，公司应该去申请办理社会保险登记

B. 如公司未给员工办理社会保险登记，相关部门可以核定员工的社会保险费

C. 社会保险经办机构收到登记申请后，30 天内做出审核，并发给登记证件

D. 公司社会保险登记事项变更，应当自变更之日起 30 天内申请登记

【解析】A 项，用人单位应当自成立之日起 30 日内凭营业执照、登记证书或者单位印章，向当地社会保险经办机构申请办理社会保险登记。B 项，用人单位应当自用工之日起 30 日内为其职工向社会保险经办机构申请办理社会保险登记。未办理社会保险登记的，由社会保险经办机构核定其应当缴纳的社会保险费。C 项，社会保险经办机构应当自收到申请之日起 15 日内予以审核，发给社会保险登记证件。D 项，用人单位的社会保险登记事项发生变更或者用人单位依法终止的，应当自变更或者终止之日起 30 日内，到社会保险经办机构办理变更或者注销社会保险登记。

2B　3B　4C

5. 小刘结婚后，在一家生产加工型企业工作，收入还不错。而企业因为效益不错，越来越缺人手，于是小刘在厂里给自己的父亲安排了一个临时工作，在午休时间看守场地。以下关于他们社会保险申报的说法正确的是(　　)。

A. 小刘的社会保险由小刘自行申报

B. 小刘的社会保险由小刘自行缴纳

C. 若小刘上月缴纳社会保险数额为200元，则这个月应该缴纳220元

D. 小刘父亲是非全日制工人，可以自行缴纳社会保险

【解析】AB两项，职工应当缴纳的社会保险费由用人单位代扣代缴，用人单位应当按月将缴纳社会保险费的明细情况告知本人。C项，如果用人单位未按规定申报应当缴纳的社会保险费数额的，则按照该单位上月缴费额的110%确定应当缴纳数额。D项，无雇工的个体工商户、未在用人单位参加社会保险的非全日制从业人员以及其他灵活就业人员，可以直接向社会保险费征收机构缴纳社会保险费。

6. 小范是一名刚刚毕业的大学生，在W市一家互联网上市公司做财务助理。对于工作上的事情小范总是虚心好学，兢兢业业，却总是在缴纳社保的事情上晕头转向。小范每月的工资总额是2500元，加上奖金、津贴、补贴等，每月的实际工资收入一共是3500元。W市的职工平均工资为6000元。那么，小范每月社会保险缴费基数应该是(　　)元。

A. 2500　　B. 3500　　C. 3600　　D. 6000

【解析】社会保险缴费的基数分为用人单位的缴费基数和劳动者个人的缴费基数。其中，用人单位的缴费基数是工资总额。受雇劳动者的缴费基数一般为上个月实际工资收入，包括工资、奖金、津贴、补贴等收入。同时，职工月平均工资低于当地职工平均工资60%的，按60%计算缴费工资基数；超过当地职工平均工资300%的部分不计入缴费工资基数。本题中，小范每月的实际工资收入是3500元，$3500 \div 6000 \times 100\% \approx 58\%$，所以小范每月社会保险缴费基数应按W市职工平均工资的60%计算，即$6000 \times 60\% = 3600$(元)。

二、多项选择题(每题的备选项中，有2个或2个以上符合题意，至少有1个错项)

1. 小丽在某宾馆做服务员，多次要求宾馆为其缴纳社会保险费，均遭拒绝，并受到刁难、威胁，小丽十分苦恼，想通过合法途径解决。根据《社会保险法》，小丽可以选择的处理方式有(　　)。[2016年真题]

A. 依法提起诉讼　　B. 依法申请调解、仲裁

C. 请求工商部门依法处理　　D. 请求社会保险行政部门依法处理

E. 请求社会保险费征缴机构依法处理

【解析】《社会保险法》第八十三条第三款规定，个人与所在用人单位发生社会保险争议的，可以依法申请调解、仲裁，提起诉讼。用人单位侵害个人社会保险权益的，个人也可以要求社会保险行政部门或者社会保险费征收机构依法处理。

2. H公司负责社保费缴纳的吴某和社会保险经办机构的工作人员林某曾经是MBA的同班同学，由于一些原因两人有了矛盾，一直不和。在业务办理过程中，吴某认为林某以权谋私，故意刁难他，于是向社会保险行政部门投诉。林某的下列哪些行为有失妥当，社

5D　6C　▍　1ABDE　2ABCE

会保险行政部门可以依法责令改正或进行相应处罚？（　　）

A. 拒绝吴某查询、核对其缴费和享受社会保险待遇记录的要求

B. 将吴某缴纳的社会保险基金存入自己的个人账户，而未存入财政专户

C. 拒不按时支付H公司的社会保险待遇

D. 坚持要求吴某补齐法定证明材料，否则拒不办理

E. 篡改缴费记录

【解析】根据《社会保险法》第八十九条规定，社会保险经办机构及其工作人员有下列行为之一的，由社会保险行政部门责令改正；给社会保险基金、用人单位或者个人造成损失的，依法承担赔偿责任；对直接负责的主管人员和其他直接责任人员依法给予处分：①未履行社会保险法定职责的；②未将社会保险基金存入财政专户的；③克扣或者拒不按时支付社会保险待遇的；④丢失或者篡改缴费记录、享受社会保险待遇记录等社会保险数据、个人权益记录的；⑤有违反社会保险法律、法规的其他行为的。

第五节　军人保险法规与政策

一、单项选择题（每题的备选项中，只有1个最符合题意）

1. 根据《军人保险法》，关于军人退役养老保险的说法，正确的是（　　）。［2015年真题］

A. 军人退出现役后应当统一参加城镇职工基本养老保险

B. 军人退出现役后参加基本养老保险的，所在地县级人民政府给予退役养老保险补助

C. 军人服现役年限与入伍前和退出现役后参加职工基本养老保险的缴费年限合并计算

D. 军人退役养老保险补助标准按国家规定的基本养老保险缴费标准和职工工资水平确定

【解析】C项，根据《军人保险法》的规定，军人服现役年限与入伍前和退出现役后参加职工基本养老保险的缴费年限合并计算。A项，军人退出现役后，应当根据退役后的职业身份，分别参加职工基本养老保险、城乡居民基本养老保险或者机关事业单位离退休金制度。B项，军人退出现役参加基本养老保险的，国家给予退役养老保险补助。D项，军人退役养老保险补助标准，由中国人民解放军总后勤部会同国务院有关部门，按照国家规定的基本养老保险缴费标准、军人工资水平等因素拟订，报国务院、中央军事委员会批准。

2. 根据《军人保险法》，下列军人中，个人不需要缴纳军人退役医疗保险费的是（　　）。［2017年真题］

A. 军官　　B. 士官　　C. 义务兵　　D. 文职干部

【解析】《军人保险法》第二十条规定，参加军人退役医疗保险的军官、文职干部和士官应当缴纳军人退役医疗保险费，国家按照个人缴纳的军人退役医疗保险费的同等数额给予补助。义务兵和供给制学员不缴纳军人退役医疗保险费，国家按照规定的标准给予军人退役医疗保险补助。

3. 根据《军人配偶随军未就业期间社会保险暂行办法》，军人所在单位后勤机关按照缴费基数（　　）的规模，为未就业随军配偶建立养老保险个人账户。［2017年真题］

1C　2C　3D

A. 8%　　　　　　B. 9%　　　　　　C. 10%　　　　　　D. 11%

【解析】根据《军人配偶随军未就业期间社会保险暂行办法》，军人所在单位后勤机关按照缴费基数11%的规模，为未就业随军配偶建立养老保险个人账户，所需资金由个人和国家共同负担，其中，个人按6%的比例缴费，国家按5%的比例给予个人账户补贴。缴费基数参照上年度全国城镇职工月平均工资60%的比例确定。

4. 根据《中国人民解放军军人配偶随军未就业期间社会保险暂行办法》，下列关于军人配偶随军未就业期间养老保险个人账户的说法，正确的是(　　)。[2016年真题]

A. 所需资金由个人和国家共同负担

B. 个人按5%的比例缴费

C. 国家按6%的比例给予个人账户补贴

D. 缴费基数参照上年度全国城镇职工月平均工资确定

【解析】根据《中国人民解放军军人配偶未就业期间社会保险暂行办法》第八条的规定，军人所在单位后勤机关按照缴费基数11%的规模，为未就业随军配偶建立养老保险个人账户，所需资金由个人和国家共同负担，其中，个人按6%的比例缴费，国家按5%的比例给予个人账户补贴。缴费基数参照上年度全国城镇职工月平均工资60%的比例确定。

5. 小杨在某军队后勤部门工作，专门负责处理军人的保险问题，近日一名义务兵服役期满，退役时想要将其在部队拥有的所有保险全部转出，下列说法正确的是(　　)。

A. 退役时，伤亡保险未使用的费用可以转出

B. 若该义务兵退役后参加职工基本养老保险，可以将其退役养老保险转出

C. 该义务兵退役以前的医疗保险非自己缴纳，离开部队后不能转出

D. 该义务兵的退役养老保险费用由政府出资一半，所以只能转出一半

【解析】军人退出现役后，应当根据退役后的职业身份，分别参加职工基本养老保险、城乡居民基本养老保险或者机关事业单位离退休金制度。其中，军人退出现役后参加职工基本养老保险的，由军队后勤(联勤)机关财务部门将军人退役养老保险关系和相应资金转入地方社会保险经办机构，地方社会保险经办机构办理相应的转移接续手续。军人服现役年限与入伍前和退出现役后参加职工基本养老保险的缴费年限合并计算。

6. 义务兵小宋是某军区即将退伍的军人，下列关于他在部队期间的医疗保险和退伍后的医疗保险的说法中，错误的是(　　)。

A. 小宋在部队期间的退役医疗保险费用由国家支付

B. 小宋在部队期间享受公费医疗待遇

C. 小宋退役后，在部队积累的医疗保险费就转入相应的基本医疗保险

D. 小宋在部队可以参加职工基本医疗保险

【解析】军人在服役期间享受公费医疗制度，同时缴纳退役医疗保险费，在退出现役之后，积累的医疗保险费就转入相应的基本医疗保险制度，从而确保退役军人的医疗保障权利和待遇水平。《军人保险法》第二十条规定，义务兵和供给制学员不缴纳军人退

4A　5B　6D

役医疗保险费，国家按照规定的标准给予军人退役医疗保险补助。军人退出现役后可以参加职工基本医疗保险制度、城镇居民基本医疗保险制度或者新型农村合作医疗保险制度。

7. 张女士是部队某军官的妻子，未就业，随丈夫在军队生活，关于张女士医疗保险说法正确的是(　　)。

A. 单位后勤机关为其建立医疗保险统筹账户

B. 其医疗保险个人账户资金由她和丈夫所在单位共同承担

C. 她所缴纳的医疗保险与其所获得的补贴数额不相等

D. 她所缴纳的医疗保险费用计入其医疗保险个人账户

【解析】国家为随军未就业的军人配偶建立养老保险、医疗保险等。随军未就业的军人配偶参加保险，应当缴纳养老保险费和医疗保险费，国家给予相应的补助。军人所在单位后勤机关为未就业随军配偶建立医疗保险个人账户，医疗保险个人账户资金由个人和国家共同负担。

二、多项选择题(每题的备选项中，有2个或2个以上符合题意，至少有1个错项)

1. 《军人保险法》规范调整的军人保险主要包括(　　)。[2016年真题]

A. 军人生育保险　　B. 军人伤亡保险

C. 军人退役养老保险　　D. 军人退役医疗保险

E. 随军未就业的军人配偶保险

【解析】《军人保险法》第二条规定，国家建立军人保险制度。军人伤亡保险、退役养老保险、退役医疗保险和随军未就业的军人配偶保险的建立、缴费和转移接续等适用本法。

2. 根据《军人保险法》的规定，下列实例符合军人伤残保险覆盖范围的有(　　)。

A. 义务兵小何，在一次打击贩毒军事团伙作战中牺牲

B. 义务兵小赵，在一次派遣出国中，因交通事故受伤

C. 退伍军人小张，曾在部队被认定为三级伤残，退伍参加工作后旧伤复发

D. 义务兵小王，在部队训练时，因战友枪支走火受伤

E. 义务兵小田，在军营里酗酒后摔伤至六级伤残

【解析】军人因战、因公、因病致残的，按照评定的残疾等级和相应的保险金标准，给付军人残疾保险金。军人伤亡保险金由国家承担，个人不缴纳保险费用。但是，军人因下列情形之一死亡或者致残的，不享受军人保险待遇。这些情形包括：①故意犯罪的；②醉酒或者吸毒的；③自残或者自杀的；④法律、行政法规和军事法规规定的其他情形。《军人保险法》第十一条规定，已经评定残疾等级的因战、因公致残的军人退出现役参加工作后旧伤复发的，依法享受相应的工伤待遇。

3. 小冯的父母都是军官，小冯的哥哥去年成为某军区的士官，而小冯今年也即将入伍，那么关于小冯一家的退役医疗保险，下列说法正确的有(　　)。

A. 小冯的父母应当自行缴纳退役医疗保险，国家不予补贴

7D　｜　1BCDE　2ABD　3BCE

B. 小冯的哥哥参加退役医疗保险，国家应给予补贴

C. 小冯自己参与退役医疗保险，全部由国家补贴

D. 小冯的父母可以在军队里选择参加职工基本医疗保险

E. 小冯退役后，在部队积累的医疗保险费可以转出

【解析】ABC 三项，参加军人退役医疗保险的军官、文职干部和士官应当缴纳军人退役医疗保险费，国家按照个人缴纳的军人退役医疗保险费的同等数额给予补助。D 项，军人退出现役后可以参加职工基本医疗保险制度。E 项，由军队后勤（联勤）机关财务部门将军人退役医疗保险关系和相应资金转入地方社会保险经办机构，地方社会保险经办机构办理相应的转移接续手续。

4. 根据《军人保险法》的相关规定，军人保险基金由(　　)等资金构成。

A. 利息收入　　B. 家庭缴费　　C. 个人缴费　　D. 公共支出

E. 中央财政负担的军人保险资金

【解析】军人保险基金是军人保险制度的重要物质基础，在资金来源方面，军人保险基金由个人缴费、中央财政负担的军人保险资金以及利息收入等资金构成。军人应当缴纳的保险费，由其所在单位代扣代缴。随军未就业的军人配偶应当缴纳的保险费，由军人所在单位代扣代缴。中央财政负担的军人保险资金，由国务院财政部门纳入年度国防费预算。

4ACE